Lo que las *personas*
DANI JOHNSON

Tenía sobrepeso, deudas por mi negocio y por mi trabajo, un matrimonio que estaba fracasando y simplemente estaba disgustada con la persona que miraba en el espejo. Desde que asistí a First Steps to Success y Creating a Dysnasty (Primeros Pasos Hacia el Éxito y Creando una Dinastía), he perdido peso, pagado más de $400,000 en deudas, incrementado mi negocio un 30 por ciento en una mala economía y amo más a mi esposo el día de hoy, que el día en que me casé con él, 17 años atrás.

-Traci Macaro

Antes de asistir a First Steps to Success (Primeros Pasos Hacia el Éxito), esta madre de cuatro hijos estaba muy cansada y no sabía cómo lidiar con todo lo que estaba pasando en su vida. Mientras que mi competencia se ha salido del negocio debido a una mala economía, he aprendido habilidades que no solo me han mantenido en el negocio, sino que han hecho que mi negocio de fotografía crezca cada año. También he pagado $84,000 en deudas en 2.5 años. No puedes ponerle un precio a las cosas que verás cambiar en tu vida.

-Angela Rose

Estaba teniendo dificultades en el negocio y en las relaciones y tenía muchos problemas para comunicarme con las personas. Tenía muchos traumas de niño y una falta de educación, y esas cosas me provocaron temor al hablar con las personas. Luego de conocer a Dani, he vuelto a la vida como persona y ahora soy capaz de comunicarme con las personas de manera íntima. Esto ha cambiado la vida de mi familia y otras relaciones.

-Daniel Ross

Se me dificultaba platicar con las personas en la escuela y tenía problemas para obtener buenas notas. También me metía en pleitos con las personas todo el tiempo. Luego de aprender las Gemas de Dani Johnson, empecé a apreciar a las personas por quienes son y empecé a escribir los reportes para mi escuela en el lenguaje de las Gemas de mis maestros. ¡Mis notas mejoraron, y ahora tengo mejores relaciones con las personas!

-Alex Skarstrom

He cambiado tanto que es difícil el solo imaginarlo. Antes de los entrenamientos de Dani Johnson estaba viviendo en un sótano, intentando tener una carrera como un agente de bienes raíces en Michigan. Fallé miserablemente y no pude ni vender una casa en mi primer año. Luego de aprender sus estrategias me volví la debutante del año. Dani me ayudó a obtener mi primer reconocimiento de un millón de dólares. Hoy en día soy una agente de bienes raíces exitosa. ¡Ahora me gano de $4 millones a $5 millones cada año! El mercado de Michigan también está en una mala situación, por lo cual lo hace incluso mucho más increíble.

-Melissa Hecht

Era una ama de casa y una madre desanimada, ahogándome en las deudas, con sobrepeso y en ocasiones deseando poder escapar de la prisión llamada hogar. Me sentía desconectada de mi marido, y nuestra vida estaba consumida por nuestro negocio, día y noche; y nuestro negocio se encontraba en descenso. Luego de aplicar las estrategias comprobadas de Dani, veo que los sueños sí pueden hacerse realidad. ¡Hemos duplicado nuestro negocio de plomería mientras que hemos reducido nuestras horas en un 30 por ciento! ¡Contratamos a cuatro nuevos chicos para poder mantenernos al día con los trabajos! Hemos pagado $10,000 de deuda personal en dos meses y he perdido 20 libras. Wade y yo estamos más enamorados que nunca y mis hijos tienen una mami feliz y agradecida.

-Vangel Roberts

Después de First Steps to Success (Primeros Pasos Hacia el Éxito) en Los Ángeles, mientras buscaba un trabajo, fui capaz de entrevistar a los entrevistadores y recibí tres ofertas de trabajo en tres semanas. Fui capaz de elegir la compañía en la que quería trabajar. Incrementé mi fe y mi confianza. Ahora sé mi propósito en la vida y la dirección de quién soy. He pagado más de $10.000 en deudas en seis meses. Ahora tengo más amistades y mi familia me ama por quién soy.

-Hazel Villanueva

Estaba siempre asustada y pensaba que jamás podría crear liderazgo en los demás en mi compañía. Ahora, luego de lo que aprendí de Dani Johnson acerca de las Gemas, tengo las habilidades y la convicción para crear un equipo fuerte y liderazgo en mi organización.

-Annie Letourneau

Los primeros PASOS hacia la Riqueza

Conquista tu lugar en el mercado empresarial

DANI JOHNSON

Editorial Desafío

Publicado y Distribuido por Editorial Desafío
Cra. 28A No. 64A-34, Bogotá, Colombia
Tel. (571) 630 0100
E-mail: desafío@editorialbuenasemilla.com
www.editorialdesafío.com

Categoría: Negocios, crecimiento personal.
Producto No.: 600057
ISBN: 978-958-737-109-3

Impreso en Colombia
Printed in Colombia

DEDICATORIA

Tú dijiste que si yo encomendaba mis trabajos a Ti, Tú los establecerías y harías que mis planes triunfaran. Tú eres el Único Fiel, y yo soy testigo de que Tú no mientes. Tú realmente cumples con lo que prometes que harás. Así que este libro está dedicado a Ti, el Creador de los cielos y la tierra.

RECONOCIMIENTOS

Hans, han pasado veinte años desde que empezamos nuestro viaje juntos. Muy poco sabía la primera vez que puse mi mirada sobre ti, que tú serías la mejor cosas que me pudo haber pasado. No existe hombre sobre la tierra al que admire más que a ti. Has estado a mi lado incluso cuando ni yo misma estaría a mi lado. Me has retado a ser mejor, y a pensar y a actuar según lo que está en mi corazón. Simplemente, eres grandioso para mí. Sigo apasionadamente enamorada de ti.

Kristina, Arika, Cabe, Román, y Micah, nuestros hermosos, talentosos y auténticos hijos. Son por mucho, más de lo que pude desear o imaginar. Cada uno de ustedes me inspira de muchas maneras. Han madurado en increíbles seres humanos quienes tendrán un gran impacto en la vida de muchos alrededor del mundo. Gracias por compartirme mientras me encontraba escribiendo este gran proyecto. Mi amor por ustedes nunca morirá.

Tía Marie, gracias por tu ayuda durante todas las semanas de locura que tuvieron que pasar para que este libro pudiera completarse. Siempre me ayudas a calmarme y alivias la carga. Gracias por ayudarme con mis deberes para que yo pudiese obtener esas horas extras que necesitaba para cumplir con estos plazos alocados. Tu amor y servicio me llenan profundamente y me retan a ser una mejor persona.

¡Helen Chang, wow, lo hicimos! Pasamos de ser presas de este libro, a vivir en un infierno por él y luego a estar en los cielos, todo en unos cuantos meses. Gracias por todo tu arduo trabajo, incontables horas, y todas las noches de desvelo por este proyecto. Tu ética de trabajo es increíble. Eres una mujer de excelencia y diligencia. Este proyecto no existiría sin ti. Disfruté trabajar contigo, y amo el corazón que tienes para las personas.

Tú, quien estás leyendo este libro: puede que no conozca tu nombre o tu cara, sin embargo, deseo conocerte. Gracias por ser el tipo de persona que está en busca de un verdadero cambio y una solución real. Me inspiras y me estimulas para continuar en este viaje de trabajar con individuos como tú, que harán una diferencia en este mundo loco en el que vivimos.

Juntos tenemos la oportunidad de cambiar este mundo financieramente desastroso. Gracias por unirte a mí en esta aventura.

Yo me encuentro particularmente agradecida por los miles de niños huérfanos con los cuales mi vida está conectada todos los meses. Ustedes me inspiran. Ustedes me mantienen trabajando para hacer todo lo que pueda a fin de que tengan una vida mejor. Si no fuera por ustedes, no tendría motivación alguna. Me han mantenido enfocada, determinada y apasionada con respecto a ayudar a otros a crecer. No puedo imaginarme el tipo de persona que sería si no estuvieran en mi vida. ¡Los amo a cada uno de ustedes!

¡Al equipo principal de DJC (Comunidad de Dani Johnson), son una gran bendición! Brian, Joseph, Gerri, Jenn, Jeribai, Elyssa, Judi, Kim, Arika, Josh, Andrew, Hannah y Cindy ¿pueden creer que ya vamos por el libro numero tres? Todos ustedes han trabajado diligentemente con excelencia, haciendo lo mejor que pueden todos los días. Este libro es evidencia de quiénes son y de lo que somos capaces de hacer juntos. ¡Gracias por correr esta carrera con todo lo que tenían! Gracias por su devoción a las miles de vidas que ya han sido cambiadas y por los millones que están por cambiar. Todavía tenemos mucho trabajo por hacer; sin embargo, no existe nadie más con quien preferiría trabajar que con ustedes.

Jeff Usner, gracias por abordar este loco tren cuando realmente necesitábamos tu ayuda y consejos. Ha sido grandioso verte crecer en el experto que te has convertido. Me motiva el hecho de que a pesar que he sido testigo de tu crecimiento en todas las áreas de tu vida y has empezado a acumular grandes riquezas, has permanecido humilde, educable y único. Eres un verdadero ejemplo de lo que First Steps to Wealth (Primeros Pasos Hacia la Riqueza) es. Gracias por imponer el ejemplo para que otros lo sigan. Una vez fuiste un cliente y ahora somos familia. ¡Soy muy bendecida por tenerte con nosotros en este viaje!

Los clientes de DJC (Comunidad de Dani Johnson) son las personas más increíbles en todo el mundo. Gracias por su apetito, me motiva internamente por lo tanto externamente también. Gracias por aplicar lo que han aprendido; se han convertido en un ejemplo para muchos alrededor del mundo. Gracias por ser parte de este movimiento que está cambiando vidas y a las generaciones venideras. Gracias por usar todo lo que les hemos dado no solo para beneficiarse a ustedes mismos, sino también para beneficiar la vida de aquellos a su alrededor. Gracias por su corazón y por tratar de hacer del mundo un mejor lugar. No existe otro grupo como ustedes y me siento honrada por trabajar con ustedes.

Isa, mi hija espiritual y Jenn, mi amiga de toda la vida: ustedes dos han sido una gran bendición en mi vida. Gracias por las conversaciones a las 4 de la madrugada que traen grandes revelaciones y dejan cero espacio para las dudas. Ustedes dos se mantienen fieles a mis enseñanzas en el momento adecuado y en el lugar correcto. Saben qué decir y cuándo decirlo. Ustedes continuamente me recuerdan de lo que hay en mí y qué tiene que ser dicho y vivido. Las amo más de lo que las palabras pueden expresar.

Me encuentro increíblemente agradecida por todos aquellos que han estado comprometidos a orar por todos nosotros durante todos estos años. Hay tantos que hacen el sacrificio cada día para animarnos – así como a nuestros clientes - con oraciones. Nombrarlos a todos requeriría de un libro; sin embargo, existen algunas personas esenciales que deben ser mencionadas: Ruthie Brown, Jack y Lavonne Atnip, Mona McGrady, Laurie y Joseph Heisinger, Cindy y Brian McFaden, Jeff y Jennifer Usner, y el hermano Harry Gomes. Han trabajado de una manera inusual. Han visto el fruto de su trabajo. Estoy eternamente agradecida por todo lo que han hecho por tantas personas.

TABLA DE CONTENIDOS

PRÓLOGO

Riqueza es una palabra poderosa. Puede significar tantas cosas: dinero en el banco, rico en amistades y familia que te ama, la bendición de hijos hermosos y sanos, la habilidad de hacer lo que desees y cuando lo desees, una cama cálida, comida sobre la mesa, buena salud.

Mientras profundizas en este libro, hazte una pregunta: ¿Qué significa riqueza para ti? La respuesta puede que te sorprenda, y si significa tener suficiente dinero para hacer lo que sea que quieres hacer y no tener que preocuparte por pagar las cuentas, no hay nada de malo en ello. El punto es preguntarte a ti mismo qué es lo que quieres y qué es lo que más deseas obtener de esta preciosa inversión que acabas de hacer con este libro. El hecho es, que si sabes qué es lo que quieres obtener y sigues los pasos descritos aquí, lo conseguirás.

Cuando produje mi primer millón de dólares, yo ni siquiera lo sabía. Eso es algo muy triste para decirlo. Quiero decir: ¿Quién gana un millón de dólares y no lo sabe? Era el año 2006 y esa cosa ansiosa llamada 'tiempo fiscal' había llegado. Mi esposo y yo estábamos contemplando el tamaño del daño en el que habíamos incurrido mientras le dábamos una montaña de papeles a nuestro contador.

Como empresarios en serie – y digo en serie, ya que hemos lanzado una nueva compañía cada vez que tenemos incluso un parpadeo de una idea- somos expertos en amortizaciones. Puedes verlo en mi casa, en mi espalda o incluso debajo de mi árbol de Navidad, puedes apostar que encontré la manera de amortizarlos. Estoy convencida que mis cinco gatos y mi perro son amortizaciones; nuestro perro, Marley, es un gran tema de conversación en el parque de perros y ha atraído por sí sólo por lo menos $200.000 en negocios durante los últimos cuatro años.

¡Ese es un empleado muy valioso!

Steve, nuestro intrépido contador, me entregó una hoja de papel y alegremente dijo: "Con la cantidad que produjiste este año, que sobrepasa el millón de dólares, tendrás que encontrar qué más amortizar o le estarás debiendo alrededor de $50.000 en impuestos al gobierno". Mi mandíbula cayó al piso.

"¿Cómo sucedió eso?" le pregunté a Steve. He aquí el problema con esa pregunta: no tenía idea qué había hecho con tanto dinero, y no tenía idea de hacia dónde había ido. Yo no podía dar una explicación de un centavo. Me fui a la casa esa noche y lloré incontrolablemente. Eran lágrimas de gozo y de vergüenza.

Por favor permíteme explicarlo.

Fue a finales de la primavera del 2003, el olor de la hierba recién cortada llenaba el aire, los ranúnculos estaban esparcidos por el césped, y los días más largos hacían ideal preparar barbacoas en la playa y jugar voleibol. Quería empezar una empresa editorial y recaudar dinero con una campaña popular.

Así que vendí pastelitos. Una tarde llegué al parque de perros (en el que Marley es nuestro Director de Desarrollo) y los repartí gratuitamente. Al pasar unas cuantas semanas, se regó la voz de que Paula Conway estaba horneando pastelitos frescos y presentándose en el parque, entregándolos gratuitamente. Muy pronto, los adictos al azúcar hicieron fila para pagar hasta $5 por uno solo.

La transición de gratis a venderlos fue fácil. Aprendí algo interesante: las personas pagarán por algo que desean. Muchas personas desean azúcar. Las ventas de mis lindos pastelitos sumaron $4.000 en cuatro meses. Tomé ese dinero, contraté a un amigo para construir un sitio Web y empecé a publicar contenido. Luego, vendí el contenido. Al cabo de un año ya era una editora y una proveedora de contenido y había conseguido un cliente que pagaba más de $70.000 al mes por mi contenido.

Por razones de confidencialidad del cliente, todo lo que puedo compartir es que hice crecer el modelo de ventas y tuvo un efecto de bola de nieve.

Del 2003 hasta ese día fatídico en abril del 2006, al cual ahora me refiero como el Día de Impuestos de Un Millón de Dólares, cometí un sinnúmero de errores en los negocios. Mis compañías tuvieron altos y bajos, y por los bajos estoy eternamente agradecida. El Día de Impuestos de Un Millón de Dólares fue un momento crucial. Ahí me encontraba, con más de un millón de dólares que se me habían escapado de las manos y no tenía idea de adonde se habían ido, y mucho menos sabía que había alcanzado ese nivel de ingresos.

De alguna manera había alcanzado nuevas alturas financieras y todo gracias a mi pasión por los pastelitos – la campaña popular que fue dada a luz de un amor por alimentar a mi familia y amigos, y por un cosquilleo en mi estómago que hacía cada día alegre mientras mezclaba la mantequilla y el azúcar para hacer algo que era simplemente divertido – y ni una sola vez aprecié lo que había sucedido. Había trabajado duro, pero no había ganado un centavo. Peor aún, no era agradecida.

En algún lugar en mi corto y prolongado viaje, perdí la trama. ¿Qué es lo que quería, cómo lo mantendría, y para quién era? En este momento de mi vida, como puedes imaginarte, no conocía a Dani Johnson y no había asistido a First Steps to Success (Primeros Pasos Hacia el Éxito).

El día de hoy, soy una mujer cambiada. Ahora tengo las habilidades para mantener el impulso en movimiento y obtener riquezas más allá de mis sueños más locos. ¿Ya estoy allí? No. Todavía soy una obra en progreso, como todo el mundo en este planeta.

Todavía no estoy ahí. Pero aquí está el problema: No hay un ahí, ahí.

Cualquiera que sea la riqueza que piensas que deseas o necesitas, el obtenerla requiere de Tiempo, Energía, Esfuerzo y Dinero. Y la inversión nunca termina. Nunca estás en la línea final, porque si lo estás, podrías igual estar muerto.

Todo en lo que quieras invertir, ya sea en ti mismo o en tu familia, en tu negocio, en tus amistades, siempre requerirá de tu tiempo, energía, esfuerzo y dinero, cada día de tu vida. Pero teniendo en cuenta las habilidades, podrás finalmente alcanzar tus metas con todas las herramientas que necesitas para mantenerlas y hacer que tu riqueza crezca.

Ahora que ya tienes Primeros Pasos Hacia la Riqueza, vas en camino, ya que este libro tiene todo lo que necesitas para vivir tus sueños. Te invito a que me acompañes en este viaje magnífico, donde juntos nos uniremos a los otros cientos de miles que antes de nosotros, están cosechando los beneficios múltiples que Dani Johnson les ha brindado.

Con el libro Primeros Pasos Hacia la Riqueza, has hecho la inversión en ti mismo para ser rico: rico espiritualmente, rico financieramente, rico físicamente y rico personalmente.

Todo lo mejor de mí,
Paula Conway

INTRODUCCIÓN

El 98 Por Ciento vs. El 2 Por Ciento

Amigo, tengo una pregunta para ti: cuando te iniciaste en la vida, ¿era tu meta terminar en donde estás ahora? ¿Estar trabajando en un empleo sin futuro, teniendo problemas con tu negocio, ahogándote en deudas, cancelando las vacaciones con las que contabas, con falta de tiempo para compartir con tu familia o simplemente renunciando a todos tus sueños?

¿Al mismo tiempo, alguna vez algo te ha golpeado tan rápido que te quitó el aliento? No estoy hablando de que perdiste el aliento físicamente, como hubiese sucedido si un caballo te pateara. Me refiero a escuchar o leer algo que fue tan impactante que se sintió como si un caballo te hubiese pateado en el pecho. Hace veintidós años me topé con una estadística que logró - precisamente eso – sorprenderme al punto que me dejó sin aliento. De hecho era tan inquietante, que no podía sacarla de mi mente.

Pero antes de compartir esa estadística, déjame decirte primero cómo también una vez me encontré con un ejemplo viviente de ello. Estaba en McDonald´s, comiendo mis dos hamburguesas con queso y mis papas fritas agrandadas, cuando mis ojos miraron hacia arriba y la vi: una mujer diminuta con un rostro desgastado que demostraba todos los tiempos difíciles que había experimentado en su vida. Su cabello era corto, delgado, rizado y canoso y su cuerpo era frágil. Su espalda estaba encorvada por limpiar mesas y acarreaba una pila de bandejas que parecían ser de la mitad de su tamaño. ¡Y ella me cautivó por completo! Parecía estar programada por computadora, ella limpiaba una mesa, levantaba la pila de bandejas, pasaba a la siguiente mesa y luego se sentaba a descansar limpiando el sudor de su frente.

Por alguna razón me sentí obligada a acercarme a esta mujer. Quería saber por qué ella estaba trabajando en McDonald´s. Inicialmente pensé que era porque ella quería trabajar o quizás ella estaba aburrida a la edad de su retiro y quería hacer algo que la sacara de su casa. Pero cuando la vi descansando luego de limpiar cada mesa, rápidamente deseché esas suposiciones y decidí comenzar una conversación.

Me le acerqué y me senté a su lado y le dije con una voz suave: "hola".

Ella me sonrió y dijo, "bueno, hola cariño". Su dulce sonrisa y gentil pero rasposa voz tocaron mi corazón.

Luego de unos cuantos minutos de conversar, tenía que hacerle una pregunta.

- ¿Hace cuánto trabajas aquí?

- Me dijo: "oh, desde hace un tiempo".

- ¿Te gusta lo que haces?

- Bueno cariño, simplemente estoy feliz de tener un trabajo".

- ¿En serio? ¿Por qué es eso?

- Porque el Seguro Social y la pensión de mi marido no son suficientes para que podamos vivir de ello, así que tengo que trabajar".

- ¿Qué? ¿Estás bromeando?

- No cariño, como quisiera que así fuera.

- Si no te importa, ¿puedo hacerte una pregunta personal?

- Seguro.

- ¿Qué edad tienes?

Suspiró y se echó a reír antes de decir: "tengo ochenta y nueve y tendré noventa el mes que viene".

Las lágrimas brotaron de mis ojos mientras oía esto. ¡Estaba tan molesta ante esta injusticia! Quería decirle que renunciara a su trabajo en ese momento para que yo pudiera mantenerla a ella y a su esposo financieramente.

Mientras absorbía lo que ella me acababa de decir, pensaba que así no es como debía ser. Ellos están en sus años dorados. Ella debería estar disfrutando de la vida, no tener que cargar con una pila de bandejas y limpiando las mesas porque algunas personas perezosas dejaron su basura y desorden en un restaurante de comida rápida.

Luego la realidad se impuso. Con dificultad podía cuidar de mí misma, ¡cómo iba a cuidar de esta pareja dulce y anciana! ¿Dónde estaban sus hijos y sus nietos? ¿Quién le estaba permitiendo trabajar así? ¿Qué tipo de familia tenían?

Ahí estaba yo, con veinte años de edad y viendo mi posible futuro. Estaba desconsolada y más que desanimada más que por la dura realidad de esta trabajadora de McDonald´s, porque realmente podía ser yo en setenta años.

Ahora, regresando a esa impactante información que había visto un poco antes de conocer a la señora de McDonald´s, era una estadística según la cual el 98 por ciento de la población terminará muerta o en quiebra a la edad de sesenta y cinco años. Permíteme repetir eso: El 98 por ciento de la población terminará muerta o en quiebra a la edad de sesenta y cinco años. Sólo el dos por ciento de la población triunfará financieramente.

Mientras he viajado por el mundo, me he encontrado con escenarios similares al de la señora de McDonald´s una y otra vez – personas viviendo su vida por defecto no por diseño - y trabajando arduamente a lo largo de su vida solo para terminar en la quiebra al final de su carrera.

El noventa y ocho por ciento de las personas con las que me topo son miserables. Anteponen una buena cara para convencerse a sí mismas y a los demás que todo está bien, pero no lo está. Ellos están trabajando demasiado duro, están al tope con sus tarjetas de crédito, su matrimonio es infeliz y no saben cómo lidiar con sus hijos. Están llenos de remordimientos y confusión y no saben cómo remediar la situación. No tienen idea de cómo será el final de su camino, y mucho menos de cómo llegar ahí.

Algunas personas son presumidas y piensan que hacer mucho dinero es la respuesta para la satisfacción financiera, pero la triste verdad es que toneladas de dinero no son la respuesta. Otros piensan que milagrosamente vencerán las probabilidades al trabajar muy duro. Nuevamente la triste realidad: trabajar duro no es la respuesta. ¿Cómo lo sabemos? Porque todos están tratando de hacer esas cosas, sin embargo, las estadísticas son las mismas – muertos o en la quiebra - a la edad de sesenta y cinco años. Tal vez si ellos supieran que el 98 por ciento de la población terminará muerta o en la quiebra a la edad de sesenta y cinco años, tomarían decisiones diferentes.

Cuando esa dulce anciana estaba en frente de mí, un flujo de decisiones pasaron por mi mente. Pensé: *<Esta no puedo ser yo en el futuro>, tengo que encontrar una manera distinta.*

He encontrado la manera. Y he adquirido una pasión personal por "pulsar la alarma". Siento una obligación moral de advertir a mis hermanos y hermanas alrededor del mundo que el camino de la vida termina en un mal lugar si no hacemos algo diferente.

Riqueza Inimaginable

Yo solía estar dentro de ese 98 por ciento. Pero luego aprendí las Leyes del Éxito y los Primeros Pasos Hacia la Riqueza, lo cual me facilitó pasar el puente del grupo de los del 98 por ciento al grupo del 2 por ciento. También he visto a mis clientes cruzarlo al tomar sus Primeros Pasos Hacia la Riqueza y ha sido un proceso sencillo para ellos también.

Fíjate que no dije fácil. Dije *sencillo.*

¡Estas leyes me han dado más riqueza de lo que alguna vez pensé que fuera posible; más de lo que pude haber pedido, deseado o incluso imaginado alguna vez! Las leyes me han ayudado a crear millones y millones de dólares. En el camino también aprendí pasos sencillos que cualquiera puede seguir.

Estas son exactamente las mismas habilidades que mi esposo Hans y yo hemos utilizado para construir compañías multimillonarias. Somos dueños de cinco negocios, muchas propiedades inmobiliarias, y muchas inversiones que todas generan millones de dólares. Tenemos tiempo para nuestros cinco hijos preciosos y para nuestros tres nietos. Nos tomamos varios meses al año, para disfrutar de la familia en las playas más hermosas del mundo, explorando tesoros históricos y dándonos un festín con la comida más deliciosa disponible. También viajamos a países donde ayudamos a los huérfanos y pasamos nuestro tiempo amando a los niños que no tienen padres para darles los abrazos o motivaciones que necesitan.

Estas leyes y habilidades también han convertido a varios de nuestros clientes en millonarios. Hemos creado riqueza que enriquece la vida de cientos de miles de nuestros clientes, riquezas que pasarán a las generaciones venideras y riqueza que eleva la vida de miles de personas que son pobres, huérfanas, que han sido abusadas y se encuentran en necesidad alrededor del mundo.

Me convertí en una del dos por ciento que aprendió cómo ser exitosa con el dinero. Escribí este libro porque quiero que también estés en el dos por ciento.

Ardiente Deseo

Tengo la pasión porque tengas la vida de tus sueños *ahora.*

Debido a que estás leyendo este libro, sé que crees que hay más en la vida de lo que has estado viviendo hasta el momento. Algo está quemándose dentro de ti que te hace querer alcanzar más, no sólo para ti, sino también para tus hijos y para generaciones futuras.

Imagina qué increíblemente divertido y liberador será cuando no le debas nada a nadie. Ese sentimiento de no tener cobradores llamándote y tener gastos bajos, te fortalece. Cuando tienes preocupaciones y cargas financieras, tienes una tendencia a no soñar o no establecer metas. Tiendes a sentirte desesperado, como si la vida nunca fuese a mejorar. Eso le roba la armonía a tu vida y daña tus relaciones profesionales y personales.

Cuando estos problemas financieros en tu vida ya no te molestan, tu matrimonio empieza a ser más armonioso y disfrutas más al estar rodeado de tus hijos.

Mientras el dinero crece, puedes empezar a ahorrar para la universidad de tus hijos. Puedes pagar esa hipoteca sobre tu casa, ahorrar para tu retiro y planear para el futuro.

El dinero claramente abre más oportunidades para vivir la vida que deseas. Puede comprarte libertad. Esa es la libertad de tomar tu vida con dos días de anticipación e irte a un lugar con el que siempre has soñado – el que ha estado en tu lista por mucho tiempo pero que la falta de dinero te ha impedido que lo visites. Libertad significa que puedes levantarte un día, decidir que quieres irte de vacaciones y luego simplemente irte al día siguiente. La libertad te permite pasar buenos momentos con las personas que te gustan – esos amigos que verdaderamente disfrutas pero que raramente ves.

¡Es grandioso tener tanto dinero en el banco y en tus inversiones que puedes vivir solo de los intereses! Tienes la libertad de escribir un cheque - aunque sea en secreto – para ayudar a los huérfanos o salvar a niños de la calle de la trata de personas y quieres ayudar a los abusados y abatidos. ¡Imagínate alimentar a miles de niños al mes! Eso es lo que la libertad financiera puede traer. Este libro puede ayudarte a hacerlo.

Si Tan Solo Tuvieses el Manual

Alguna vez has pensado: ¿si *tan solo supiese cómo triunfar?* O quizás: *si tan solo alguien me dijese qué hacer para ser exitoso, ¿lo haría?* O tal vez: si tan solo supiese qué números comprar para la lotería, ¿ganaría? ¿El volverse adinerado pareciera que sólo es algo para los afortunados, los que están en el lugar correcto al momento adecuado – como si hubiese un pasadizo secreto con un código secreto que no sabes cómo descifrar - sin importar qué tan duro trates?

Si conocieras a un multimillonario que te pudiera decir qué hacer o que pudiera darte el código secreto para la riqueza, ¿lo escucharías?

O ¿pensarías que no funcionaría para ti? Quizás tu respuesta sea: "soy muy viejo" o soy muy joven" o "tengo el color de piel equivocado" o "soy del sexo equivocado" o "no tengo la suficiente educación" o "no conozco a las personas adecuadas" o "crecí en la familia equivocada" o "mi ex – esposo o ex – esposa me hicieron mucho daño" o "la economía apesta" o cualquiera de las miles de razones que mantienen a las personas estancadas en el 98 por ciento.

Si un multimillonario pudiera decirte – sí, a *ti* que estás sosteniendo este libro – cómo ser adinerado, ¿pondrías atención?

Yo solía ser el tipo de persona que se sentaba a desear que alguien me enseñase qué hacer en la vida y cómo hacerlo. Recuerdo desear que alguien viniese y dijera: "aquí tienes, te ayudaré" o "te enseñaré exactamente cómo resolver esto, cómo reparar esto y cómo volverte atrozmente exitosa mientras resuelves y reparas todo".

La verdad es que no encontrarás una persona que tenga todas las respuestas. Puedes encontrar a alguien que esté siendo exitoso financieramente, pero la vida personal de él o ella puede que sea un desastre.

Sin embargo, debes seguir buscando personas que tengan lo que tú quieres, para que puedas aprender de ellas y hacer lo que ellas hacen.

Aprende de mí. He navegado este viaje de éxito y ahora siento una obligación moral de compartirlo con los demás. Así que aquí está el manual, este es el camino a la riqueza.

En este libro te enseñaré qué hacer para dar los primeros pasos hacia la riqueza. Te enseñaré cómo hacer dinero, cómo mantenerlo y cómo hacer del dinero tu esclavo. Estas habilidades pueden ayudarte a producir millones para tu vida, mucho más de lo que un boleto de lotería te daría.

Este libro es una medio para que tengamos una larga conversación. Es una manera en que puedo compartir mi experiencia y mi conocimiento contigo sin que nos conozcamos cara a cara. Este libro es una manera sencilla en que yo puedo entrenarte para tener una vida de riqueza que puedes vivir *ahora*.

Mi mensaje ha sido esparcido a millones de personas por todo el mundo vía televisión, mi show de radio, videos, seminarios mensuales de entrenamiento, transmisiones por internet y llamadas gratuitas de entrenamiento en DaniJohnson.com. Pero un libro es una manera más personal de sentarme al lado tuyo y compartir algunos secretos que he aprendido a lo largo del camino, que harán tu vida más fácil y muy rápido.

No Me Creas a Mí

Creeles a nuestros miles de clientes, quienes te dirán que estas leyes y habilidades funcionan. Lee los testimonios de incontables personas que han probado lo que les he enseñado aquí y han visto mejorar su vida efectivamente. Estos principios pueden funcionar para cualquiera. Ellos *funcionarán* para ti y para cualquier persona con la que compartas esta información.

Cada día escuchamos nuevas historias sobre cómo nuestros clientes han conseguido trabajos para los cuales no calificaban, han obtenido promociones que nunca esperaron, han construido negocios de la nada, han pagado sus deudas rápido y han visto su dinero multiplicarse.

Tammy Watson estaba fracasando en su matrimonio y fracasando en los negocios. De hecho, estaba a punto de cerrar su compañía de bienes raíces debido al colapso del mercado en el 2008. Ella pensó que era del género equivocado, del color de piel equivocado y en el negocio equivocado en el momento equivocado. Luego de que ella aprendió las técnicas que estoy compartiendo contigo en este libro, su ingreso, pasó de cero a $135.000 en un año; ella pagó $38.000 de deuda en dieciocho meses y su familia fue completamente restaurada.

Cliente tras cliente nos dice cómo su matrimonio es más fuerte y sus hijos más felices, y cómo están experimentando satisfacciones más profundas en su vida. Ellos son capaces de darles a otros y a sus comunidades, como siempre lo habían querido hacer. Lo más importante: ellos tienen la esperanza y el coraje de vivir sus sueños nuevamente.

Greg Palka es un ex coronel de la Armada que daba sesiones de liderazgo para líderes alrededor de mundo. Padre de ocho hijos, él ahora dirige una compañía de servicios financieros.

Cuando un amigo de Greg le insistió en asistir a "First Steps to Success" "Primeros Pasos Hacia el Éxito", su respuesta fue: "yo doy entrenamientos de liderazgo para los lideres más condecorados y de alto nivel por todo el mundo. No creo que necesite ir a estos entrenamientos de liderazgo impartidos por esta mujer".

El respeto de Greg decayó más cuando vio que los seminarios estaban a un bajo precio. Él supuso que no sería de suficiente valor porque era muy barato. Dio excusas por meses, diciendo que simplemente pensaba que no estaba al nivel de su entrenamiento.

Finalmente su amigo lo convenció de ir. Greg estaba asombrado. Su primera respuesta fue: "este es el mejor entrenamiento de liderazgo en los cuatro continentes. El gobierno necesita este entrenamiento. Cada nación del mundo necesita este entrenamiento. Cada comunidad necesita este entrenamiento. Cada ser humano necesita este entrenamiento. Este tipo de entrenamiento puede cambiar al mundo".

El negocio de Greg pasó de $1.5 millones a $6 millones en dieciocho meses. Él tenía al personal entero de su compañía de servicios financieros yendo a "First Steps" "Primeros Pasos" y a "Creating a Dynasty" "Creando una Dinastía", y lo convirtió en un requerimiento para cualquiera que quisiese trabajar para él. Su compañía de servicios financieros se ha multiplicado debido a las habilidades únicas que aprendió en "Primeros Pasos" y porque le dio a todo su personal este entrenamiento.

Debido al más reciente colapso mundial financiero, algunas de las más grandes y más prominentes compañías de servicios financieros se han salido de los negocios – mientras que Greg sigue creciendo.

Antes de aprender estas habilidades, Greg pensaba como el 98 por ciento de la población: "¿Qué puedo aprender de esta persona? ¿Cuáles son sus credenciales? Yo ya sé todo lo que hay que saber acerca del desarrollo de liderazgo". Así es como piensan los del 98 por ciento.

Nosotros simplemente no enseñamos o damos información, nosotros producimos resultados. Tomamos a personas ordinarias y los ayudamos a alcanzar resultados extraordinarios. Tú puedes ser el siguiente. ¡Puedes ser parte del 2 por ciento que llevan una vida exitosa!

La Que Menos Posibilidades Tenía de Triunfar

Sé que estos Primeros Pasos Hacia la Riqueza pueden funcionar para cualquiera porque funcionaron para mí.

Las probabilidades estaban en mi contra. Fui abusada y golpeada de niña. Mis padres eran drogadictos y recipientes de la beneficencia social. Se me dijo constantemente, "eres gorda. Eres fea. Eres estúpida y no puedes hacer nada bien".

Salí embarazada cuando tenía diecisiete años. Mi familia y las personas de mi iglesia local me condenaron. A la edad de veintiún años era indigente. Tenía $2.03 en mi cuenta del banco y me encontraba desesperada, confundida, con miedo, deprimida y suicida.

Pero era humilde y me volví educable. Aprendí algunas lecciones y habilidades importantes acerca de iniciar un negocio y de hacer dinero – toneladas de dinero.

Para cuando tenía veintitrés – dos años después – era una millonaria. Sin embargo no había aprendido las verdaderas Leyes del Éxito. Me gané el dinero pero lo perdí todo. Pasarían muchos años antes de que entendiese las Leyes del Éxito y construyera riqueza verdadera, no sólo hacer dinero.

A través de los años hemos dado a luz a varias compañías multimillonarias. Nuestros negocios se han continuado expandiendo mientras que otros negocios y los tales llamados gurús en el mercado han colapsado.

Juntos Hans y yo, estamos utilizando estos principios para construir riqueza generacional.

Como aprendí acerca de las verdaderas Leyes del Éxito y puse en práctica las habilidades de lo que se necesita para ser adinerado, nuestra familia encontró un embudo de bendiciones – un Poder Divino – que ha continuado redirigiendo nuestra vida con gran propósito y nos ha traído inmensa satisfacción.

Destino y Propósito

Creo que tú y yo nos hemos unido por diseño. Nos hemos unido por un propósito, y ese propósito es que tú alcances tu éxito y realices tu destino. Luego uniremos fuerzas para ayudar a otros a salir del hoyo en el que tú y yo una vez habitamos.

Este libro hará una diferencia masiva en tu vida, como lo ha hecho para cientos de miles de personas alrededor del mundo. Tienes necesidades insatisfechas, deseos sin cumplirse y un destino llamándote.

Lo que está en este libro ha ayudado a nuestros clientes, donde sea que estén, a evaluar dónde se encuentran en su vida. Los ha hecho ver la realidad de las decisiones que han tomado, para que puedan cambiar conscientemente el lugar en el que se encuentran en la vida.

Este libro te iluminará, te empoderará y cambiará tu vida para siempre. Aprenderás pasos que querrás poner en práctica inmediatamente y descubrirás que funcionan.

Obtendrás respuestas a preguntas que ni siquiera sabías que tenías. Sentirás que la nube en tu mente se desvanecerá, como si vieras una tormenta disiparse dejando un cielo azul y claro como un cristal. Verás aparecer direcciones en frente de ti.

Creo que quieres hacer lo correcto y vivir la vida correcta, y creo que quieres hacer el bien para los demás. Tengo fe que quieres alcanzar la plenitud de tu potencial, de tus habilidades, de tus talentos y de tus destrezas. También creo que quieres ser financieramente independiente y no preocuparte por dinero por el resto de tu vida y que puedes ser un catalizador de independencia financiera.

Busca en Tu Corazón

Si buscas en tu corazón y tomas las decisiones correctas, puedes unirte a un ejército de personas que verdaderamente están haciendo una diferencia en el mundo. Ellos le han declarado la Guerra a la Deuda y han incrementado sus ingresos en una mala economía. Ellos han restaurado sus familias y se han elevado en sus profesiones cuando otros están perdiendo las suyas. Ellos están haciendo crecer sus compañías mientras que sus competencias están yendo a la quiebra.

Si estás dispuesto a aprender estas habilidades muy específicas, trabaja diligentemente y utiliza las estrategias en este libro y en nuestra página Web, DaniJohnson.com, experimentarás un nuevo sentido de riqueza y de satisfacciones internas. Así que comencemos.

EL CAMINO A MILLONES

Entrenados para fracasar

¿Estás hoy, en el sitio donde pensabas estar en la vida? Había algo específico que querías hacer con tu vida? Probablemente pensabas en viajar por el mundo y nunca tener que preocuparte por el dinero. Quizás tenías en la mente una carrera ideal que deseabas alcanzar.. ¿querías hacer algo extraordinario y hacerlo con personas con las cuales disfrutas su compañía, tuviste esos sueños, pero ¿han llegado a realizarse?

Mis padres me prepararon para fracasar financiera, emocional, relacional y socialmente. Fui criada en un ambiente horrible por padres que eran drogadictos. Mi padrastro medía seis pies con diez pulgadas de altura, pesaba 350 libras y era tan violento como su estatura lo describe. Él rugía como un león, gritándonos día a día. Solía tomarme por la garganta y empujarme contra la pared mientras me maldecía y me llamaba con cada asqueroso, sucio y vil nombre que puedas imaginarte. Los nombres con los que me llamaron de niña fueron tan horribles que probablemente nunca los has escuchado en tu vida.

Me enseñaron a utilizar palabras sucias e innombrables para lidiar con personas que te molestan o simplemente aniquilarlos de un puñetazo. Incluso un horrible accidente que dejó a mi madre discapacitada no detuvo la violencia en nuestra casa. Mi padrastro y mi madre continuaban peleando de forma física y se gritaban entre ellos, así como a nosotros, la intensidad de sus estallidos dependía de las drogas que estuviesen consumiendo en el momento.

Tengo un recuerdo en particular, estaba en mi cuarto haciendo mi tarea cuando los escuché pelear. Fui al pasillo y miré hacia la cocina, podía ver a mi mamá de pie en su andador contra la pared, ella y mi padrastro peleaban y se gritaban el uno al otro. Vi a mi madre – con todos sus cinco pies y cinco pulgadas de altura - gritarle a mi padrastro, mientras él se le venía encima. Lo vi lanzarle un puñetazo y luego la golpeó en la nariz con su codo, causando que su sangre se derramara por todos lados. ¡Él le quebró la nariz a la discapacitada de mi madre! Ver a un marido y a su esposa sacarse los mocos a golpes de esta manera, me preparó para fallar en las relaciones.

Mis padres eran recipientes de la beneficencia social, eran personas que mentían, engañaban y robaban al gobierno. Ellos gastaban su dinero en drogas antes de gastarlo en comida para nosotros que éramos niños. En su lugar, mi abuela nos traía comida. De otra manera, la cena siempre era pan blanco con margarina y un poco de sal de ajo encima. Esto duraba por días, porque a pesar de que mis padres recibían cheques de beneficencia social el primero y el quince de cada mes, ellos gastaban bastante dinero en drogas, mucho antes que el próximo cheque viniese, dejándonos con muy poca comida.

De niña nunca vi a mis padres ir a trabajar. Nunca tuve el ejemplo del privilegio y la responsabilidad que es el trabajar para ganarse la vida, sólo el cómo sentarse, consumir drogas, pelear y engañar al gobierno por dinero. Mientras yo me iba para la escuela, mi padrastro siempre estaba sentado en el sofá en sus calzoncillos azules, enrolando veinte cigarros de marihuana. Cuando regresaba a casa del colegio, él estaba sentado en el mismo sofá con los mismos calzoncillos, pero con menos cigarros de marihuana. Mis padres eran un completo desastre financiero. Qué terrible ejemplo a seguir, fui preparada para fracasar financieramente.

Nunca me enseñaron cómo lidiar con estos sentimientos que me hacían querer cortarme las muñecas a los seis años de edad. De niña ¿qué podía hacer con estas imágenes y pesadillas de mi padrastro gritando, pateando a mi hermana y arrancando el depósito de toallas de la pared para golpearla en la cabeza contra las placas de yeso, cuando ella apenas tenía doce años de edad?

Podría hablar por días sobre mi niñez. Pero, ¿hacia dónde nos llevaría eso? Mi punto es este: No importa de dónde vengas. No importa qué tipo de comienzo tuviste. Lo único que importa es cómo vas a terminar.

No importa quién te crio, así como mi éxito no dependió de quién me crio. No importa si fuiste preparado para fracasar o preparado para el éxito. ¡Tú puedes tomar una decisión para cambiar tu vida hoy y vivir la vida que quieres vivir *ahora!*

Más Errores

A los diecisiete años salí embarazada del hijo del diácono. Eso no se vio muy bien en mi pequeño pueblo de setecientas personas. A veces los pueblos pequeños crean gente prejuiciosa. Algunas veces las iglesias crean gente inmadura, crítica, condenadora y discriminatoria. Todas éstas eran abundantes en mi pequeño pueblo. (En realidad, he encontrado esto en grandes ciudades también.)

Después de salir embarazada, mis padres y la iglesia me abandonaron por completo. Ellos querían excluir a mi bebé de su familia y de su iglesia inmediatamente, así como lavarse las manos de este pedazo de basura blanca que supuestamente sedujo al hijo del diácono.

Cometí un gran error y luego cometí otros errores más grandes todavía. La diferencia entre tú y yo en este momento es que probablemente yo he cometido más errores que tú. Nunca tuve una buena familia. Nunca fui a la universidad y soy mujer.

Probablemente se estarán preguntando: Dani ¿si creciste de esa manera y no tenías confianza alguna, cómo llegaste a pensar que podrías comenzar un negocio?

Esa es una buena pregunta.

Mi Primer Negocio

Cuando tenía diecinueve años, fui introducida al concepto de empezar un negocio. Ciertamente no pensaba que alguien como yo podría triunfar. Pero después de escuchar a cuatro millonarios hablar sobre los beneficios de entrar a los negocios, quedé intrigada. Sabía que podía fracasar – después de todo ya tenía un precedente de fracasos establecido.

Todos siempre me habían dicho que fracasaría. Pero de repente algo entró a mi mente – llamémosla una ecuación del fracaso. Me pregunté a mí misma: *¿qué pasaría si fracaso con este concepto de ingresos millonarios en un 90 por ciento? y ¿qué pasaría si soy la persona más tonta de este planeta y me toma veinte años descifrar cómo triunfar en los negocios?*

Concluí, bueno, aun así estaría mejor que si continuara trabajando en JCPenney como lo estoy haciendo ahora.

Fracasé miserablemente los primeros seis meses de haber entrado a los negocios ya que no sabía lo que hacía. Había renunciado a mi trabajo y estaba construyendo mi negocio a tiempo completo, pensando que de alguna manera iba a lograr descifrarlo todo. Vivía de las tarjetas de crédito, usándolas para pagar la renta, la gasolina y la comida. Estaba viviendo completamente de créditos, rezando y con la esperanza que algún cheque mágico apareciera en mi cuenta de banco para solucionarlo todo.

Después de seis meses de fracaso, conocí a dos hombres jóvenes. Uno de ellos había comenzado su negocio al mismo tiempo que yo había empezado el mío y él estaba ganando $15.000 al mes, lo cual eran $15.000 más al mes de lo que yo estaba ganando.

Le rogué: ¿podrías por favor enseñarme cómo gatear, caminar y luego correr? Él me dio cuatro requerimientos. Esas cuatro cosas cambiaron mi vida y continúan moldeándola hasta el día de hoy. Las he utilizado tanto en mi vida de negocios como en mi vida personal e incluso criando a mis hijos.

Sin Excusas

Me dijo, número uno: "Si me das una excusa, no trabajaré contigo".

Desde ese tiempo, en los veintidós años de estar en los negocios y trabajando con miles y miles de personas de todo el mundo, he descubierto que las personas pasan más tiempo creando excusas y justificando sus fracasos y mediocridades, del que pasan desarrollando resultados. Toma tan poco tiempo el producir resultados, pero la mayoría de las personas pasa más tiempo ideando pretextos en lugar de buscar resultados.

Permíteme darte la definición de una excusa: una bien planeada mentira. Las excusas suenan así: "Soy muy viejo". "Soy muy joven". "Soy una mujer, ¿quién me va a escuchar a mí?"

Las Excusas son:

- "Yo no fui criado en el hogar correcto".
- "Yo crecí en el lugar equivocado".
- "Yo no tengo mucha educación".
- "Ese es tu fuerte, no el mío".
- "Yo realmente no tengo tiempo".
- "Yo no tengo suficiente dinero".
- "Yo no conozco a las personas adecuadas".
- "Yo no tengo las conexiones correctas".
- "Mi pareja no me apoya".
- "Yo tengo muchos hijos que cuidar".
- "Mi jefe me hace trabajar hasta muy tarde, entonces no tengo el tiempo suficiente para lidiar con todo".

¿Se te hacen familiares algunas de estas excusas?

Las excusas te mantendrán en la quiebra por el resto de tu vida. Excusas como: "Me da miedo hablarles a las personas" o "Tengo miedo de lo que puedan pensar mis amigos". Excusas como: "Me da miedo que no vaya a funcionar" o "¿Qué pasaría si invierto dinero en un negocio y fracaso?".

Pero, ¿Qué pasaría si tienes éxito? ¿Y si llegase a resultar? ¿Qué pasaría si realmente funciona más grande y mejor de lo que pensaste?

Sin Opiniones y Sugerencias

Me dijo, número dos: "Si me das alguna opinión o sugerencia no trabajaré contigo".

Las personas inseguras increíblemente siempre tienen una opinión, pero sus opiniones y sugerencias sólo ocultan lo que ellos no saben. Ellos utilizan las opiniones y sugerencias como señuelos, tratando de hacer creer a la gente que saben más de lo que realmente saben, a pesar de que no ofrecen resultados para probar que sus opiniones y sugerencias funcionan.

¿Cómo sabes que tus opiniones y sugerencias funcionan? Lo sabes por el fruto, los resultados. Cuando consigues resultados tienes el derecho de hablar sobre tus opiniones y sugerencias. Pero si no obtienes resultados, realmente es mejor callarse y aprender de aquellos que sí poseen los resultados que estás buscando.

Esto es lo que él me dijo: Tú no sabes cómo hacer dinero. Entonces haz lo que yo haga, sigue mi camino y yo te enseñaré cómo ganar el dinero que yo estoy ganando.

Seguir Direcciones

Me dijo, número tres: "Sigue direcciones".

Él me dijo: "Si yo te digo que hagas A, B y C, y tú decides hacer X, Y, Z o B, C y A, no trabajaré contigo. Si no lo sigues al pie de la letra o si le cambias una cosa de lo que te dije que hicieras, entonces no trabajaré contigo". Lo que he averiguado es que el éxito y el hacer dinero son tan simples como el seguir una receta. Lo triste es que la mayoría de las personas son no educables. En lugar de seguir las instrucciones y dominar lo que ya tiene un registro de trayectoria comprobada, las personas hacen lo contrario y terminan sin resultados y pensando que el sistema no funciona.

En un momento dado yo estaba en una reunión con un hombre el cual estaba ganando $500.000 al mes. Era una reunión privada de una junta con distintos hombres que estaban ganando mucho dinero, y mientras ellos se encontraban compartiendo ideas, elevé la voz y dije: "Oigan, tengo una idea".

Uno de ellos con su mano golpeó la mesa y dijo: "Eres tan estúpida".

Mi sangre comenzó a hervir, pero mantuve la calma.

Me preguntó: "¿Cuánto dinero ganas?".

Le contesté: "Apenas estoy comenzando, señor".

Luego él me preguntó: "¿Cuánto dinero gano yo?".

A lo cual respondí: "Medio millón de dólares al mes".

"Ese es el problema con el 98 por ciento de ustedes" dijo él, están tan ocupados tratando de alcanzar mi éxito que están perdiendo la oportunidad de aprender de mí. Si le pongo atención a sus ideas, me iré a la quiebra como ustedes. Si ustedes prestan atención a mis ideas, tienen la oportunidad de ganarse medio millón de dólares al mes".

Básicamente estaba diciendo: siéntense, cállense y pongan atención. Tan pronto como su fortuna sea tan grande como la mía, entonces vengan a hablar conmigo sobre sus ideas.

¿Lo ven? El 98 por ciento de la población pasa su vida tratando de igualarse a aquellos que son más exitosos que ellos. Ellos tratan de probar que son igual o más éxitos que su vecino, o tan buenos como su compañero de trabajo, incluso mejor. Este 98 por ciento de la población trata de competir en lugar de quedarse sentado, callado y poniendo atención a alguien que ya es exitoso, y aprender de los resultados de él o ella.

Encuentra a personas que tengan lo que tú quieres, y haz lo que ellos hacen. Esa es la segunda estrategia de negocios más poderosa que he aprendido. Hasta este día, todavía funciona.

Recibir Entrenamiento

Me dijo, número cuatro: "Necesitas ir a un seminario de entrenamiento".

Él me introdujo al concepto de invertir en mí misma. Él me dijo, "Necesitas recibir entrenamiento consistente. Necesitas invertir en ti y necesitas hacerlo de manera constante. Tienes que poner dinero en ti. Para ser inusualmente exitoso necesitas trabajar más fuerte en ti de lo que lo haces en tu negocio".

Yo nunca había escuchado el concepto de seminario. No tenía sentido para mí el pagar dinero para que alguien me enseñase algo. Además, estaba viviendo de las tarjetas de crédito y no imaginaba cómo podría pagar algo como eso, mucho menos el hotel y el boleto de avión.

En su lugar, yo quería esperar que el seminario viniese a mi ciudad – Stockton, California –, a pesar de que eso nunca pasaría. Eso es lo que el 98 por ciento de la población haría, esperar por su comodidad. Ellos terminan en quiebra a los sesenta y cinco años porque están esperando por su conveniencia.

Lo que he aprendido es que el éxito nunca es conveniente. De hecho, tampoco lo es el fracaso, así que de todas formas enfrentarás inconvenientes. Pero el éxito lo vale y el fracaso no, elige cuál quieres y aprende cómo triunfar con inconvenientes. Esto requiere tomar riesgos y cambiar tus planes para poder alcanzar la oportunidad que cambiará tu vida. Si el éxito y el crear riqueza fuesen convenientes, todo el mundo sería adinerado y exitoso.

La oportunidad no siempre se presenta cuando tienes el dinero y el tiempo. Muchas personas al parecer están esperando que el sol, la luna y las estrellas se alineen antes de que ellos acepten una oportunidad para tomar ventaja y volverse exitosos. Ellos están esperando que caiga del cielo, pero nunca caerá del cielo. ¡El sol, la luna y las estrellas nunca se van a alinear!

No, no son las circunstancias las que determinan el éxito en la vida, sino lo que tú hagas con ellas; eso es lo que determina tu éxito en la vida. ¿Has tenido algunas o te encuentras actualmente en circunstancias malas? Entonces estás en la posición correcta para triunfar.

Así que, escuché a este joven. Presté dinero para invertir en mí misma y asistí al seminario. Ese seminario logró más que pagarse a sí mismo. Comencé a producir dinero de inmediato. En ocho días generé mis primeros cuatro mil dólares. Continué regresando por más entrenamiento mes tras mes, además de traer conmigo a mis compañeros de trabajo, para que ellos pudiesen recibir el mismo entrenamiento que yo estaba recibiendo. En seis meses produje más de cincuenta mil dólares.

Cuando miro hacia atrás a ese momento tan crucial, sé que a pesar de cualquier duda que pudo haber pasado por mi mente en aquel entonces, yo no estaría hoy aquí de no haber ido a ese primer seminario. Desde entonces, he invertido en mí de forma consistente. He aprendido de muchos millonarios diferentes. He entrenado mi mente a pensar diferente al 98 por ciento de la población. ¡Y me ha funcionado!

Se me rompe el corazón cada día cuando veo a personas dejar pasar la oportunidad de aprender de un multimillonario exitoso.

Tú obtienes por lo que pagas. Para triunfar financieramente, tienes que aprender de personas que están triunfando financieramente. Alguien que está en deuda no puede enseñarte cómo salir de las deudas. Alguien que está fracasando en los negocios no puede enseñarte cómo triunfar en los negocios. Alguien que está fracasando en su matrimonio no puede enseñarte cómo triunfar en el matrimonio.

Si quieres convertirte en un millonario, ¿de quién aprendes? De un millonario.

Y pagas cualquiera que sea el precio para aprender de un millonario. Yo no me acabo de convertir en millonaria; no acabo de caer del cielo. Yo aprendí de otros millonarios exitosos.

Mi Primer Millón

Cuando tenía veintiún años de edad, cometí otro grave error. Me casé con un tipo después de conocerlo por tan solo siete días, debido a que era ingenua y estaba enamorada de su encanto y de su gran atractivo.

Mi nuevo marido me convenció de mudarme a Hawaii con él. Cuatro meses después, me encontré sola y en una situación realmente mala. Mi esposo se había ido a Japón para empezar un negocio con unos inversionistas. Mientras él se encontraba allá se enamoró de otra mujer, una linda, rubia y alta modelo. Meses antes a esto, mi negocio había sido malversado por el mismo millonario que había realizado todos aquellos seminarios a los que yo había asistido. Así que ahora tenía cero ingresos, mi esposo soñado, estaba acostándose con una tonta y solo quedé con $2.03 a mi nombre y $35.000 en deudas.

Fui desalojada de nuestra casa. Me convertí en una persona sin hogar y en una indigente.

Todo lo que poseía se encontraba en mi carro. Vivía en las playas, me bañaba en baños públicos y culpaba a todos los demás por mis problemas. Conseguí un trabajo como camarera y empecé a fumar marihuana con mis compañeros de trabajo.

Era Nochebuena, el bar donde trabajaba tuvo una fiesta de Navidad. Después de haber fumado una tonelada de marihuana y haberme embriagado hasta casi perder la conciencia, dos compañeros de trabajo me ofrecieron algo por lo que había odiado a mis padres por consumir. Pero estaba tan drogada y borracha, que no pude resistirme. Yo sólo tenía que probarlo. Era cocaína. Consumí una raya y ya estaba atrapada.

Al día siguiente estaba en la playa en la continuación de la fiesta navideña. Mi cuerpo entero estaba temblando por los deseos de más cocaína, y mi mente estaba en caos. Había hecho lo que había jurado nunca hacer y me odiaba por ello. ¡No podía creer que mi vida había llegado a eso! Estaba asustada y confundida, y me preguntaba si era mejor simplemente terminar con mi vida.

Anduve preguntando de persona a persona si alguien sabía dónde podía conseguir más cocaína.

Yo habría vendido mi cuerpo por otra raya de cocaína si alguien hubiese estado dispuesto. Pero nadie tenía nada, así que me sentí increíblemente frustrada. Caminé hacia el océano y me sumergí en una ola. Pero al salir de la ola escuche una voz decir: *"Recoge tu petate y camina"*.

Mi fuerte deseo por más cocaína desapareció inmediatamente. De hecho, no tenía ni un rastro de pensamiento de ello. Salí del agua, recogí mi toalla y empecé a irme. Mis compañeros de trabajo me preguntaron que adónde iba. Yo simplemente levanté la mano para despedirme y dije: "Me voy de aquí". Todo en mi cabeza estaba claro; los deseos habían desaparecido por completo. Era como si yo estuviera en un trance.

Al día siguiente comencé un negocio desde la maletera de mi carro y una cabina de teléfono público. Gane dos mil dólares en los primeros cuatro días de estar en el negocio y me mudé a un apartamento el cinco de enero. ¡Ya no era indigente! Tres meses después había comenzado una segunda compañía que encajaba perfectamente con la primera y había contratado a mi primer empleado.

Gané $250.000 al final de ese año.

Para finales de mi segundo año, a mis veintitrés años de edad, había ganado mi primer millón de dólares.

Toma una Decisión

Cuando salí de esa ola, tenía que tomar una decisión sobre qué hacer con mi vida. Y lo hice.

Tú también tienes que tomar una decisión de qué hacer con tu vida. ¿Cómo quieres vivir? Eso depende de ti. No vivas tu vida por defecto, vívela por diseño. Yo empecé a diseñar mi vida cuando salí caminando de ese océano. ¿Cuándo vas a comenzar tú? Tú tienes que decidir cómo deseas vivir.

Tal vez estás diciendo, "No, Dani, tú no conoces mis circunstancias". Sí, tienes razón. Y tú no sabes cómo fue el ser indigente. Y tampoco sabes lo fácil que es tomar la decisión de salir de un lugar patético en la vida.

Pero tienes que tomar una decisión para que ese cambio venga. Nadie va a hacer ese cambio por ti.

Tú tienes que tomar una decisión. Puedes seguir viviendo de la manera en la que has estado viviendo o puedes cambiarla de una vez por todas. Tú estás completamente en control. Podemos continuar y seguir hablando sobre las cosas terribles en tu vida, o puedes tomar la decisión de cambiarlas y hacer mejor las cosas. Depende completamente de ti.

¿Entonces vivirás tu vida de acuerdo con las excusas o la vivirás según tu propio diseño?

Engañada con Respecto a la Riqueza

En mis veintes, ya que empecé a hacer mucho dinero, la avaricia era mi mayor motivador.

Había caído en la imagen de la riqueza americana. Creía que la riqueza era sobre el tamaño de tu casa y el precio de la ropa. Creía que tenía que vestir trajes de Christian Dior y zapatos de quinientos dólares para ser exitosa. Creía que la riqueza era acerca de un nuevo Mercedes Benz convertible. También tener una casa de seis mil pies cuadrados con piscina, vista a las montañas y cancha de tenis.

Tenía personas a mi alrededor diciéndome: "Necesitas una casa grande, así la gente sabrá qué tan exitosa eres".

Pensé: "Oh, tienen razón". Y después lo compraba todo.

Pero al comprar esas cosas, nunca me sentía rica. No importaba cuánto dinero hiciese, nunca me sentía exitosa. Tenía un vestuario de un cuarto de millón de dólares y otro cuarto de millón de dólares en joyas, y todavía sentía un hoyo abierto en mi estómago que me hacía sentir que era un fracaso.

No importaba cuántas cenas de mil doscientos dólares y cuantas vacaciones de lujo comprara para mis amigos, seguía sintiendo que no estaba marcando la diferencia. No importaba cuántas cosas tuviese, muy en el fondo todavía me sentía como la perdedora y fracasada que mi padrastro y todos con los que crecí decían que era.

Esta es la verdad acerca de lo que pasó. Yo estaba engañada con respecto a la riqueza. Tantos de nosotros caemos engañados con esta loca idea de lo que es la riqueza.

¿Quién nos dijo que la riqueza es acerca de vivir en una casa inmensa? o ¿conducir un carro nuevo cada dos años? o ¿comprar en las tiendas más caras? o ¿Tener una tarjeta American Express, una tarjeta MasterCard Platino o una tarjeta Visa Gold?

¿Quién nos vende esa imagen de riqueza? ¿Quién nos dijo que comprar dos, tres, o cuatro veces al mes más ropa, más zapatos y más accesorios que no necesitamos era el camino hacia la riqueza?

Los medios nos venden la fantasía de que comprar es el camino para ser rico y exitoso. Sin embargo, la parte que ellos no nos dicen es el dolor, el estrés y el vacío que tantas "cosas" nos dejan. Tampoco nos hablan acerca del dinero y el tiempo que toma mantener y limpiar la casa de cinco cuartos con seis baños. Ellos no nos dicen sobre el peso que provoca la deuda y el estrés que causa al matrimonio. Hay mucha presión que viene con el mantenerse al día con "las personas de la alta sociedad".

Los medios nos han dicho que la casa grande que realmente no necesitamos o ni siquiera estamos buscando es la respuesta para sentirnos mejor con nosotros mismos. Luego nos venden la ropa que está en nuestros armarios, algunas de ellas incluso con las etiquetas todavía puestas. Ellos nos venden los zapatos, los accesorios, los bolsos y los juguetes.

Muchos de nosotros terminamos siendo engañados con esta idea de lo que es la riqueza; compras más y más cosas, pero aun así no te sientes realizado.

Lucha contra las masas. No caigas en la imagen que todos te están vendiendo. He aquí una regla de oro real muy fácil para alcanzar el éxito y crear riqueza: Descubre lo que todos los demás están haciendo y haz exactamente lo opuesto. Las masas históricamente están equivocadas, entonces ve en la otra dirección.

No compres lo que todos los demás están comprando. Tú has sido entrenado y acondicionado para querer encajar con todo el mundo. Pero "todo el mundo" está viviendo una fachada que ha sido comprada con la esclavitud impuesta por la deuda.

Mi Definición de la Riqueza

¿Qué es para ti la riqueza? ¿Cuál es tu definición personal de riqueza? ¿Qué es lo que más te interesa? ¿Qué te impulsa? ¿Acaso lo sabes?

Yo tengo un enfoque integral con respecto a la riqueza. La verdadera riqueza para mí es acumular dinero sin necesidad de sacrificar tu matrimonio, hijos, salud o diversión. Es cambiar el ser esclavo del dinero, a hacer del dinero tu esclavo y hacer que el dinero trabaje para ti.

La riqueza también es el utilizar tu sabiduría, conocimiento y habilidades para beneficiar a otros, tal como el enseñarles a tus hijos cómo acumular riqueza. ¿No te gustaría saber que estás preparando a tus hijos para triunfar y no para fracasar? No querrías que alguien más moldee la mente de tu hijo o de tu hija.

Y ¿qué opinas con respecto a acumular riqueza sin necesidad de sacrificar tu salud? y ¿de tener estupendas relaciones con compañeros de trabajo, comunidad y clientes? o ¿de ser capaz de poder bendecir de forma secreta a personas que no lo están esperando pero que se encuentran en gran necesidad?

Tú puedes utilizar tu vida para beneficiar la vida de los demás. Al usar tu inteligencia y las habilidades que desarrollaste durante los años, la sabiduría que has acumulado puede ayudar a cambiar a una familia que, a su vez, podría cambiar una generación.

La Visión del Dinero

- He descubierto tres cosas que tú debes saber sobre el dinero:
- Cómo hacerlo y cómo hacer más de él
- Cómo mantenerlo
- Cómo convertirlo en tu esclavo

Vamos a hablar de todo eso en los capítulos siguientes.

También necesitas una visión financiera. El dinero siempre está buscando un lugar a dónde ir. Si tú no lo diriges, tu dinero se dejará atrapar por tiendas departamentales, supermercados y el internet. Será capturado por las cuentas de banco de esas compañías en lugar de permanecer en tu cuenta bancaria.

En los siguientes capítulos yo te enseñaré cómo convertir tu dinero extra en capital inicial para construir riqueza. También te enseñaré cómo puedes usar tu dinero para dar una bendición secreta a otros.

Si no tienes una visión para tus finanzas, aquellos que sí la tengan simplemente absorberán tus finanzas en sus cuentas bancarias. Por ejemplo: si hay una corporación vendiendo bienes y servicios que te gusten y no tienes una visión para tus finanzas personales o para tu futuro financiero, tu dinero será absorbido por sus bienes y servicios.

Determina tus metas financieras. ¿Cuál es tu futuro financiero? ¿Cómo quieres vivir? ¿Qué es lo que le quieres transmitir a tus hijos?

Tienes que tener una visión para dejar de ser un humano consumidor y en su lugar convertirte en un humano generador de ingresos. Deja de hacer compras que están haciendo ricas a otras personas. Dirige tu dinero a lugares donde te producirá más dinero. Convierte al dinero en tu esclavo - no seas un esclavo de él por más tiempo.

¿Quién Serás?

Tú siempre tienes una elección. Claro, puedes utilizar tu vida como una excusa. Puedes decir que tu mami o tu papi te hicieron lo que eres. El noventa y ocho por ciento de la población dice: "Mi familia es pobre, por lo tanto yo siempre seré pobre. Mi familia siempre ha tenido que luchar en la vida, así que yo pasaré por lo mismo". ¿Te resulta familiar? También dirías: "Mi familia tiene sobrepeso, así que yo también tendré sobrepeso". "Ellos tienen problemas de salud, así que yo tendré problemas de salud". ¿Ves lo que te estoy diciendo? Nosotros usamos los fracasos de nuestra familia como excusas de nuestros propios fracasos. Es hora de tomar una decisión. Puedes seguir viviendo de la manera en la que lo has estado haciendo. Puedes continuar hablando acerca de todos tus problemas y puedes seguir por el camino que empeorará las cosas. O puedes cambiar la manera cómo vas a vivir. Tú estás en completo control.

¿Por qué no tomar responsabilidad de tu vida? Tú puedes diseñarla. Puedes decidir tener una vida sana y hacer tanto dinero como tú quieras. Puedes *elegirlo ahora.*

¿Vas a ser parte del 98 por ciento que están muertos o en quiebra a la edad de sesenta y cinco años? O ¿serás parte del 2 por ciento que están viviendo una vida rica, exitosa y favorecida? ¿Quién serás tú? Depende completamente de ti.

En los siguientes capítulos te voy a enseñar cómo cruzarte hacia el 2 por ciento. Aprenderás cómo hacer más dinero, cómo mantener más dinero y cómo hacer del dinero tu esclavo. Aprenderás mi método -paso a paso- que te enseñará a ganar millones. Únete a mí en el 2 por ciento, ¿Te gustaría?

LO QUE DICEN NUESTROS CLIENTES

¿Funcionará esto para ti? He aquí algunas de las cosas que nuestros clientes dicen:

"Antes de Dani Johnson, estaba deprimida. Quería morirme. Odiaba mi carrera. Odiaba a mi familia. Odiaba a mi esposo. En 18 meses, hemos pagado $90.000 con dos trabajos normales, uno de profesora y otro de psicólogo. En julio, empecé mi propio negocio. Mi meta era que en seis meses pudiese ganar $8.000 al mes. ¡Alcance mi meta en el segundo mes! Amo a mi marido, pienso que es el mejor hombre del mundo, amo a mi familia, y estoy reconstruyendo y restaurando esas relaciones. He perdido 12 libras y he logrado más que duplicar mis ingresos".

-Erin Hitzke

"Yo estaba en la quiebra, casi indigente, divorciado, distanciado de mi hijo y devastado por una vida de abuso de alcohol y drogas, también había estado preso. Después de escuchar a Dani, volví a casarme con mi ex esposa y tengo una relación restaurada con mi hijo.

Lo mejor de todo es que la devastación del pasado ha sido restablecida y estamos mejor de lo que yo podría pedir. He sido restaurado y tengo un ingreso de seis cifras, trabajando horas normales. Ahora soy capaz de aceptar mis problemas ya que tengo la esperanza de que sean transformados en soluciones. Ahora tengo una vida que no cambiaría, incluso en la adversidad. Puedo decir sin ninguna reserva que aún en medio de terribles contratiempos, mi vida hoy es la vida con la cual soñé pero no tenía esperanza de alcanzar".

-Kevin Kelly

"Antes de conectarme a Dani Johnson, era un hombre de negocios frustrado, que estaba trabajando demasiado duro y ahogándose en deudas. Después de asistir a "First Steps to Success" y a "Dynasty", logré duplicar mi ingreso, pagué $1.5 millones en deudas en dos años y medio; ¡ahora estamos completamente libres de deudas!

-Simeon Cryer

LAS LEYES DEL ÉXITO

CAPÍTULO 2

Primera Temporada de Éxito

En mi primera temporada de éxito – a la edad de veintitrés años – gané un millón de dólares.

Pero lo perdí todo.

Después produje más y gasté más. Entrando a mis treinta años poseía las habilidades, el impulso, la visión, la experiencia y unas estrategias efectivas para hacer muchísimo dinero. Pero no tenía la mentalidad de mantenerlo.

Con el tiempo, comencé a entender las Leyes del Éxito que me ayudarían a mantener mi dinero. Ahora que ya estoy en mi segunda temporada de éxito, mi esposo y yo hemos aprendido la habilidad de convertir el dinero en nuestro esclavo. Hemos aprendido las leyes de crear verdadera riqueza en lugar de producir dinero solo para gastarlo. Yo uso estas leyes y habilidades para construir compañías multimillonarias. El dinero viene más fácil y más rápido que nunca.

Pero tuve que cambiar mi mentalidad, la misma mentalidad que mantiene al 98 por ciento de la población atada a sueños pequeños. Para hacer ese cambio al 2 por ciento de gente adinerada, necesitaba aprender algunos principios fundamentales, lo que yo llamo Las Leyes del Éxito.

Estas leyes operan en la naturaleza, ya sea que creas en ellas o no. Así como la ley de la gravedad o las leyes de la física funcionan, ya sea que creas en ellas o no, estas leyes gobiernan todo.

Las personas más ricas en el mundo, tales como Bill Gates y Warren Buffet, no tienen que creer en estas leyes para ser exitosos. Pero ellos las practican y ellos son altamente exitosos.

Si tú quieres ser exitoso en las relaciones, en tu carrera o en tu negocio, saber estas leyes te ayudará en cada área de tu vida ya que ellas son la base de cada aspecto de la vida. Yo te voy a enseñar doce Leyes del Éxito en este libro, siete en este capítulo y cinco más en capítulos posteriores. No tienes que aprender doce leyes para negocios, otras doce leyes para el matrimonio y doce leyes más para tu vida espiritual. Todo tiene el mismo fundamento – las mismas leyes – y es por eso que todos nuestros clientes tienen historias de cómo estas leyes les han cambiado cada área de su vida.

La Riqueza está en las Leyes

Me puedes decir: Dani, "pero a mí no me interesan estas cosas. ¿Cuáles son las habilidades concretas para hacer dinero?"

Sí, también te voy a enseñar habilidades específicas para hacer cantidades incontables de dinero en capítulos venideros. Pero ¿cuál es el punto de hacer tanto dinero si lo pierdes todo?

Muchas personas están deprimidas por culpa de la economía, así que gastan de forma tonta para tratar de sentirse mejor, lo cual las hace sentirse más presionadas e incluso más fracasadas. Es un círculo vicioso. Estos principios básicos pueden y cambiarán eso. Son tan simples que cualquiera puede seguirlos.

Yo te dije que te iba a enseñar cómo hacer dinero, cómo mantenerlo y cómo hacer del dinero tu esclavo. Estas son las Leyes del Éxito para triunfar en cualquier cosa.

Ley # 1 – La Ley de la Visión

¿Cuáles son las cosas con las que has soñado que te gustaría lograr en tu vida?

Cuando eras joven, seguro tenías lugares a los que querías ir, cosas que querías hacer y personas que querías ser. ¿Te acuerdas de cómo se veían esos sueños?

¿Qué les pasó a esos sueños?

Tal vez dijiste, "quiero viajar alrededor del mundo", "quiero experimentar diferentes culturas", "quiero hacer toneladas de dinero", "quiero un auto veloz, como un Lamborghini o un Ferrari", "quiero grandes anillos de diamantes", "quiero comprar todo lo que yo quiera" o "quiero independencia financiera".

Tal vez querías ser un atleta profesional, un doctor, un maestro, un cantante, un artista o un autor. Probablemente había cosas que querías lograr.

Pero tal vez personas alrededor tuyo te dijeron que eras muy joven o muy estúpido y ellas te desanimaron de alcanzar los verdaderos deseos de tu corazón. O no podías conseguir ese trabajo que tú tanto querías o no obtuviste ese ascenso que pensaste que ibas a recibir o tu cónyuge se enfermó y no pudiste perseguir tu sueño porque tenías que pagar las cuentas.

Tus sueños formaban un gran círculo a tu alrededor. Pero el otro círculo en tu vida – tu círculo de ingresos – era un punto muy pequeño en comparación a ese círculo de sueños y deseos.

Eso es lo que le pasa al 98 por ciento de nosotros.

Tal vez trabajaste en tus sueños, fuiste a la universidad, y tu círculo de ingresos se incrementó. Pero después te distes cuenta: "Caray, es tan caro el simple hecho de vivir estos días y sólo tengo dos semanas de vacaciones al año. Yo quería viajar alrededor del mundo pero sólo tengo para ir a visitar a la familia que vive más cerca de nosotros". Tus sueños de viajar alrededor del mundo no cabían en tu círculo de ingresos, así que ahora viajas alrededor del mundo viendo tu televisor.

O tal vez una vez te quisiste mudar a una casa linda y nueva. Pero después te encontraste diciendo: "He estado viviendo en esta casa por treinta y cinco años. Nosotros criamos a nuestros hijos aquí. Puede ser que tengamos diferentes tipos de alfombras de color verde, pero tenemos buenas memorias aquí". Y tus sueños de una casa mejor desaparecieron.

O pensaste, ¿Un auto rápido? *Bueno, quería uno pero después caí en cuenta de que requiere de seguros muy caros y tienes que llevarlo al concesionario, donde tienen que hacerle toda clase de mantenimientos caros. ¿Quién puede pagar algo como eso?* Así que removiste ese carro soñado de tu lista.

La visión llega más allá de los sueños materiales. También es acerca del rumbo de nuestra vida.

Cuando yo tenía veintidós años conocí a un hombre llamado Ed, quien era un ingeniero. Él era casado y tenía cuatro hijos. Se encontraba en el salón cuando hice mi primera presentación, la cual fue una experiencia horrible para mí. Después de haber terminado, Ed me hizo una pregunta muy penetrante: "¿Cuáles son tus metas?"

No tenía ninguna. Y pensé que era la pregunta más extraña. ¿Por qué quería él examinarme de esa manera? Él me preguntó una y otra vez hasta que tuve el coraje de darle una especie de respuesta. Mis deseos eran claramente monetarios. Yo quería gastar en un día cuatro mil dólares en efectivo en la tienda más cara, conducir un Mercedes y ganar $100.000 al año. Esa era la extensión de mi visión.

Estoy muy agradecida que Ed haya llegado a mi vida ese noviembre de 1989. Desde entonces, hemos continuado siendo amigos y él ha continuado haciéndome esa misma pregunta tan minuciosa. Las respuestas han cambiado tremendamente a lo largo de los años a medida que me he convertido en una persona completamente diferente. No importa si tu visión comienza siendo meramente monetaria y aparentemente egoísta. Lo que he descubierto es que tener alguna visión es mejor que no tener una. Al paso del tiempo, tu visión se volverá más clara y realmente te sacará de tu cama cada día para hacer algo estupendo con tu vida.

Así que te estoy haciendo esa pregunta ahora: ¿Qué quieres hacer con tu vida?

Algunas personas soñaron con ser famosas. Para algunos, su sueño de infancia fue el convertirse en una actriz o un actor famoso. Otros crecieron queriendo ser escritores, cantantes o compositores famosos. Luego, mientras vas creciendo, escuchas negatividad de todo el mundo a tu alrededor: "Nosotros no tenemos ese tipo de contactos". "Eso no le pasa a gente como nosotros". "No vives en el lugar correcto para poder hacer ese tipo de conexiones con la gente adecuada".

O qué hay de esto: "No tienes el talento suficiente". "Hay demasiada competencia".

Tú dijiste: "Bien, he creado esta canción, pero no podré obtener un contrato disquero". Así que sacaste ese sueño de tu lista.

Otros sueños se fueron incluso más a lo profundo. Tal vez tenías el sueño de tener una gran relación y alguien te rompió el corazón. O peor, te divorciaste y pensabas que no podrías volver a encontrar el amor verdadero. O tu sueño podía ser tan sencillo como el hacer tu trabajo lo mejor posible o que te tomaran en cuenta para un ascenso.

Tal vez tu sueño era más grande que tú mismo. Querías ayudar a las personas, ser el mentor de niños discapacitados, liberar a los niños de la trata de sexo o alimentar a los indigentes. Pero apenas podías pagar tu propia hipoteca.

Cada uno de estos sueños fue sacado lentamente de tu lista porque tu círculo de ingresos no era lo suficientemente grande para contenerlos. A medida que fuiste reduciendo tus expectativas, tu lista de sueños se encogió y ahora es nada más un poco más grande que tus ingresos. Después de todo, nosotros nunca renunciamos a todos nuestros sueños porque sabemos que un hombre sin una visión perecerá.

Tal vez tus sueños se han disminuido a una vida que consiste en dos semanas de vacaciones al año, la mitad de esas vacaciones gastadas en limpiar el garaje y la otra mitad manejando a la ciudad más cercana para una reunión familiar. Tu visión decrece y te acostumbras a la idea de quedarte en una casa vieja, rentando un auto más pequeño y conformándote con la mediocridad.

El 98 por ciento de la población reduce sus sueños para que se ajusten a sus ingresos. Mientras tanto, el 2 por ciento encuentra maneras de incrementar sus ingresos para poder realizar sus sueños.

Si tú quieres hacer dinero y si tú quieres ser financieramente exitoso, tienes que expandir tus ingresos para que se ajusten a tus sueños.

Esta es la Ley de la Visión. Sin visión, perecemos.

Es importante hacer un listado de a dónde queremos ir, de qué queremos hacer y con quién queremos hacerlo. Si tú no sabes qué es lo que quieres, nadie podrá ayudarte a obtenerlo. Pero ¿qué es lo que quieres? Si eres como el 98 por ciento de la población, no sabes qué es lo que quieres y aun así, te quejas de lo que tienes.

Nada se vuelve *dinámico* hasta que se vuelve específico. ¿Quieres viajar por el mundo? Entonces ponlo en tu lista de sueños. No permitas que tus ingresos o tu cuenta de ahorros te digan qué tan grandes o pequeños deben ser tus sueños. No se supone que sea de esa manera.

Puedes decidir hasta dónde deseas llegar en la vida. Juntos, tú y yo vamos a descifrar dónde está el dinero. Más adelante en el libro, yo enseño cómo tener esos sueños sin necesidad de caer en deudas.

Pero por ahora, toma una hoja de papel con un lapicero y anota algunas de las cosas que quieres hacer. Diseña tu vida. De ahora en adelante, vas a vivir por diseño en lugar de vivir por defecto. Así que comencemos.

En tu visión, ¿Cómo se mira tu vida? ¿Cómo quieres vivir? ¿A dónde quieres ir? ¿Con quién quieres ir? Si supieras que no puedes fallar, ¿qué harías con tu vida? Comienza a soñar de nuevo, esto es utilizar la Ley de la Visión.

En este libro te enseñaré cómo incrementar tu círculo de ingresos para que iguale tus sueños, en lugar de reducir tus sueños para que se igualen a tus ingresos. Voy a demostrarte que naciste para triunfar. Así que no te preocupes con respecto al fracaso, simplemente empieza a escribir lo que quieres. Escribe tal vez dos, tres o incluso treinta cosas que desees hacer con tu vida.

Sigue agregándole a tu lista a medida que vayas leyendo este libro. Quiero que tengas de nuevo una visión para tu vida.

Ley # 2 – La Ley de la Mente

Como mencioné antes – y claramente quiero destacar – el 98 por ciento de la población está muerto o en la quiebra a la edad de sesenta y cinco años. Sólo a 2 por ciento de la población le va bien financieramente. ¿Cuál es la diferencia entre estos dos grupos? ¿Qué es lo que determina si alguien está en una categoría o en la otra?

Los estudios demuestran que sólo hay una diferencia entre las personas del 98 por ciento y las personas del 2 por ciento que son exitosas financieramente.

Y la respuesta no es lo que tú piensas. No es donde alguien nació o quiénes fueron sus padres. No es a qué colegio asistieron o cuántos títulos poseen - una vez conocí a un billonario que tenía una educación de noveno grado y fue criado por una madre soltera. No es la raza, religión, color de piel o su ubicación geográfica. Si lo piensas bien, hay gente rica de todos los colores y religiones que viven por todo el mundo. Sin embargo, existe algo muy diferente acerca de aquellos que son ricos: la manera en que ellos piensan, actúan y toman decisiones, así como la diferencia en que ellos perciben las circunstancias y reaccionan ante ellas. Es su mentalidad.

La manera en que tu mente piensa determina lo que tendrás en la vida – Esta es la Ley de la Mente - Si tú piensas como el 98 por ciento de las masas, tendrás lo que el 98 por ciento de las masas tiene. Si tú piensas como lo hacen las personas en el 2 por ciento, entonces tendrás lo que las personas en el 2 por ciento tienen.

Las personas en el 2 por ciento piensan diferente con respecto al dinero. Ellas piensan diferente acerca de la vida y toman decisiones de forma diferente a como lo hace el 98 por ciento de la población. Lo que pienses que pasará es lo que va a pasar. ¡La única cosa que determina el éxito son los *resultados!*

¿Lo ves? El 98 por ciento de la población piensa que las circunstancias determinan el éxito, pero el 2 por ciento sabe algo mejor que eso. No son *nunca* las circunstancias las que determinan el éxito en la vida. Es *lo que tú haces* con ellas lo que determina el éxito en la vida. El 98 por ciento tiene un patrón de pensamientos de "lotería y pobreza," y están siempre buscando la manera de obtener más por menos, comprando boletos de lotería.

Adivinen quién inventó todo el sistema de lotería. ¡Las personas del 2 por ciento! Y ¿por qué caes en él? El concepto entero de gastar un dólar con la esperanza de que te vayas a ganar diez millones de dólares es una fantasía y cada fantasía como ésta, proviene de una mentalidad de pobreza. Es una forma de decir: "Yo no puedo hacer dinero". "Yo no voy a hacer dinero". "Yo nací pobre". "Yo me voy a mantener pobre". "Es muy difícil ganar dinero". "Nunca nada funciona para mí". **YA1!** "Nunca nada me sale bien". "No tengo nada". Esa es la forma de pensar del 98 por ciento de la población y eso es lo que provoca que las personas tomen las decisiones que las mantienen en quiebra. Te garantizo que si sigues una fantasía como ésta, vas a terminar en la pobreza.

Pero el 2 por ciento piensa de una manera completamente diferente. Cuando encontré por primera vez personas que estaban en la categoría del 2 por ciento, vi algo totalmente diferente. ¿Lo ves? todos mis supuestos amigos y compañeros de trabajo en ese tiempo solo hablaban de quién había aparecido en la televisión la noche anterior. Ellos chismeaban sobre lo que alguien estaba vistiendo y quién estaba saliendo con quién. No había nada sincero, importante u orientado a alcanzar objetivos en nuestras discusiones.

Luego conocí a ese millonario y a un grupo de personas que estaban manejando negocios y aprendiendo cómo llegar a ser exitosos. Había algo notablemente diferente acerca de la manera en que estas personas hablaban. Ellos tomaban decisiones de una forma diferente y manejaban su vida y sus negocios utilizando métodos que yo nunca había visto.

Ellos me introdujeron a conceptos – la manera de pensar del 2 por ciento – que me cambiaron por completo, tales como el tomar riesgos y comenzar tu propio negocio versus trabajar para el negocio de alguien más. Es aprender a decir cada vez que te encuentres con una barricada: "¿Cómo puedo hacer que esto funcione?". En comparación con la forma de pensar del 98 por ciento que dice: "Oh, supongo que no va a funcionar. No estaba destinado a suceder". Los del 2 por ciento se van por encima o alrededor de un problema o cavan un hoyo por debajo del problema para que las cosas logren funcionar, mientras que los del 98 por ciento simplemente huyen, retroceden, abandonan y culpan a la economía, a algo o a alguien más por su situación.

Los del 2 por ciento están buscando una razón más para triunfar, mientras que los del 98 por ciento están buscando una excusa más para renunciar.

La única diferencia entre el 98 por ciento y el 2 por ciento de la población es su mentalidad. ¿Quieres cruzarte del grupo del 98 por ciento que se encuentra sumergido en la pobreza al grupo del 2 por ciento que se encuentra financieramente libre? Entonces tienes que cambiar tu mentalidad. Es tu decisión.

Ley 3– La Ley del Valor

Déjame hacerte una pregunta: ¿Quién gana más dinero, un doctor de medicina general o un neurocirujano? El neurocirujano, por supuesto.

¿Por qué gana más dinero el neurocirujano? No es por su personalidad. No es por su apariencia, color de piel, religión o sus antecedentes familiares. Es porque él se especializó. Él tiene conocimiento especializado y habilidades especializadas.

Incluso si el doctor de medicina general tuviese un trato increíble con los pacientes y el neurocirujano fuese frío e insensible, el neurocirujano aún haría más dinero, debido que él tiene un conjunto de habilidades más altas. El neurocirujano tiene un mayor conjunto de habilidades porque tiene más entrenamiento – él invirtió más tiempo y dinero de lo que lo hizo el doctor de medicina general- Así es como todos desarrollan un área de especialidad.

Es lo mismo para ti. Si incrementas tus habilidades, vas a incrementar tu salario.

Esta es la Ley del Valor, la cual es muy sencilla: Dice que lo que determina tu valor en el mercado laboral no es tu personalidad, ya sea que seas tímido o audaz. No es tu apariencia, ya seas hermoso o bien feo. No tiene nada que ver con el lugar en donde naciste, pero sí tiene todo que ver con tus habilidades.

Todas las personas están en control de sus habilidades. Todos nosotros trabajamos. Todos estamos en el planeta Tierra. Todos nosotros tenemos veinticuatro horas en el día. Todos tenemos trabajo qué hacer. Pero es lo que nosotros hacemos con nuestro tiempo y nuestras habilidades lo que determina lo que ganaremos.

Entonces ¿cuál es tu especialidad? ¿Es el chismear? ¿Te especializas en excusas? ¿Te dedicas a las estadísticas deportivas, a coleccionar revistas de moda, comida chatarra, a ver televisión, o a estar en Twitter? Te especializas en donde inviertes tu tiempo. Desafortunadamente, el 98 por ciento de la población dedica su tiempo especializándose en cosas que no llevan a la riqueza o a la felicidad.

Todos nosotros somos medidos por nuestras habilidades. Las buenas noticias son que estás haciendo una inversión para incrementar tus habilidades al leer este libro. Puedes decidir el especializarte en cosas que te llevarán a la riqueza en lugar de llevarte a la mediocridad.

El mercado paga por valor. Y la única cosa que determina tu valor es tu conjunto de habilidades. La mayoría de las personas creen que su personalidad los ayudará a ser exitosos. Esas personas están equivocadas. Una personalidad amable te puede abrir las puertas, pero no va a establecer tu valor total. Tu valor determina si vas a triunfar y la única cosa que produce valor son las habilidades.

Tú necesitas tres conjuntos de habilidades: Habilidades profesionales, habilidades interpersonales y habilidades personales con desarrollo de liderazgo.

Habilidades Profesionales

El primer conjunto de habilidades que debes saber son los fundamentos de tu profesión, ya seas un doctor, un agente de bienes raíces, un mecánico, una mesera o una secretaria.

¿Cómo puedes obtener mejores resultados que las demás personas? ¿Cómo incrementas tu valor en el mercado? Otra vez, he aquí dónde debes tener un nivel alto de habilidades. Si tienes un nivel alto de habilidades, tendrás un nivel alto de ingresos. Pero si tienes un nivel bajo de habilidades, tendrás un nivel bajo de ingresos. Es tan sencillo como eso.

Toma otro ejemplo: ¿Cuál es la diferencia entre un jugador de baloncesto profesional y un aficionado? El nivel de habilidad. ¿Quién gana más dinero: el jugador de baloncesto profesional o el aficionado? El profesional. (Realmente, el aficionado no gana ni diez centavos, a los aficionados no se les paga por jugar baloncesto).

Del mismo modo, miremos dos salones de belleza: Uno cobra seis dólares por un corte de pelo y el otro cobra ochenta y cinco dólares. Es el mismo corte de pelo, pero el personal del salón de gran gama ha invertido más dinero y tiempo para ganar habilidades adicionales. Es por eso que ellos pueden cobrar esas tarifas altas y producir más dinero.

¿Puedes aprender nuevas habilidades? Todos nosotros podemos aprender nuevas habilidades, pero no podrás tomar ventaja de ese aprendizaje si pasas todo tu tiempo dando excusas y justificaciones del porqué estás donde estás en la vida. Ni podrás aprender nuevas habilidades si pasas todo tu tiempo viendo televisión o navegando por internet. ¡Reacciona! Si pasas todo tu tiempo haciendo esas cosas, entonces no podrás invertir tu tiempo aprendiendo nuevas habilidades. Sin embargo, si inviertes en tus habilidades, ganarás salarios más altos.

Habilidades Interpersonales

El segundo conjunto de habilidades que tienes que adquirir son las habilidades interpersonales. Aquellos con grandes habilidades interpersonales avanzan y obtienen seguridad en sus ingresos. A aquellos que no tienen habilidades interpersonales son usualmente a los primeros que despiden.

El tener grandes habilidades interpersonales cambiará cada área de tu vida. El saber cómo interactuar con las personas para obtener lo que tú quieres, cambiará tu vida laboral, tu vida familiar y tu vida comunitaria. ¿Por qué? ¡Porque eres una persona! Trabajas con personas, comes con personas, vives con personas y duermes con personas. Tal vez hasta has dado a luz a personas. Ellos están por todos lados.

Tú compras cosas de la gente y tal vez vendes cosas a personas. Si tratas mal a las personas, no querrán vivir ni trabajar contigo, tampoco escucharte, seguirte o comprar cosas de ti. Ellos tratarán de evitarte y deberían hacerlo.

Cuando incrementas tus habilidades interpersonales, disminuyes tu estrés, ahorras dinero y aumentas tus ingresos. Déjame darte un ejemplo: Si estás en ventas e incrementas tus porcentajes de ventas realizadas, ¿qué incrementas? Tu salario. ¿Cómo incrementas tu porcentaje de ventas realizadas? Incrementando tus habilidades interpersonales. Esto no tiene nada que ver con habilidades de manipulación o habilidades en ventas de alta presión. Es acerca de refinar tus habilidades interpersonales.

Cuando aprendes cómo comunicarte con las personas de manera que ellos se enamoren de ti, estarás menos estresado con respecto a encontrar clientes y ganarás más dinero.

Estas personas también te mencionarán como referencia a los demás ya que es un placer trabajar contigo, lo que significa que ahorrarás dinero en publicidad, debido a que estás obteniendo más contratos y recibiendo más referencias.

Tienes que saber que tu personalidad inherente no tiene nada que ver con el aprender y el usar las habilidades interpersonales. Algunas personas son naturalmente sociables. A otros no les gusta la interacción personal y no saben cómo comunicarse de manera favorable para crear una situación que producirá ganancias. Si eres uno de los últimos, probablemente tienes un estilo de comunicación que es interrogativo o que no construye confianza o el tipo de relaciones en las cuales las personas quieran seguirte.

No obstante, cualquiera puede aprender las habilidades que yo te estoy enseñando en este libro. Tú vas a descubrir cómo comunicarte de tal manera que las personas acudirán a ti, querrán trabajar y vivir contigo, querrán escucharte y referirte a personas.

Sabiendo que los resultados son los que importan, necesitarás ajustar tu estilo de comunicación aunque ya te consideres una "persona muy sociable". Tu nivel de influencia es medido por la cantidad de personas que te siguen, te escuchan y se mantiene a tu lado en los tiempos difíciles. Eso es determinado por el qué tan bien interactúas con las personas, sin tener en cuenta lo que pienses de ellos.

Las motivaciones más poderosas que un ser humano puede experimentar son el sentirse especial e importante. Presumir tus conocimientos no impresiona a las personas los hace sentirse inferiores e insignificantes. Para hacer sentir a las personas especiales e importantes, déjalas hablar de ellas mismas y hazles muchas preguntas.

Estudios han demostrado que los pacientes demandan con menos frecuencia a los doctores con buenas habilidades interpersonales y que cometen errores. Eso es porque esos doctores hacen sentir a sus pacientes especiales e importantes, ganando la confianza y respeto de ellos. Si eres un administrador y no estás utilizando habilidades interpersonales – no estás haciendo sentir especiales e importantes a tus trabajadores – por lo tanto tus trabajadores no tendrán confianza ni respeto hacia ti.

Sin esa base sólida, lucharás para encontrar cualquier éxito en los negocios o en la vida. Si quieres tener absoluta garantía de un cambio en tu vida, el simplemente cambiar las circunstancias no te funcionará. Cambiar cómo lidias con las personas a tu alrededor es la única garantía que tendrás de un cambio sucediendo en tu vida.

Desarrollo Personal y de Liderazgo

La tercera área de habilidades que necesitas es el desarrollo personal y de liderazgo. Esto es algo integral, ya que si tienes un bajo nivel de desarrollo personal, te vas a comportar según cómo te sientas en ciertos momentos determinados, tales como "hoy tengo miedo", "hoy me siento inútil" u "hoy siento que las cosas no van a salir bien". Ese tipo de sentimientos no pagan.

Si quieres ser rico, no puedes permitirte sentimientos como esos. Deja que esto se adhiera en ti: "Si quiero ser rico, no puedo permitirme sentimientos como esos". La única cosa que puedes permitirte hacer es ir a trabajar y producir resultados. Porque cuando eres un emprendedor, a ti te pagan por resultados. A ti no te pagan por perder el tiempo con sentimientos improductivos.

La Ley del Valor significa, trabajar más duro en ti de lo que lo haces en otras personas. Si la sigues, serás inusualmente exitoso. No leas este libro pensando en todas las personas que conoces que necesitan leerlo y cambiar su vida. Tú eres el que más necesita leerlo y cambiar su vida.

El dinero no crece en los árboles, pero las personas son las que tienen dinero. Si puedes crear una situación beneficiosa para ambas partes con la gente, ellos estarán felices de pagar por tus productos, servicios y habilidades.

Ley # 4 – La Ley de Cosechando y Sembrando

Si trabajas en plantar tomates, cosecharás tomates. Si plantas ejotes, tendrás ejotes. Si plantas pepinos, tendrás pepinos. Y si plantas pimientos rojos, tendrás pimientos rojos.

Si eres una persona blanca y plantas maíz, ¿qué tendrás? Maíz. Si eres una persona negra y plantas maíz ¿qué tendrás? Maíz. No importa cómo te mires o qué personalidad tengas, si plantas maíz, va a llegar a ser maíz. Si tú eres tímido y plantas maíz, no obtienes maíz tímido.

Te han enseñado la mentira que el éxito es acerca de tener suerte o estar en el lugar correcto a la hora adecuada. Pero lo esencial es, que nosotros cosechamos lo que sembramos. La cuarta Ley del Éxito es La Ley de Cosechando y Sembrando. Esta es la más grande de todas Las Leyes del Éxito. Puedes haber oído esta ley expresada como "Sembrando y Cosechando" pero yo hablo de esta ley como "Cosechando y Sembrando" para enfatizar nuestro comportamiento actual. Piensa sobre tu situación hoy en día, ¿qué has cosechado? Si eres uno del 98 por ciento no has sembrado bien porque has creído en las mentiras acerca del éxito y acerca de la riqueza y ahora te encuentras endeudado, infeliz y tratando de culpar a alguien más por tu condición.

Si eres del 98 por ciento, piensas que si siembras pimentones, tendrás fresas. Puedo escucharte diciendo: "¿De qué estás hablando? Yo no espero fresas". Oh, sí, tú absolutamente las esperas. Así es como funciona. El noventa y ocho por ciento de la población culpa al gobierno por sus malas finanzas. O a su cuarto ex – esposo por sus deudas. Tal vez a sus hijos por retenerlos. Ellos culpan a cualquier otro, menos a ellos mismos por su situación financiera actual.

El culpar se ve así: tú plantaste pimentones y culpas a alguien más por no obtener fresas. La realidad es esta: si cosechas fresas, es porque plantaste fresas.

Así que tus problemas financieros se deben a algo que tú hiciste. Ahora, tal vez alguien más hizo algo que no era correcto y te afectó, pero tú estabas ahí. Tú tomaste tus propias decisiones. Si te encuentras en un enredo financiero en estos momentos, recuerda que estabas involucrado de alguna manera con la situación y es tiempo de tomar responsabilidad personal por la condición en la que estás.

Entiendo muy bien lo que es ser una víctima. ¿Recuerdas? mi ex – esposo me dejó sin casa. Yo culpaba al millonario por timar mi compañía entera y robarme a ciegas totalmente. Yo culpaba a mis padres por todo el infierno que me hicieron pasar. Yo culpaba a mi ex – cónyuge al abandonarme por otra mujer. Culpaba a todos aquellos que habían estado en mi contra y calumniado mi nombre la vida entera. Así fue como me convertí en indigente, organizando y asistiendo una y otra vez a mis propias fiestas de autocompasión.

Pero yo fui la que elegí casarme con el tipo después de tan solo conocerlo siete días. ¿Qué diablos estaba pensando? No me interesa qué bien parecido alguien sea – ¡eso fue estúpido! - Confié en las personas equivocadas en los negocios. Esa fue mi culpa. Cuando al fin tomé responsabilidad personal por el enredo en el que estaba, fui capaz de sacarme a mí misma del abismo infernal en el que estaba viviendo.

Toma Responsabilidad

Mírate en el espejo y deja de culpar a otras personas. El tomar la responsabilidad te pone en control y, en última instancia, lleva tu vida al siguiente nivel. Cuando eres responsable, ya no culpas a tu jefe, a tus clientes, a tu familia, a tus padres o a la economía. Tú estás a cargo y puedes crear riquezas y vivir la vida que quieres vivir, ahora.

Al principio en mi matrimonio con Hans, quería cambiar muchas cosas sobre él. Sentía que él no estaba manteniendo a nuestra familia. Pensaba que yo estaba destinada a estar casada con un multimillonario el cual fuese un orador poderoso, que afectara la vida de las personas. En su momento, él era el depósito de todos mis enojos. Yo era terrible con él, y me refiero a malvada. Lo hacía sentir mal y le hacía saber que yo pensaba que él era un pedazo de porquería y que no quería estar casada con él.

Pensaba que si estuviese casada con un hombre rico y poderoso, a él sí le podría hacer una gran comida cada noche y asegurarme que nuestro hogar estuviese impecable.

A él sí podría honrarlo y respetarlo. Pensaba que si yo tan solo pudiera encontrar a la persona correcta con quien pasar mi vida, yo sería feliz; tenía la mentalidad de lotería y de cuentos de hadas.

Con Hans, consideraba que me había casado con la persona equivocada por segunda vez en mi vida. Me encontraba en una rutina con un matrimonio miserable, habiendo sido malversada por segunda vez por mis amigos. Mi compañía estaba fracasando y mi casa era un desastre.

Seguí esperando que todo cambiara en lugar de tomar responsabilidad personal, ser diligente con lo que estaba en frente de mí y tratar mis circunstancias como si fuesen las mismas cosas que yo quería tener.

Finalmente, después de tomar responsabilidad personal, comencé a tratar a Hans como al millonario con el cual pensé que debía estar casada. Ahora él es todo lo que yo soñé. Después de que empecé a tratar a mi compañía, a mis compañeros de trabajo, clientes y al público como si fueran lo que yo quería que fuesen, todo cambió y mi vida se transformó en lo que es hoy.

Incluso si alguien te hizo daño, igual tienes que solucionarlo. Tú eres el que lo tienes que limpiar, así que supéralo y haz lo que tengas que hacer.

Cosecha y Siembra con Dinero

La Ley de Cosechando y Sembrando puede funcionar a tu favor o en tu contra. La puedes utilizar para hacer millones de dólares o puedes utilizarla para meterte en grandes aprietos. Yo prefiero utilizarla para producir millones de dólares y a ti ¿para qué te gustaría usarla?

Si desperdicias dinero, vas a cosechar lo que sembraste. Lo que alimentes va a florecer, lo que descuides va a morir. Si tú alimentas tus problemas financieros y estás centrado en estresarte y en no poder pagar tus cuentas financieras, tendrás más problemas. Enfócate en encontrar respuestas. Alimenta la solución no el problema.

¿Necesitas más estimulo? Sólo hay una manera de obtenerlo, pero no es demandándolo o fastidiando a alguien para que te lo dé. Se obtiene sembrando semillas de estímulo. Si tú das estímulo, tú obtendrás estímulo.

Esta ley aplica por completo en los negocios. Si escasamente inviertes en un negocio, vas a cosechar de la misma manera. Si le pagas a tus empleados lo menos posible mientras esperas lo mejor de ellos, vas a cosechar de manera escasa. Si no inviertes nada para hacer crecer tu negocio o construir relaciones, vas a cosechar escasamente.

Sin embargo, si siembras generosamente en tu negocio, vas a cosechar generosamente. Nosotros hemos montado cada negocio de boca en boca y gracias a referencias. ¿Cómo en el mundo levantamos 500.000 clientes basados en referencias? Dando al público lo que ellos quieren. Cuando haces eso, ellos regresan el favor y te dan lo que tú quieres. Es la Ley de Cosechando y Sembrando. Así que si quieres que te mencionen como referencia, da referencia de ellos. Conviértete en una fuente de contactos y las personas te mencionarán como referencia y obtendrás más negocios.

Si no tienes el conjunto de habilidades para manejar a cinco personas, no podrás manejar 500. Así que debes descubrir lo que tienes que cambiar en ti para poder motivarlos. ¡Es tan poderoso saber que no puedes cambiar a las personas pero que sí te puedes cambiar a ti mismo!

Las personas siempre están buscando un atajo o una manera más fácil. No puedes seguir dando excusas, tienes que hacer un cambio. Si eres temeroso, significa que plantaste una semilla de miedo en algún momento de tu vida o permitiste que alguien la plantara en ti. Así, de la misma manera, al dar estímulo permites que el estímulo regrese a ti; la manera más rápida de no temerle más al rechazo es brindando aceptación.

Hagas lo que hagas, vas a recibir un resultado equivalente. Eso significa dejar ir la idea de que puedes cambiar a los demás y en su lugar decidir cambiarte a ti mismo. Cuando tomas completa responsabilidad por los fracasos y problemas en tu vida, te das cuenta que la respuesta a tus problemas es que tú necesitas cambiar. Si plantas una semilla, recoges una cosecha entera.

Ley # 5 – La Ley del Deseo

¿Por qué compraste este libro?

Si el título de este libro hubiese sido Primeros Pasos Para Hacer Cestas, ¿lo hubieras comprado? No. ¿Por qué? Porque a ti no te interesa saber cómo hacer cestas.

El título de este libro es *Primeros Pasos Hacia la Riqueza*. Así que ¿por qué compraste el libro? Porque tienes el deseo de ser adinerado. Es por eso que compraste el libro. Quieres incrementar tus ingresos y deseas una vida más feliz y más plena. Quieres ver que tus sueños se hagan realidad.

Cuando entiendes La Ley del Deseo, llegas a la revelación de que no te has desconectado de tu deseo. Todo en la Creación – ya sea que creas que venimos de olominas o no – tiene un deseo y un destino. Un águila, por ejemplo, tiene el deseo de ¿hacer qué? Tiene el deseo de volar muy alto. Y por lo tanto ¿qué hace? Vuela muy alto. No puedes negar esta realidad.

El Deseo revela tu Diseño y tu Destino

El deseo siempre revela tu diseño y tu destino. Un águila fue diseñada para volar muy alto y tiene el deseo de volar muy alto. El águila fue diseñada perfectamente para que pudiese volar muy alto. No fue diseñada como un pollo. No tiene el deseo de cacarear por los suelos con el destino de ser bien frita. Su destino es volar muy alto.

Muchas personas no piensan que fueron creadas para triunfar. Yo no solía pensar que estaba diseñada para triunfar. Creía que estaba preparada para fracasar y lo único que iba a conocer sería el fracaso. Todos nosotros nacemos con un diseño para triunfar y sin embargo, algo sucede en el camino durante el viaje de la vida. Comienza por la programación de los medios de comunicación, familia y, si acaso, compañeros de clases. Piensa en ello. ¿Cuáles fueron algunas de las cosas que te dijeron cuando eras joven, que ahogaron tu fe en el éxito?

Es posible que te hayan dicho cuando eras un niño que no eras suficientemente bueno o que no servirías para nada. Eso te crea un sistema de creencias de que no eres suficientemente bueno y te predispone a tener miedo a la hora de tomar riesgos. Déjame darte un ejemplo: Mi padrastro una vez me dijo: "¿Ves lo que pasa cuando lo que tuvo que ser abortado vive?", refiriéndose a su creencia de que yo era indigna de haber nacido. ¿Alguna vez escuchaste algo tan condenatorio y denigrante como eso?

¿Alguna vez escuchaste cosas como: "a los niños se les ve, pero no se les escucha" o "tú fuiste un accidente"? ¿Qué tal? "No te hagas ilusiones, ya que los sueños no se hacen realidad" o "¿Sabes?, eso sólo les pasa a las personas en Hollywood. Nosotros somos pobres. No conocemos a nadie, ni a las personas adecuadas". Qué tal esto: "Saca tu cabeza de las nubes" o "¿cuándo vas a conseguir un trabajo de verdad?" o "¿si José salta desde el puente, tú también lo harías?" o "ve a jugar a la autopista".

A lo mejor no escuchaste cosas como estas de tus padres. ¿Pero los niños se burlaban de ti por el tamaño de tu nariz o la manera en que te veías? ¿Se burlaban porque tus piernas eran muy largas? O ¿porque eras muy gordo? ¿Muy delgado?

El crecer es difícil. Estamos rodeados por personas que nos despedazan y nos dicen lo que no somos. Pero solo se requiere de una sola persona que te diga quién eres para superar todo esto.

Tú Naciste con Dones

No importa cuánta gente te haya hecho sentir mal, todo lo que necesitas para tu recuperación es una persona que te diga que puedes triunfar. Ed, un extraño fue esa persona para mí. Él me dijo: "más allá de cualquier duda, yo sé que tú naciste con todo lo necesario para triunfar. Tú naciste con dones que te ayudarán, como el entusiasmo, la persistencia, la aventura, la habilidad de poder superar las cosas, y la fe". Todo lo que necesitas es una persona que te inspire a esforzarte y convertirte en la persona que estas destinada a ser.

Quizás esas personas alrededor tuyo te han dicho que tú no eres lo suficientemente bueno o que se supone que seas algo diferente.

Bien, yo estoy aquí para decirte con qué propósito naciste y para qué fuiste diseñado: ¡Fuiste diseñado para triunfar!

Necesitas unos cuantos elementos tales como el entusiasmo, la persistencia, una firme convicción y fe en lo que estás haciendo para poder triunfar. Necesitas ser un individuo tomador de riesgos y aventurero. Tienes que aprender a superar las cosas de manera rápida; deja que las preocupaciones y los fracasos corran como el agua en la espalda de un pato. Si has leído cualquier libro de éxito, habrás escuchado que estos son los elementos más importantes del éxito.

Pero la mayoría de las personas piensan que no tienen estas cualidades o no saben cómo alcanzarlas y, por lo tanto, piensan que están destinadas al fracaso. Esto es parcialmente debido a que aquellos cercanos a ellos les han dicho que estaban destinados a fracasar – o tal vez no dijeron nada - lo que significa que ellos no los incentivaron a soñar o a alcanzar lo imposible.

Entusiasmo

Si crees que no naciste con entusiasmo, quiero el número de teléfono de tu mamá. Le preguntaré si fuiste entusiasta de niño, porque sé que lo fuiste. Todos nacemos entusiastas, pero cambiamos nuestro entusiasmo por garantías. Nosotros cambiamos nuestro entusiasmo por la idea de que si nosotros no nos emocionamos y no nos hacemos ilusiones, no vamos a terminar decepcionados.

Tengo una pregunta para ti: ¿tu canje funcionó? O ¿terminaste decepcionado de todas maneras? Intercambiar el entusiasmo por garantías no funciona. Aunque no te emociones, todavía puedes decepcionarte y desanimarte. El plan entero falla. La verdad es que necesitas emocionarte con respecto a tu vida y a tus relaciones. Necesitas tener entusiasmo para que las personas quieran formar parte de lo que estás haciendo, ya sea que estés trabajando en un empleo, trabajando como voluntario, trabajando con tu familia o trabajando en un negocio.

El entusiasmo es lo que nos da esperanza y lo que nos hace más atractivos a las otras personas. El noventa y ocho por ciento de la población ha cambiado el entusiasmo por garantías y seguridad. La verdad es que nada está garantizado o asegurado. Hagas lo que hagas todavía vas a desanimarte, a decepcionarte y tendrás que lidiar con desventajas. Pero aun así, yo prefiero estar emocionada y entusiasmada, porque eso incrementa la calidad de mi vida, a comparación de nunca ilusionarme e ir solo por lo salvo y seguro.

No hay vida en la protección y la seguridad. Si es seguridad lo que realmente estas buscando, entonces sal y comete un crimen – obtendrás un 100 por ciento de seguridad tras las rejas. Así es como el 98 por ciento de la población está viviendo. La emoción en su vida es completamente lineal excepto por una que otra emoción en sus cumpleaños o en una ida al Super Bowl. Esa no es forma de vivir.

Persistencia

Tienes que ser persistente para poder triunfar en cualquier cosa en la vida. Si quieres perder peso, tienes que persistir. Si quieres continuar casado por cincuenta años, tienes que persistir. Si quieres preparar a tus hijos para el éxito, tienes que persistir. Si quieres triunfar en los negocios o ser financieramente independiente, tienes que persistir.

Las personas te pueden haber dicho que te das por vencido muy rápido o que no eres lo suficientemente persistente. Pero así no es como fuiste diseñado. Cada niño es persistente. Cuando eras niño probablemente le pedías a tu mamá un helado, diez minutos antes de que la cena estuviese servida. Probablemente le pedías a tu mamá caramelos cuando no se suponía que lo hicieses. Y seguías persistiendo hasta que lo obtenías. ¿Qué le pasó a esa persistencia? Nosotros cambiamos nuestra persistencia por la televisión y el entretenimiento. Cambiamos nuestra persistencia y nuestro deseo de triunfar por el ser promedio, mediocre y normal.

Sin embargo, todo en nosotros no es promedio, mediocre o normal. Nosotros no fuimos diseñados para eso.

Tomando Riesgos y Aventuras

Tú fuiste diseñado para tomar riesgos y ser aventurero. Para triunfar en la vida, tienes que tomar esos riesgos y ser verdaderamente aventurero. Probablemente fuiste aventurero cuando eras joven. Quizás tú eras el que comía un gusano para ver a lo que sabía. Tal vez subiste al árbol más alto. O ¿fuiste el niño al que desafiaron para saltar del techo hacia la piscina, o subirte a la litera y saltar para ver si llegabas hasta la cama al otro lado del cuarto?

¿A dónde se fue tu aventura? ¿A dónde se fue ese espíritu tomador de riesgos y aventurero? Para el 98 por ciento de la población, la aventura es el sentarse en un sofá, esperando que su cuenta de retiro crezca. Pero si vas a triunfar en la vida, tienes que despertar lo que está en tu ADN y eso es tu espíritu tomador de riesgos y aventurero.

El Gran Diseñador plantó el deseo dentro de ti para poder triunfar. Depende de ti el aprovecharlo.

El Don de Superación

Cuando mi hijo Cabe tenía cuatro años de edad, a menudo corría por la casa. Un día hice algo inusual y limpié la puerta corrediza de vidrio hasta que estuvo clara como un cristal. Cabe pasó corriendo por la cocina y se golpeó con todas las fuerzas contra la puerta corrediza de vidrio ya que pensó que estaba abierta. Cayó al piso llorando, más molesto de lo que estaba herido. Pero eso no detuvo a Cabe de levantarse y seguir corriendo otra vez.

Adelantándonos a quienes somos hoy en día. Cuando nos caemos, cuando fracasamos, decimos: "Es mejor no tratar de volver a hacer eso. No debiste haber hecho eso en primer lugar". Pero nosotros no le decimos a un niño que se cayó, que no siga corriendo, o ¿sí? Nosotros no le decimos a un pequeño que está aprendiendo a caminar, "Eres un idiota. ¿Podrías aprender a caminar ya? Es mejor que te sientes y te olvides de caminar".

Nos hemos convertido en personas a las que les tienen que decir que el café de McDonalds está caliente, si no, los demandamos porque ellos no nos dijeron. Esto es absolutamente patético. Cuando te caíste de niño, te levantaste y seguiste corriendo. Hoy en día un adulto que se cae demanda a la compañía que hizo el pavimento; en lugar de tomar responsabilidad alguna de sus acciones, demanda a alguien por su error. Para llegar a ser exitoso, tienes que tener el don de superar este tipo de cosas. La buena noticia es que naciste con el don para hacerlo.

Fe

Es imposible triunfar sin este último don, el cual fue puesto en ti cuando fuiste formado en el vientre de tu mamá. Este es el don que tuviste de niño aunque hoy solo tengas un pequeño recuerdo de él. Cuando eras joven, este don te provocaba poner galletas y leche bajo el árbol de Navidad el 24 de diciembre. Tú creías incondicionalmente en este hombre del Polo Norte el cual sabía si eras bueno o travieso y también sabía exactamente cuál era el deseo de tu corazón, ya fuese un pequeño perro, un juego de tren o un triciclo. Tú cambiabas tu comportamiento en el mes de diciembre; no le jalabas las trenzas a tu hermana y no le metías el pie a tu hermano cuando venía corriendo por el pasillo.

Este don es la fe. Tú la ejercitabas el 24 de diciembre, tanto así que te levantabas a la media noche y mirabas por la ventana para ver si Santa Claus viajaba en su trineo con un reno de nariz roja a la cabeza. Tal vez eras uno de esos niños que tenía un nivel de fe tan avanzado que podías "ver" a Santa viajando por los aires detrás de un reno de nariz roja. Hasta te peleabas con tus amigos en el colegio que te decían que no existía Santa Claus. Tú creías en este hombre gigante y en su bolsa gigante de regalos que bajaba por la chimenea que siquiera tenías en tu casa.

¿Alguna vez has visto el tamaño del hoyo de una chimenea? ¿Podría alguien con la circunferencia de Santa, más su gran bolsa de regalos, caber en ella?

No, pero nunca pensaste en hacer esa pregunta, porque la fe no necesita de evidencias. La fe no necesita pruebas. La fe cree ciegamente. Cambia el comportamiento de un individuo y lo fija hacia el éxito.

Tú fuiste diseñado con un entusiasmo que es necesario para triunfar en el matrimonio y en las finanzas. Fuiste diseñado con persistencia. Fuiste diseñado con ese espíritu aventurero y tomador de riesgos. Tú fuiste diseñado con el don de poder superar las cosas cuando fallas y cuando las cosas no salen bien. Fuiste diseñado para decir, "No me importa cuántas veces falle, yo seguiré adelante". Tú fuiste diseñado con el don de la fe.

El noventa y ocho por ciento cambia estos dones por estas palabras: "Bien, ya probé con uno de esos negocios anteriormente, pero no funcionó para mí". ¿Alguna vez has ido a un restaurante y te has enfermado? ¿Te detuvo de seguir saliendo a restaurantes? Quizás no comiste en el mismo restaurante, pero eso no te detuvo de volver a salir a comer a un restaurante. Esta manera de pensar del 98 por ciento que dice: "Ya fallé una vez, eso significa que lo haré por siempre", es un plan de fracaso. Eso no te ayudará a triunfar; pero tú sí fuiste diseñado para el éxito.

Aprendiendo a Volar

A ti te fue dado en tu diseño un deseo de triunfar. Fuiste diseñado con todas las partes correctas para lograr el éxito. La única cosa de la que estás careciendo es la habilidad de triunfar. Esa es la parte que tienes que aprender e invertir en ella.

¿Está el águila bebé diseñada con la habilidad de volar por los cielos? Por supuesto que no. El águila bebé tiene que ponerse en la espalda de la mamá águila y la mamá águila lleva al bebé a volar muy alto. Luego, la mamá águila inclina sus alas y deja caer al bebé de su espalda. Esa águila bebé revolotea y estoy segura que su corazón late increíblemente rápido. Trabaja duro, sin embargo, no vuela tan alto. Se hunde rápidamente en el aire.

Pero no temas. El águila mamá se abalanza sobre él, levanta al bebé sobre su espalda y luego se eleva. Ella inclina sus alas y deja caer al bebé de su espalda otra vez. Ella hace esto repetitivamente, día tras día, hasta que el bebé tiene la habilidad de volar.

Tú tienes una mamá águila, y ella está lista para sacarte del nido: "Súbete a mi espalda y yo volaré contigo a lo más alto". Ella te dice: "Te dejaré caer de mi espalda, pero no temas. Tienes todo dentro de ti. Tienes entusiasmo, persistencia, fe, espíritu aventurero y el don de superación. Me abalanzaré sobre ti, te pondré en mi espalda y te elevaré de nuevo y lo volveré a hacer hasta que poseas la habilidad de volar alto y puedas hacerlo por ti mismo".

Ley # 6 – La Ley de Educabilidad

Hay personas a todo tu alrededor que tienen éxito en algunas áreas de su vida. Cuando tú eres educable, las encuentras. Cuando eres una persona que no está dispuesta a aprender, piensas que eres una de ellas.

Por ejemplo, ¿quieres que tu matrimonio mejore? Si estás casado, espero que la respuesta sea que sí. ¿Sabías que hay personas a tu alrededor con matrimonios exitosos que pueden ayudarte? Si tienes miedo de pedirles ayuda porque no quieres que piensen mal de ti, ese es tu ego el que está hablando. Pon tu ego y tú meta en una balanza y descifra cuál es el que deseas más: un matrimonio próspero o tu ego.

A las personas que son exitosas les encanta contarles a las otras personas acerca de cómo lo lograron. A las personas que tienen buenos matrimonios les gusta hablar sobre sus buenos matrimonios. Sin embargo, el ego de las personas es tan grande que ellos no quieren que nadie sepa que necesitan ayuda. Esa es la realidad.

Podrías decir: "Si le pregunto al abuelo acerca de cómo tener un buen matrimonio, él podría pensar que tengo uno malo". Pero ¿a quién le importa? ¿Crees que el matrimonio de la abuela y el abuelo fue perfecto desde el principio? Muy dudoso.

Para mí, un matrimonio es exitoso cuando una pareja ha estado casada por cincuenta años y todavía se persiguen el uno al otro por la casa, desnudos. ¿Conoces a personas así? Si estás teniendo problemas matrimoniales, tú y tu pareja deberían sentarse con esas personas. Invítenlos a un café y pídanles la clave de su éxito matrimonial. De nuevo: tienes que poner a tu ego y a tu meta en una balanza por el resto de tu vida. Y tomarás esta decisión entre tu ego y tu meta constantemente.

Si quieres mejorar tu matrimonio y no solo existir en él, aprende de las personas que han estado casadas y que tienen el tipo de matrimonio que tú quieres. Sé humilde, vuélvete educable y pide ayuda. El éxito en cualquier cosa es una habilidad que se aprende.

Puedes estar pensando, *ella todavía no me ha dicho nada que realmente hará una diferencia en mi vida.*

O quizás ya hayas comenzado a recibir grandes ideas de este libro. Tal vez ya empezaste a subrayar pasajes o ya doblaste las puntas de algunas páginas, quizás tomaste el teléfono, enviaste correos electrónicos o mensajes de texto para decirles a tus amigos acerca de lo que estás leyendo aquí.

Tienes que poner en una balanza a tu ego y a tu cuenta de banco y descubrir cuál tiene mayor peso, que tiene más valor para ti. ¿Lo ves? alguien que es educable – alguien que está realmente hambriento – es un gran seguidor del éxito.

Esa es la siguiente Ley del Éxito que nosotros llamamos la Ley de Educabilidad. El ser educable significa que estás hambriento, siempre en busca del éxito y dispuesto a aprender de los maestros. Cuando sigas esta ley alcanzarás todo lo que demandes.

Cuando estás dispuesto a seguir enseñanzas acerca del éxito, no vas a terminar como el 98 por ciento de la población. Las masas están siguiendo a Facebook, chismeando sobre celebridades y comprando basura que no necesitan. El 2 por ciento está persiguiendo la independencia financiera.

Cuando conocí a ese joven empresario que estaba ganando quince mil dólares al mes – el que me dio esos cuatro requisitos que te expliqué en el Capítulo 1 – en ese momento, me volví educable.

Indispuesto a Aprender

Eres educable si estás diciendo: "enséñame, demuéstrame y guíame. Haré lo que sea si me dices lo que tengo que hacer". Las personas educables se vuelven atrozmente ricos.

Pero si eres esa persona que está indispuesta a aprender, ya habrás reaccionado ante mis palabras con cinco o seis opiniones diferentes. Habrás argumentado en contra de todo lo que he compartido hasta el momento en este libro. Si eres esa persona, eres como miles que he conocido por el mundo que nunca terminan triunfando. Ellos siempre tienen la razón; simplemente pregúntales y ellos te dirán que están en lo correcto.

Hay algo que va de la mano con las personas indispuestas a aprender y que piensan que están siempre en lo correcto, a menudo están en la quiebra.

La persona indispuesta a aprender siempre está dando sus opiniones y sugerencias y tratando de estar a la altura de los demás. Esa persona siempre está buscando cosas gratis y cómo conseguir algo a cambio de nada. Una persona indispuesta a aprender no sabe escuchar ni seguir a alguien y puede haber sido de esta manera por años. Esa persona dice: "Yo ya sé eso", "Yo puedo hacer eso mejor" o "¿Cuáles son tus credenciales, tienes una licenciatura en Negocios?".

Déjame decirte cuál es mi licenciatura en los negocios: la evidencia de miles de personas que han comenzado sus negocios e hicieron cientos de miles de dólares e incluso millones de dólares. Esa es mi licenciatura en los negocios. Ponme en contra de cualquier profesor que enseñe información pero que no tiene resultados para respaldarla.

El Ego te Mantiene en Quiebra

El ego te mantendrá en la quiebra por el resto de tu vida. El ego te dice: "Ese no soy yo" o "Por Dios, yo nunca haría un negocio como ese" o "¿Qué pensarían mis amigos si estuviese haciendo algo como eso?".

El ego te dice que es culpa de todos los demás y no toma responsabilidad. El ego se enfoca en los fracasos de los demás y no en los tuyos. El ego quiere que alguien más pague por cómo te estás sintiendo y que alguien más admita que estaba equivocado.

El ego viene en toda clase de formas. La timidez es una forma del ego porque si usas tu personalidad como una excusa para no ser lo que deberías de ser, eso es egocentrismo.

Ser falso y preocuparse por las opiniones de las otras personas es ser egocéntrico. Nunca estarás feliz con tu éxito si gira alrededor de tratar de vencer el éxito de alguien más.

Los Disfraces del Ego

El ego es todo acerca de auto-condenación y auto-crítica; o la crítica y condenación de otros. Simplemente te vuelve increíblemente inseguro.

El ego no provoca que la gente quiera trabajar contigo y no hace que las personas confíen en ti o te mencionen como referencia. Sólo hace que las personas se mantengan alejadas de ti.

El ego viene con muchos disfraces. Puedes creer que no tienes un ego, pero observa a ver si puedes reconocer alguna de sus máscaras en esta lista:

- Al Ego que Culpa, le gusta jugar el juego de la culpa por su carencia de resultados. Este ego dice: "Es culpa de ellos. Es culpa de mi cónyuge. Es culpa de mi jefe. Es culpa de la economía. Es culpa de la presidencia".

- El Ego Sabelotodo dice: "Yo ya sé estas cosas. Yo puedo hacerlo mejor. ¿Cuándo vas a llegar al contenido real?".

- Al Ego Temeroso le encanta hablar del miedo: "¿Y si digo algo incorrecto? ¿Y si hago las cosas mal? ¿Y si cometo un error?".

- Está el Ego de tu Zona de Comodidad: "No te preocupes, estamos bien. Estamos felices a como están las cosas. No es lo que realmente quería, pero está bien". El quedarse en la zona de tu comodidad no va a ayudarte a ti ni a nadie.

- Este es un Ego Santurrón: "Oh, por Dios. Yo nunca hablo de esa manera. Pensaba que eras una persona de Dios. No, no deberías usar ropa como esa". Los egos santurrones no se asocian con personas de cierto color o ciertas razas o de ciertos credos. Este es alguien que se cree mejor que aquellos que no van a la iglesia. Pero la última vez que revisé, Jesús no tenía problemas con los pecadores en la Biblia. Él no tenía problemas con los recaudadores de impuestos, prostitutas o mentirosos. Él los amaba. Pero Él sí tenía un problema con los santurrones, que incluye a los Fariseos que lo colgaron en la cruz.

- El Ego Prejuicioso está juzgando constantemente a todos los demás, incluso a Hans y a mí: "Ellos no son tan buenos. Ella no es tan estupenda. Oh, por Dios, te apuesto que esa Dani Johnson tiene segundas intenciones. Si, Ellos piensan que son tan atractivos. Y ellos piensan que son los mejores para todo. En realidad no son tan excelentes. Y sólo están en esto por el dinero". No deberías ser prejuicioso con la gente rica, porque ¿cómo sabes cómo viven ellos? Tal vez esa persona adinerada que estás juzgando vive una vida sencilla y gasta muy poco en artículos personales para que él o ella puedan dar más a los necesitados. Así que ten cuidado, aquel que juzga será juzgado de la misma manera en la que juzga. El prejuicio nunca te ayudará a hacer dinero, ni a mantenerlo o a convertirlo en tu esclavo. Nunca pagará tus cuentas o creará la abundancia que le quieres transmitir a tu familia. Nunca te ayudará a convertirte en una persona influyente que está beneficiando la vida de otros a tu alrededor.

- El Ego de Falsa Humildad dice: "No, de verdad, no. No soy yo. Yo, eh, no. Todo lo hizo Jesús". Cariño, tu pecado no era tan bueno. La falsa humildad es simplemente orgullo y actuación. La humildad verdadera viene del corazón, emana naturalmente cuando eres verdaderamente humilde. Y recuerda: humilde no significa callado y tímido, el justo es tan valiente como un león.

- El Ego de las Excusas adora escoger pretextos en lugar de obtener resultados: "No podemos darnos ese lujo, Yo no sé cómo voy a poder hacerlo. Oh, Por Dios, ese seminario es demasiado lejos; Voy a esperar que ella venga a mi ciudad. De todas formas no va a funcionar para mí. Es demasiado caro y no tengo el tiempo.

No conozco a la gente correcta. No fui criado por los padres adecuados. Mi esposo no me apoya. Si tan solo los CDs fueran más baratos. ¿Sabes algo? esto requeriría que tomase tiempo para aprender y yo simplemente no tengo el tiempo. Es muy difícil de todas maneras".

- El Ego Complaciente trata de cubrir sus inseguridades al tratar constantemente de mantener a todos felices. Estas personas siempre están dispuestas a hacer cosas por los demás aunque sacrifiquen sus propias necesidades.

- El Ego de Justificación: "Yo crecí en Texas y en Texas no hacemos así las cosas. Me casé y ahora tengo estos niños y así es como se dio mi vida. De todas maneras nunca lo quise".

- El Ego Defensivo está constantemente defendiendo su posición. Si tú eres defensivo, no puedes ganar. Si eres prejuicioso, no puedes ganar. El prejuicio y la actitud defensiva van de la mano.

- Los Egos Celosos son envidiosos de una muy mala manera con el éxito de los demás. Este tipo de personas no pueden aprender de personas triunfadoras. Si este eres tú: estás celoso de la apariencia de otras personas, estás celoso de los reconocimientos que obtienen, estás celoso de sus logros, estás celoso de la casa en la que viven y estás celoso de que ellos fueron elegidos para algo y tú no. Nunca podrás ganar con tantos celos, porque vuelven oscuro tu corazón y el odio crece dentro de ti. Provocan que te vuelvas cínico y crítico, lo cual es otra forma del ego. Causan que les restes importancia a las otras personas. Si las personas no pueden confiar en ti, ellos no querrán estar cerca de ti porque saben que tan pronto como se vayan, tú vas a hablar mal de ellos.

- El Ego Falso se da aires. Estas personas son diferentes con cada grupo de personas que se encuentran. Ellos creen en ciertas cosas con algunas personas, y luego creen en otras cosas con otras personas. Ellos tratan de darse aires de alguien que no son, con el fin de lograr aceptación.

- El Ego Tímido. Este ego es uno de mis favoritos. "Dios, soy tan tímido. Es por eso que no soy exitoso. Es decir, tú eres tan extrovertido y audaz, es por eso que eres exitoso". Regresemos a la Ley de Cosechando y Sembrando. No importa cómo sea tu personalidad, si plantas maíz en la tierra, va a crecer como maíz. Si un granjero negro planta maíz en la tierra, ¿qué clase de maíz tendrá? Él obtendrá el mismo tipo de maíz que el tipo blanco obtiene. Si tú eres tímido y plantas maíz en la tierra, ¿qué clase de maíz cosecharas? ¿Maíz tímido? No, seguirá siendo maíz. Pero las personas tímidas usan su timidez como una excusa para no ir tras del éxito, lo que es nada más y nada menos que egocentrismo. El hacer dinero es tan sencillo como la agricultura. El granjero sabe que si siembra la semilla adecuada en la tierra, él va a cosechar lo que sembró.

- El Ego de la Opinión de los Demás. A esta gente siempre les importan las opiniones de los demás. Ellos viven acorde con las opiniones de aquellos a su alrededor. Quizás tu tío diga: "No, no deberías hacer ese negocio. Nunca va a funcionar para ti. Tengo un amigo que hizo algo como eso en 1955 y no ganó un centavo. No deberías hacerlo." Entonces tú dices: "Está bien, no lo haré". O tus compañeros de trabajo te ven leyendo este libro y dicen: "No gastaste tu dinero en su página Web, ¿o sí?" Y piensas: *Oh, por Dios. Quizás debería pedir un reembolso.* Pero este libro fue barato, así que no seas tonto y en algunos casos, fue ¡gratis! Si escuchas la opinión del 98 por ciento acerca de cómo vivir tu vida, tendrás lo que ellos tienen. Que te importen las opiniones de aquellos que tienen lo que tú quieres, pero no escuches las opiniones de aquellos que no tienen lo que tú deseas.

- El Ego Sarcástico habla con burlas y sarcasmo con todo el mundo alrededor de él o ella. Dice de forma sarcástica: "Sí, claro". Pero este ego nunca está bien. No te hace digno de confianza. No hace que alguien quiera estar cerca de ti. No hace que las personas quieran hacer negocios contigo. Si vas a triunfar en los negocios, tienes que convertirte en una persona con la cual los otros quieran estar, no la persona con la cual nadie quiere estar. Y no importa qué tan gracioso o ingenioso seas – no importa quién seas – a nadie le gusta el sarcasmo o las burlas.

- El Ego Exento. Esta es la persona que dice: "Nada de esto se aplica a mí. Voy a saltarme hacia adelante al siguiente capítulo para poder encontrar algo realmente convincente". De hecho, no te exento de ello, Estoy segura de que eso es lo que ya has hecho y siquiera estás leyendo esta línea. La persona exenta está por encima de todo, pensando que él o ella no tiene que realizar ningún auto-trabajo. Esa persona está indispuesta a aprender.

- El Ego Disidente practica la calumnia y la animosidad. Esta es una persona ególatra que chismea en la oficina y entre parientes agitando la disensión y la discordia, incluso en Facebook. Esta persona lleva animosidad en su corazón y vive de mala gana, resentido, amargado y rencoroso. Es una forma patética, tormentosa e infeliz de vivir. Y una vez más, ¿quién quiere trabajar con personas así? Nadie. ¿Quién quiere hacer negocios con personas así? Nadie. ¿Quién quiere vivir con alguien así? Mira las respuestas anteriores.

Confrontar al Ego

Enfrenta a tu ego y a sus muchos disfraces. Quítate ese disfraz y tíralo por la puerta. El ego te mantendrá en quiebra por el resto de tu vida. No te salvará, pero sí te destruirá.

El ego viene del dolor. Todos hemos pasado por problemas. Todos hemos pasado por experiencias dolorosas – dolor emocional, dolor mental y dolor físico - El ego está ahí para protegernos de experimentar ese mismo tipo de dolor otra vez. **YA3!**Crea una pared de protección a nuestro alrededor.

Pero el problema es que todo ese entusiasmo, persistencia, aventura y fe con la que nacimos por naturaleza son empujados hacia abajo y cubiertos con basura. Nuestro ego nos mantiene protegidos, pero por dentro estamos sufriendo. Queremos salir, pero no sabemos cómo.

Como he dicho antes, tú tienes que poner en una balanza a tu ego y a tu cuenta bancaria. Tienes que quitarte ese ego patético y tirarlo a la basura.

Haz un compromiso para dejar de herir a la gente y ser alguien que está animando a las personas y creando buenas relaciones. Sé una fuente para otras personas. Sé parte de una extraña raza de personas que está alcanzando el éxito y las riquezas, manteniendo el respeto a los demás.

Pero es imposible tener éxito en los negocios, en tu matrimonio, en la crianza de tus hijos y en todo lo que quieras hacer, sin esta ley que viene.

Ley # 7 – La Ley del Perdón

En un momento de mi vida llegué a no confiar en nadie. Había producido un millón de dólares solo para que alguien me los robara. Personas de toda condición han sido dañadas, calumniadas y han recibido opiniones negativas con respecto a si serán ricos o no. Hasta Gandhi, a él le dispararon.

Para que tú puedas seguir adelante, crecer y seguir creciendo, el perdón debe ser parte de tu vida diaria. Cuando tú no perdonas, tomas tus decisiones con amargura. Esto mata el tiempo para ser productivo y crear riqueza. Cuando tu mente está dividida por el resentimiento de tu pasado, malgastas tu tiempo en cosas muertas en lugar de crear abundancia activamente para las generaciones futuras. Necesitas perdonar - no por ellos - sino por ti. El perdón te traerá libertad.

La séptima Ley del Éxito es la más poderosa después de la Ley de Cosechando y Sembrando. Es la Ley del Perdón.

¿Por qué es imposible triunfar sin la Ley del Perdón? Porque hay algo que sí está garantizado en la vida y es que: Vamos a enfrentar problemas con otros seres humanos. Así que para triunfar en la vida, en las relaciones o en los negocios, tienes que saber cómo lidiar con la gente.

Yo fui abusada y abandonada – emocional, mental, verbal, física y sexualmente- Mi padre biológico me abandonó y mi padrastro, quien me crio, abusó de mí. Era un tirano, un hombre violento y malvado. Luego, mi esposo me abandonó. Había tanta confusión en mí que me dieron ganas de cortarme las muñecas.

Pero todo eso fue provocado por el ego. Me cansé de estar en la ruina y de ser una fracasada. Me cansé de todos esos pensamientos dolorosos que pasaban por mi mente, de todas las personas que decían que iba a ser un fracaso y que no era más que una prostituta. Estaban mi familia y la gente de la iglesia que me llamaban seductora por salir embarazada en mi adolescencia, aun cuando el hijo del diácono me había perseguido por casi cuatro años. Estaba mi padrastro que me decía cosas como: "no eres nada. No puedes hacer nada bien". Estaban esos recuerdos de él golpeando a mi hermana y pateándome por todo el cuarto así como tomándome por la garganta y empujándome contra la pared.

¿Tienes recuerdos dolorosos como esos? Quizás mi historia no es tu historia. Pero estoy segura de que has pasado por algún dolor. Todo el que ha pasado por la escuela primaria ha sufrido dolor. Incluso de niños comenzamos a levantar paredes, ladrillo por ladrillo y capa por capa. La verdadera persona es enterrada muy en tu interior.

Yo era una persona amargada y odiosa. No confiaba en nadie. Y si alguna vez has conocido a alguien que no confía en nadie, te habrás dado cuenta que nadie confía en él o en ella tampoco. Esa es la Ley de Cosechando y Sembrando. Si antepones la desconfianza, obtendrás desconfianza. Si antepones la crítica, serás juzgado. Si antepones los celos, obtendrás celos. Si antepones resentimiento y amargura, obtendrás resentimiento y amargura.

Todavía podría sentir amargura y odio hacia mi padre biológico y hacia mi padrastro. Todavía podría sentir odio, amargura y molestia hacia mi madre por elegir las drogas sobre mis hermanos y sobre mí. Yo podría seguir molesta con mi ex – esposo y con el millonario que robó mi primera compañía. Todavía podría estar dolida con mis "amigos" que robaron mi segunda compañía. Yo podría optar por no confiar en nadie mientras voy avanzando. Podría elegir decir, "Hice un millón de dólares y me fue robado. No lo volveré a intentar". Pero la Ley del Perdón fue la que me dio vida.

Recuerda: está garantizado que las personas te van a dañar. Está garantizado que las personas te van a decepcionar. Está garantizado que la gente va a chismear acerca de ti. La conclusión es que tienes que seguir adelante con tu vida para crecer y continuar creciendo. Si adoptas la Ley del Perdón, seguirás hacia adelante.

El perdón no es cosa de una sola vez. Tiene que ser parte de tu vida diaria. Mantén tu corazón limpio, mantén tus manos limpias.

Pregúntate: ¿A quién necesito perdonar y qué es lo que necesito que me perdonen?

Cuando no perdonas, tomas tus decisiones basadas en amargura. La amargura tiene una voz que dice: "Los odio y van a pagar por ello".

Cuando tu mente está atrapada con resentimientos de tu pasado y encerrada en una prisión con recuerdos de aquellos que te han fallado, herido o han hablado de ti a tus espaldas, tu mente es absorta por cosas sin sentido y sin valor.

Esto te aleja de tu productividad y creatividad. No eres capaz de producir riqueza activamente para ti, para tu familia y para las futuras generaciones venideras.

Por lo tanto debes perdonar. Esto no es sacarlos de apuro, ellos obtendrán lo que merecen. Pero por el bienestar de tu libertad y felicidad, por el bienestar de la redención y restauración personal y por el bienestar de permitir que tus finanzas crezcan, tienes que perdonar.

Porque si tu mente está muy atrapada con las cosas de tu pasado, nunca alcanzarás tu destino de ser adinerado.

Así que, perdona.

Cinco Leyes Más

Las primeras siete Leyes del Éxito te ayudan a trabajar mejor con las personas para que puedas hacer más dinero. Como dije, si quieres que tu ingreso aumente tienes que aprender cómo trabajar con las personas de una manera estratégica y avanzada. Las personas son las que tienen el dinero. Ellos son los que te van a pagar. Si a ellos les gusta trabajar contigo y ellos disfrutan estar alrededor tuyo, ellos te pagarán por tus habilidades.

Tengo cinco leyes más para compartir en los capítulos siguientes, para un total de doce Leyes del Éxito. Estas leyes forman los fundamentos de todo lo que tengo para compartir. Domínalas y estarás dando los siguientes pasos para la riqueza.

Ahora, miremos cómo atraer dinero usando Influencia Magnética.

LO QUE DICEN NUESTROS CLIENTES

¿Funcionará esto para ti? He aquí lo que dijeron
algunos de nuestros clientes:

Antes de conectarme a DaniJohnson.com, debía un cuarto de millón de dólares, tuve una depresión clínica por 17 años, encabezaba la lista de despidos, tenía más de 50 libras de sobrepeso y estaba distanciada de mis hijos adultos. Desde que miré un video en línea de Dani y asistí a First Steps to Success, he pagado $259.700 en 31 meses. Estoy libre de deudas, he perdido 56 libras, no tomo más medicamentos, estoy siendo preparada personalmente por mi jefe para un ascenso y restauré la relación con mis hijos.

Ahora tengo la oportunidad de usar mi vida para beneficiar a otros al tomar mi tiempo y servir a aquellos en necesidad. He tenido el privilegio de trabajar con mujeres, algunas recién salidas de prisión, otras han perdido la custodia de sus hijos, sus trabajos y hogares. No hay nada como el pasar tiempo una a una con ellas, amándolas y ayudándolas a alcanzar sus metas, como Dani me ha ayudado.

-Joy Randall

Antes de Dani Johnson, estaba preparando hamburguesas por $8 la hora. Al buscar a Dani, pude obtener las habilidades para empezar mi propio negocio de paisajismo. En el 2010 hemos podido generar más de $110.000. Este año, mi esposa y yo estamos diversificando nuestros ingresos y comenzamos un segundo negocio en el cual, gracias al conjunto de habilidades que hemos aprendido al asistir a los eventos de Dani, ya hemos creado $22.500 de ganancia en los primeros dos meses.

-Rob Larson

INFLUENCIA MAGNÉTICA

CAPÍTULO

3

Todos hemos tenido tiempos difíciles cuando hemos estado frustrados por circunstancias que no podíamos cambiar. Hace muchos años, un multimillonario me dio un consejo que me ha sido muy útil: No son nunca las circunstancias las que determinan tu éxito en la vida, sino más bien cómo "*manejas*" las circunstancias lo que determina tu éxito en la vida.

El noventa y ocho por ciento de la población está de brazos cruzados, esperando por el momento ideal antes de dar el primer paso. El dos por ciento de la población lidia de forma diferente con lo que les es dado. Ellos no tratan de forzar las cosas; ellos cambian la manera como están *lidiando* con sus circunstancias, en lugar de tratar de cambiarlas. Por ejemplo, tú no puedes cambiar a las personas. Sin embargo puedes cambiar como tratas con ellas.

Por lo general cuando peleas en contra de tus circunstancias terminas obteniendo nada. Cuando he tratado que las cosas o personas cambien de manera rápida en mi carrera o en mi matrimonio, he terminado con las manos vacías e increíblemente frustradas. Como dije en la Ley de Cosechando y Sembrando, la mayoría de la gente alimenta sus malas circunstancias y gasta mucho tiempo y atención en ellas. Pero si alimentas la solución, obtendrás resultados rápido.

Tengo una octava ley que necesito presentarte. Me tropecé con ella hace muchos años sin siquiera darme cuenta que lo había hecho y me ha ayudado a resolver muchos problemas. Me ha ayudado a agrandar cada negocio que he comenzado y también me ha ayudado a mejorar mi matrimonio, así como con la maternidad. También me ha dado una gran paz en tiempos de lucha. Me ha cambiado la vida.

Es la Ley del Ascenso. Si puedes ser fiel con las cosas pequeñas – Si puedes hacer crecer y mejorar lo que está enfrente de ti – entonces serás convertido en soberano sobre mucho más. Tienes que prosperar en donde estas plantado.

Déjame mostrarte cómo esto funcionó para mí. Estaba viviendo en mi auto y no tenía dinero ni influencias. No había sido leal con el dinero y la influencia que tenía, así que lo había perdido todo. Era indigente, consumía drogas y tenía la reputación de una cualquiera y de prostituta.

Luego de ese momento tan crucial y poderoso del que te conté en el Capitulo 1, cuando salí caminando del océano, eché un duro vistazo a mi vida. Llegué a la conclusión que me iba a tomar meses poder conseguir un apartamento con lo que estaba ganando en mi trabajo de mesera. También pensé que nunca iba a poder pagar mi deuda de treinta y cinco mil dólares. Mientras manejaba y pensaba en mi vida, me pregunté: "¿Qué haré con mi vida? ¿Qué puedo hacer para cambiar mi situación financiera?". Lo pensé por un momento y luego me respondí: "tú te metiste en este enredo, es tiempo de que te saques de él".

Miré por el espejo retrovisor y vi una caja de productos para bajar de peso que se habían decolorado por el sol por estar en el asiento trasero. Los había comprado antes de que todo el enredo con mi esposo comenzara. Los había usado por un par de días y después encontré una excusa tonta para no seguir tomándolos. Un bajo sentimiento vino a mi estómago mientras descubría qué era lo que tenía que hacer. "Oh, claro que no," me dije a mi misma: "No voy a hacer eso. No me voy a convertir en una de esas vendedoras ambulantes de un estúpido producto para bajar de peso".

Tenía ese sentimiento enfermizo de que tenía que hacer algo que no quería hacer. Sabía qué era lo que tenía que hacer, pero no me gustaba la respuesta. Tuve que poner en una balanza a mi ego y a mi cuenta bancaria.

La desesperación no me iba a mantener el lujo de pasar un año buscando el negocio correcto. Quería desesperadamente dejar de ser indigente y un fracaso. Necesitaba cambiar mi vida.

La Ley del Ascenso es hermosa y liberadora. Es muy simple: prospera en lo que tienes y serás nombrado soberano sobre mucho más. Tu respuesta puede estar en frente de ti y quizás no te guste. El camino hacia el éxito muchas veces está pavimentado por cosas que no queremos hacer. Si hubiese ignorado esa caja con productos para bajar de peso en el asiento trasero de mi auto y buscado algo más que hacer, no sé dónde estaría el día de hoy. Estoy muy contenta de haber estado tan desesperada y no tener el tiempo de ser tan exigente o de "encontrar" mi pasión. Hice lo que estaba en frente de mí, trabajando con excelencia y diligencia. ¡Claramente valía la pena!

En este capítulo te enseñare a cómo crear Influencia Magnética. La he usado en cada negocio que he empezado. Esas habilidades elevaran tu valor en el mercado laboral, así como elevaron el valor de una mujer indigente con una reputación de prostituta consumidora de drogas.

Yo fui exitosa debido a que prosperé en donde estaba plantada, y creé influencia con excelencia y diligencia. Jamás me imaginé que mi influencia se extendería de alguien que tenía una mala reputación, a alguien que influyó a mis primeros cuarenta clientes, y luego cientos y miles de clientes más. Nunca me imaginé que iba a influenciar a millones de televidentes cuando aparecí en el *Show de Oprah Winfrey*.

Un nombre que alguna vez fue despreciado y rechazado – el mío –es ahora bien recibido y celebrado. Lo que estoy a punto de enseñarte es aplicable a tu vida y te ayudará en cada área de ella. Prepárate para que tu vida entera cambie. La mía lo hizo.

En ese entonces, yo no sabía que era importante usar lo que estaba en frente de mí, pero lo hice de todos modos y esa es la razón por la que estoy aquí ahora. No quería comercializar un producto para bajar de peso, pero necesitaba comenzar con lo que estuviese frente a mí.

La mayoría de las personas siguen en busca de algo mejor, pero puedes usar lo que ya tienes para mejorar. Jamás imaginé que ese producto para bajar de peso iniciaría mi camino hacia el éxito e Influencia Magnética.

Si estás tratando de mejorar tu negocio, tu matrimonio y tu vida, pero simplemente no está funcionando, podría ser que lo estás haciendo de la manera incorrecta. Tal vez estés tratando de presionar o manipular las cosas para que pasen y aun así no estén sucediendo.

La Ley del Ascenso es sencilla. Si puedes ser fiel con tu tiempo, serás el soberano de mucho más tiempo. Si puedes ser leal con el dinero que te han dado, podrás ser el soberano de mucho más dinero. Si puedes ser fiel con la influencia que tienes, se te dará mucha más influencia.

Ley # 9 – La Ley del Enfoque

Hubo un momento de mi vida en el cual llegué a la conclusión que en la manera en la que estaba viviendo simplemente no valía la pena. Para ese entonces, ya había hecho muchísimo dinero, pero mi vida era un desastre.

Mi matrimonio estaba a punto de terminar en un segundo divorcio. Alguien más estaba criando a mis hijos. Acababa de tener una crisis nerviosa y un ataque al corazón. Estaba trabajando de dieciséis a dieciocho horas al día, cinco o seis días a la semana. El sueño más grande de mi vida era el convertirme en mamá y ya había dado a luz tres veces para ese entonces, pero ciertamente no era digna del título de "mamá". Mis prioridades estaban completamente fuera de lugar.

Tenía veinticinco años y los sentimientos suicidas comenzaron a entrar de nuevo a mi mente. Sólo quería salir corriendo y renunciar a la vida.

Todo lo que el primer millonario me había dicho estaba completamente equivocado. Él me había dicho que si sacrificaba todo por siete años, sería tan adinerada que simplemente podría escribir un cheque para resolver cualquier problema en el que estuviese. Incorrecto.

Me di cuenta que el dinero simplemente no lo valía.

Preferiría estar en la quiebra y feliz que tener dinero y ser miserable teniendo relaciones odiosas.

Luego escuché una voz que decía: "Si puedes ser fiel con lo que te he dado – Hans y los niños –, entonces multiplicaré tus esfuerzos".

Pero tenía dos compañías y una familia. ¿Qué se suponía que hiciese?

Decidí contratar a un entrenador, alguien que me enseñara a manejar mejor mi tiempo. Poco después, tuve la oportunidad de vender una de mis empresas, lo cual me ayudaría a minimizar algunas de mis horas de trabajo. Después de implementar algunas simples estrategias logré reducir mi tiempo en el trabajo de cien horas a la semana a veinte. Aquí fue donde realmente empecé a entender dos leyes importantes.

Una ley, la cual ya compartí contigo, es la Ley del Ascenso si puedes ser leal con las cosas pequeñas, entonces serás nombrado soberano de mucho. Yo estaba fallando en la Ley del Ascenso. No era una buena esposa o madre. Sabía que tenía que trabajar en mis relaciones ya que eran muy desastrosas y me iba a matar si tenía más fracasos en esas dos áreas.

Comencé a trabajar en mi matrimonio y en ser madre, enfocándome en aprender cómo jugar esos dos papeles. Estaba realmente desorientada, debido a que los ejemplos con los que había crecido no me habían entrenado para ser una buena esposa o madre.

La siguiente ley que comencé a implementar en ese entonces fue la Ley del Enfoque. La Ley del Enfoque dice que en lo que sea que te enfoques ahora, es en lo que te harás bueno. Descubrí que podía lograr triplicar mi ingreso al reducir mi tiempo de trabajo a veinte horas a la semana. Mi entrenador me hizo ver que estaba gastando ochenta horas a la semana. Me da mucha pena decirte esto, pero la mayoría de las personas también están desperdiciando horas y horas cada semana.

Antes de hacer eso me pregunté a mí misma: "¿Será posible trabajar veinte horas a la semana y obtener los mismos resultados?" **YA4!**

Siempre es importante hacerte preguntas así. La siguiente pregunta que tienes que hacerte es: "¿Qué me tomaría poder lograr hacer eso?". Esa pregunta conlleva a una respuesta obvia: Necesitaría incrementar mi habilidad para enfocarme, así como aprender algunas nuevas habilidades para los negocios.

Era capaz de hacer más en menos tiempo y tripliqué mi ingreso. He aquí cómo funcionó: Cuando llegaba a mi oficina estaba 100 por ciento enfocada en las actividades clave que iban a obtener los mayores resultados.

Platicar con mis compañeros de trabajo no iba a hacer que eso pasara. El sentarme en mi escritorio y pensar en qué iba a hacer ese día no iba a lograr que eso pasara. El perder tiempo con diferentes actividades que no tenían nada que ver con el obtener resultados debía terminar. Tenía tan poco tiempo para trabajar que sólo tenía que hacer esas actividades que producirían un ingreso.

El trabajar así requiere de mucho enfoque. Si tomaras una lupa y enfocaras la luz del sol en una hoja seca, la hoja prendería en fuego. Pero si removieras la lupa, el sol por sí solo no tiene el poder para prender fuego en la hoja. La lupa enfoca la luz. Así que como la lupa, sea lo que sea en lo que te enfoques, te harás bueno en ello. Donde sea que haya un enfoque intensivo, obtendrás más resultados. Lo que tuve que hacer fue eliminar todas las otras cosas que me estaban haciendo perder el tiempo y enfocarme en las áreas en las que iba a obtener más resultados.

Tengo una pregunta para ti: ¿En dónde está tu enfoque hoy en día? Cuando estás sentado en tu lugar de trabajo, ya sea que eres dueño del lugar o que trabajes para alguien más, ¿dónde está tu enfoque cuando estás en tu trabajo? ¿Estás contestando llamadas personales? ¿Estás enviando mensajes de texto? ¿Estás en Facebook? ¿En Tweeter? ¿Estás navegando por la Internet o reenviándole mensajes bromistas a tus amigos o a tus compañeros de oficina?

Si estás haciendo cualquiera de esas cosas, tu enfoque está dividido en muchas direcciones y no estás utilizando la Ley del Enfoque para tu beneficio.

Te sorprenderías al ver cuánto más puedes hacer en tu vida cuando te enfocas. Por ejemplo, yo necesitaba enfocarme en mi matrimonio. Cuando me enfoqué, logré convertirme en la esposa que mi esposo merecía. Nuestro matrimonio fue completamente restaurado y nos enamoramos nuevamente. Hoy en día, hemos estado juntos por más de veinte años y estamos más enamorados que nunca.

Después, me enfoqué en aprender cómo convertirme en una madre. En mis días enfocados a ser madre, yo sólo era mamá. Trabajaba tres días a la semana y era una mamá el resto del tiempo. En mis días de ser sólo madre, me enfocaba en cosas maternales tales como leerle a mis hijos, colorear con ellos, jugar, salir a caminar e ir al parque con ellos. No tenía un celular conmigo. No quería estar disponible para contestar llamadas o correos electrónicos mientras ellos jugaban.

Cuando estaba en el auto con mis hijos, no estaba haciendo tratos de negocios por teléfono. Cuando estaba haciendo la tarea con los niños, nos enfocábamos 100 por ciento en hacer la tarea. No tenía mi computadora abierta, investigando un tema relacionado con mi negocio o algo más. Yo estaba con mis hijos.

Cuando me enfocaba el 100 por ciento en ser una mamá y una esposa, al día siguiente no podía esperar para ir al trabajo. Realmente me entusiasmaba más por mi trabajo al día siguiente. No podía esperar para ponerme mi ropa de negocios. No podía esperar para poder hablar con otros adultos. Cuando era tiempo de ir a trabajar, no me estaba sintiendo culpable por no estar con mis niños. No estaba deseando estar en otro lugar, lo cual también puede provocar una división a tu enfoque. Antes de hacer este cambio, estaba en mi oficina extrañando a mis hijos y deseando estar en casa con ellos.

Tienes que enfocarte en dónde estás. Tienes que estar un 100 por ciento enfocado en la tarea que está en frente de ti. No permitas que tu enfoque se divida. Divídelo de tal forma que cada juego que juegues sea solo el que esté enfrente de ti. Juégalo al máximo, y juégalo para ganar.

Piensa en un atleta Olímpico. Un nadador Olímpico está completamente enfocado en ganar. Él no está pensando en su esposa e hijos. No está pensando en un trato de negocios. No está pensando en nada más que en llegar a la línea de meta. Y así es exactamente como debes jugar el juego de la vida si estás aspirando a la medalla de oro.

El enfocarme en una cosa a la vez me ayudó a ser eficiente. Activó la Ley del Ascenso. La Ley del Ascenso no sólo está asociada con la influencia y el dinero, sino que está correlacionada con el tiempo. Si desperdicias el tiempo, lo perderás para siempre. *El tiempo es algo que nunca recuperas y es más valioso que el dinero.*

Si no eres leal con tu tiempo, tu vida se saldrá fuera de control. Tu vida será llevada a la destrucción. Tu vida estará atrapada en un ciclo improductivo que destruye tu confianza y eventualmente lleva a la depresión. Sin embargo, si eres leal con tu tiempo y te enfocas, se te dará más.

Cuando te enfocas en lo que está en frente de ti, te enfocas en lo que tienes, no en lo que no tienes. Cuando te enfocas en lograr la misión con excelencia y diligencia, maximizas tu tiempo, serás ascendido a hacer cosas más grandes y mejores con tu tiempo. Las personas que no son leales con su tiempo pueden atascarse en sus trabajos o negocios y nunca alcanzar lo máximo de su potencial. Las personas altamente exitosas son muy buenas con su tiempo.

¿De dónde viene El Dinero?

¿De dónde viene tu dinero? De otras personas. Ellos son los que tienen el dinero. Si a las personas no les gusta trabajar contigo, se mantendrán lejos de ti y por lo tanto, también lo hará su dinero.

No son siempre los productos o los servicios los que hacen feliz a las personas. Es la relación que tú tienes con ellos la que los hace felices de ser tus clientes. Como ellos se sientan al respecto es incluso más importante que el producto en sí. Las personas no son leales a los productos, son leales a las personas.

Si les agradas, harán negocios contigo. Si a ellos no les caes bien, harán negocios con otra persona.

La mayoría de los productos y servicios que utilizas es por las personas detrás de ellos. No eres leal a cosas que no tienen a personas involucradas detrás de ellos. ¿Eres leal a alguna marca de mayonesa? Lo dudo. Si algo es más barato, vas a comprar el producto más barato porque no hay relación entre la compañía de la mayonesa y tú.

Mercadotecnia de Relaciones

Hace unos años, Nina, una joven que trabajaba con nosotros, quería comprarle a su esposo un nuevo celular para su cumpleaños. Ella sabía al entrar a la tienda de celulares que quería un celular que pudiera navegar por Internet y que tuviese un reproductor de música MP3, pero no estaba segura de qué modelo quería. El vendedor la bombardeó con información sobre las características y programas del teléfono. Él nunca preguntó qué era lo que ella quería. Abrumada, se fue de la tienda sin comprar nada.

Recuerda, tu producto son las personas – el encontrar lo que necesitan y dárselo - hará que ellos regresen por más y te usen como referencia. Nina quería sentirse bien cuando le diese el teléfono a su esposo, así que quería asegurarse que iba a tener las características que él iba a apreciar. Pero como el vendedor nunca preguntó por sus necesidades, ¿cómo iba él a poder ayudarla? Al final, él perdió la venta.

Cuando Nina me contó esto, le dije: "He aquí lo que el vendedor tendría que haber hecho. Cuando le dijiste que estabas pensando en comprarle ese modelo de celular a tu marido, él tenía que haber dicho: "Si mi esposa estuviera pensando en comprarme ese celular, ese sería el mejor regalo de cumpleaños de mi vida, y pensaría que es la persona más maravillosa del mundo". Esa es una tremenda idea para un regalo. ¿Qué color piensas que a él le gustaría?

Nina dijo que ella hubiese comprado un celular en menos de un minuto. En lugar de eso, pasó cuarenta y cinco minutos con un vendedor que la sobrecargó con información que ella no quería.

Si quieres ser rico, tienes que saber cómo vender. Pero el vender no es obligar a las personas a que les agrades o a que compren tus productos; es construir relaciones e incrementar tu influencia. acercase trata de honrar a las personas a tu alrededor. Es hacer sentir a las personas valoradas. En la influencia es donde las ventas toman lugar.

Todos están en ventas de algún tipo. Tú estás vendiendo un producto, un servicio, una idea o a ti mismo. Pero la mayoría de las personas no caen en cuenta que están en ventas, así que son muy malos en ello. Incluso un ama de casa está en ventas. Ella le vende la idea a su hijo de comer vegetales o de limpiar su cuarto.

Te mostraré la forma de vender sin estar vendiendo.

Muchos vendedores no son profesionales – sólo persuaden para beneficio propio - Un vendedor aficionado se enfoca en la gratificación instantánea, pero el profesional busca una relación alimentada con beneficios mutuos a largo plazo, una situación en donde ambas partes sientan que han ganado y se han beneficiado el uno al otro.

Como lo dije antes, la gente no es leal a los productos, es leal a las personas. Podrías preocuparte por las personas pero no tener la habilidad para comunicarlo y, por lo tanto, lo que es comunicado es que no te importan. Las personas aprendemos a sobrevivir, pero raramente sabemos cómo honrarnos el uno al otro o cómo comunicarnos con los demás.

Pescando Clientes

Las ventas son como pescar. Tienes que atraer al pez gentilmente y no forzarlo a morder. Cuando te vas de pesca y sientes un pequeño mordisqueo, jalas de la cuerda solo un poco para tentar al pez con el anzuelo. Esto hace que el pez quiera más, porque el pez por naturaleza quiere morder. Las personas son similares: Cuando eres gentil con ellas, quieren saber más de ti, de tu producto, servicio o idea y, naturalmente, comprarán más.

Cuando tratamos de forzar la carnada hacia la boca del pez, él no quiere tener nada que ver con ella, aunque lo que tengas sea exactamente lo que necesite.

Pero lo que el 98 por ciento de la población hace en el proceso de las ventas es meter la mano en el agua y agarrar al pez por el cuello. Ellos meten la carnada por la boca del pez y lo hacen querer salir nadando lo más rápido posible.

Cuando sólo resaltas tu producto o servicio, le demuestras a las personas que solo estás interesado en una cosa: su dinero. Te hace ver como cualquier otro aficionado al que todos evitamos. Limitas tu efectividad cuando te acercas a las personas así y debido a eso, limitas tu mercado.

Pero en las relaciones de ventas y mercadotecnia, tú eres el que dirige la relación. Preguntas sobre su vida. Aprendes a escuchar. Y honras a la gente.

Te voy a enseñar cómo hacer eso a través de las relaciones de mercadotecnia, construyendo un núcleo Rapport, usando comunicación no verbal, llegando a conocer a las personas a través de la fórmula FORM, y entendiendo los tipos de personalidad como si fueran gemas. Esto va a crear una Influencia Magnética en tu vida.

Influir en las Personas

Cuando fui indigente a la edad de veintiún años, leí mi primer libro. Era uno de los mejores libros escritos acerca de la influencia y se ha quedado conmigo toda mi vida. El libro era *"How to Win Friends and Influence People, (Como Ganar Amigos e Influenciar a las Personas)"*, por Dale Carnegie.

Ese libro realmente cambió mi vida, ya que descubrí que no tenía amigos y que era obvio que yo era muy mala para llevarme bien con las personas. Carnegie hace un lindo trabajo explicando cómo construir relaciones duraderas con las personas, y sus enseñanzas se convirtieron en cimientos para mi negocio.

El poder de la influencia no es solo acerca de hacer amigos o simpatizar con tus parientes. Es acerca de crear una ecuación mutuamente beneficiosa entre dos o más partes. Esto se hace de una manera honorable que beneficia a otros y a cambio te ayuda a que las personas te usen como referencia y esto crea relaciones a largo plazo que conllevan a más relaciones a largo plazo. Cuando tienes el poder de influenciar a las personas, puedes compartir tu mensaje de una manera más sencilla, también puedes ganar la confianza y atención de la gente e incluso incrementar tus ingresos.

Es tan sencillo influenciar a las personas. Se reduce a esta cosa tan sencilla: Dales a las personas lo que quieren.

¿Qué es lo que quieren las personas? Todos quieren sentirse especiales. Cada ser humano con quien nos cruzamos cada día quiere sentirse valorado. Ellos quieren saber que le importan a alguien. Es fácil ganar influencia sobre la vida de alguien más con el simple hecho de valorarlo.

En los negocios valoras a las personas practicando la mercadotecnia de relaciones. Esto lo haces con algo que llamo Núcleo de Metodología Rapport. El Núcleo Rapport es la clave para la mercadotecnia de relaciones. Es a través de las relaciones y conexiones con las personas que empiezas las relaciones de negocios.

La mercadotecnia de relaciones cambiará de forma masiva la manera en que te comunicas con otros. Tendrá un impacto increíblemente bueno en tu familia, tu negocio y tus ventas. Descubrirás cuáles son los impedimentos de la comunicación y los superaras.

La mayoría de las personas cree que ya sabe cómo lidiar con las personas porque son agradables y amables. Si eso fuese todo lo que bastara, todo el mundo sería adinerado e influyente. Para tener el tipo de influencia del que estoy hablando requerirás un mayor nivel de comunicación del que poseen los del 98 por ciento.

Esto no es acerca de ser amigable. Es acerca de realmente conectarse con la gente. Esto no es sobre ser bueno o ser amable. Es acerca del dominio de las técnicas de la mercadotecnia de relaciones.

Tal vez pienses que ya eres bastante bueno para llevarte bien con las personas y quizás sí tengas algunas habilidades básicas que te ayuden a llevarte bien con las personas. Pero yo estoy hablando de convertirte en un maestro en la formación de relaciones. Estoy hablando de un alto nivel de habilidades que crea una Influencia Magnética.

Si piensas que ya eres bueno para comunicarte con las personas, nunca tratarás de esforzarte para poder aprender más y nunca podrás dominarlo. Nunca sobresaldrás de los demás. En lo que piensas que eres bueno nunca vas a dominarlo. Una persona educable es alguien que sabe que él o ella necesitan mejoras y paga el precio para obtenerlas.

Metodología Del Núcleo Rapport

Una manera básica para crear relaciones con las personas es utilizando la Metodología del Núcleo Rapport. Esto incluye primero hacer amigos, demostrándoles un interés genuino, escuchándolos, alentándolos, usando sus nombres y practicando desarrollo en los negocios.

Primero Hazte Amigo

Trata a todas las personas como si fuesen tus amigos. Este es un concepto muy poderoso. Estás feliz cuando ves a tus amigos y estás feliz cuando estás con ellos. Así que si tratas a todas las personas con el mismo sentimiento de estar feliz de verlos y que gustas de estar a su alrededor, se produce la misma energía como cuando estás con amistades. Así es como deberías comunicarte con cada persona que te encuentres.

Tu actitud hacia las personas hace una gran diferencia. Si estás volando en un avión, tus sentimientos hacia la aerolínea serán diferentes si una azafata te trata cortésmente en lugar de ser grosera. A todos nos han hablado de una manera que nos provoca darle a esa maleducada una mirada fea y mantener el celular encendido. También hemos experimentado aquellas que son dulces y que nos hablan de una manera amistosa, lo cual nos hace querer apagar nuestros celulares.

El concepto de "Primero ser Amigos" es fácil. Habla con cada extraño de la manera en que hablas con tus amigos. Sé amigable, cálido y acogedor. Utiliza el mismo tono de voz y hazlos sentir cómodos.

Esto desarma a los extraños y los ayuda a relajarse e interesarse en ti.

Demuestra un Interés Genuino

Aprende a demostrar un interés genuino en otras personas, esto establece la confianza muy fácilmente. La mejor manera para hacer esto es permitiendo a las personas que hablen de ellos mismos. Cuando lo hagas, descubrirás qué es lo que más les importa, ya que ellos felizmente compartirán contigo lo que más les interesa. Una vez descubras qué es, puedes dirigir la conversación hacia sus intereses.

Digamos que el tema preferido de un cliente son sus hijos. Cuando señalas cosas positivas sobre sus hijos, lo haces sentirse especial. También lo haces sentir que fue escuchado. Cuando honras a las personas de esa manera, también tendrás a personas honrándote del mismo modo. Esto establece la confianza y hace que te destaques del resto de la multitud.

Escucha

Escuchar no es esperar por tu oportunidad para hablar, ni interrumpir a alguien para que puedas decir lo que es más importante o corregir a las personas. Escuchar es estar genuinamente interesado. Escuchar te hace digno de confianza con las otras personas. El escuchar y honrar a otros significa que aprenderás acerca de quiénes son, lo que los motiva y lo que les importa, sea o no importante para ti.

Utiliza un contacto visual directo, no interrumpas y después de haber escuchado haz más preguntas para que puedas aprender qué es lo que motiva a esa persona.

Palabras de Aliento

A las personas les encanta ser animadas y la mayoría de las personas sienten que no reciben la suficiente motivación. Así que una manera muy fácil de crear Influencia Magnética es dar lo que la mayoría no da y eso es una palabra de aliento.

He aquí una forma sencilla de hacerlo: Para romper el hielo, un cumplido es lo mejor. Si alguien está bien arreglado, es obvio que eso es importante para esa persona, así que puedes resaltar eso. Puede que no te guste el color o no puedes estar de acuerdo con la combinación, pero *tú* no eres el asunto en cuestión – la otra persona lo es, sólo las personas egocéntricas no motivan a otros o no saben dar cumplidos. Encuentra algo sobre esa persona que admires, que puedas incentivar y dar un cumplido. Puedes comentar sobre sus ojos, su sonrisa. Cualquier cosa.

Utiliza Sus Nombres

El nombre es la cosa más importante para cada ser humano en el planeta. Cuando miras esos puestos de venta que tienen magnetos con nombres, ¿cuál buscas? El tuyo. Incluso, aunque tu nombre se escriba de forma muy inusual y nunca lo has logrado encontrar anteriormente, aun así buscas para ver si logras encontrarlo.

¿Qué es lo que quieren las personas? Ellas quieren escuchar su nombre. Las personas se sienten especiales cuando hablan de ellas mismas. Se sienten valoradas e importantes. Cuando recuerdas su nombre, los nombres de sus hijos o el nombre de su perro, los haces sentirse honrados.

Cuando aprendas el nombre de alguien, pídele a él o a ella que lo deletreen para ti. Aunque sea un nombre común, simplemente puedes decir: "Últimamente me he encontrado con nombres que parecieran tener la escritura más común, sin embargo no la tienen, así que ¿cómo deletreas tu nombre?". Podría ser Carla pero escrito como "Karla". Tampoco te tomes la confianza de acortar un nombre o de hacerlo informal. Por ejemplo: Si te presentan a un Roberto o a una Cristina, no contestes, "Mucho gusto en conocerte, Rob" u "Hola, Cris". Si ellos tienen un sobrenombre por el cual son llamados y quieren que lo uses, ellos te lo informarán.

Así que usa seguido el nombre de la persona. Los cautivarás al comenzar unas cuantas oraciones con su nombre y eso también te ayudará a guardarlo en tu memoria. Entre más veces lo digas, mayores son las posibilidades de que lo memorices. **YA5!**

Si estás en un entorno social, preséntalo con los demás, de esa forma vas a repetir más veces su nombre y los escucharás a ellos decirlo también. La gente te amará por ello.

No digas, "Disculpa, ¿me podrías repetir tu nombre?". Esto hace que la persona no se sienta importante.

Practica un Desarrollo de Negocios

Si tu trabajo es en ventas, no te llames a ti mismo "vendedor", ni pongas ese título en tus tarjetas de presentación. Tu trabajo no es vender, es el desarrollar negocios. Las ventas aficionadas son acerca de gratificación instantánea, una transacción de una sola vez. La mentalidad de una persona de ventas aficionada es: "Tengo tu dinero ahora. Te veo después". La mentalidad de un verdadero promotor de negocios es: "Quiero que tengamos una relación de negocios a largo plazo". Por lo tanto, el acercamiento es completamente distinto. Las personas no son estúpidas. Saben cuándo lo único que quieres de ellos es su dinero. Así que es tiempo de graduarse y no seguir actuando, caminando y hablando como un aficionado en ventas.

Si no cultivas correctamente las relaciones con los clientes, nunca le dirán a nadie de dónde obtuvieron ese producto. Si cultivas correctamente esa relación, ellos les dirán a otras personas: "Obtuve este producto de María, quien es increíble. Ve a verla" o "Compré esto de Juan, quien es increíble. Deberías llamarlo. De hecho, aquí está su tarjeta. Él es la única persona con la que te gustará trabajar".

No tienes que hacer "ventas" cuando practicas el desarrollo de negocios. Tus mismas relaciones te venderán. Las personas comprarán tu producto de forma natural porque confían en ti y les gusta trabajar contigo. Ellos te querrán debido a que los haces sentirse valorados, no por tu aspecto, tus logros o tu personalidad. Enfócate en el desarrollo del negocio, no en vender.

Comunicación No-Verbal

Otra clave para la mercadotecnia de relaciones es tu comunicación no-verbal. El noventa y tres por ciento de la comunicación es no-verbal. No es lo que dices, sino el cómo lo dices.

La comunicación no-verbal incluye el lenguaje corporal. Cómo manejas tu cuerpo, tu postura, tus gestos y la manera cómo te mueves –además de tus expresiones faciales y tono de voz– dicen más de lo que tus palabras realmente están diciendo.

En la mercadotecnia de las relaciones, tienes que asegurarte que tu comunicación no-verbal sea consistente con tu mensaje. Ya sea que conozcas a tus clientes potenciales en persona, por teléfono, o incluso en línea, asegúrate que tu comunicación no-verbal construya un núcleo rapport con las personas.

Déjame darte un ejemplo: Tenemos un cliente llamado "Brent" de Utah. La primera vez que vino a mí, él estaba teniendo muchos problemas. Me dijo que estaba siguiendo todas las guías que le había dado para poder promocionar su producto efectivamente.

Las guías no eran el problema. Su comunicación no-verbal lo era. Él estaba diciendo todas las palabras correctas, sin embargo las estaba diciendo con un tono bajo de miedo e incertidumbre. Los prospectos escucharon lo que realmente estaba siendo comunicado –miedo e incertidumbre– así que él estaba obteniendo resultados patéticos. Luego de asistir a First Steps to Success "Primeros Pasos Hacia el Éxito", él aprendió cómo corregir su comunicación no-verbal. Desde entonces se ha vuelto increíblemente exitoso en los negocios y ha pagado más de dos millones de dólares en deudas.

Debido a que el 93 por ciento de la comunicación es no-verbal, las personas pueden escuchar el miedo en tu voz aunque leas las guías correctas. No estás comunicando lo que quieres comunicar porque la persona sólo está escuchando el miedo. Si eres inseguro, el público sólo escuchará que eres inseguro y que no estás comprometido con lo que estás diciendo.

La solución es cambiar tu comunicación no-verbal para que proyecte confianza. Tiene que alinearse con tu pensamiento de a dónde quieres llegar y lo que crees.

Algunos de los comerciales para medicinas antidepresivas muestran el poder de la comunicación no-verbal. Los has visto, en la primera escena una mujer está sentada en un sofá con desesperación en su rostro y se mira ansiosa, estresada, preocupada y desesperada. Lo puedes ver por todo su cuerpo. En la siguiente escena, ella le está sonriendo a su marido y a su hija.

Luego el anunciante usa el mismo tono optimista de voz para hablar de los efectos secundarios del medicamento, incluyendo cosas tan horribles como la diarrea, poco deseo sexual e incluso, "en algunos casos raros", la muerte. Pero como la comunicación no-verbal es la mujer sonriendo, las personas oyen el tono del anunciante, ven a la mujer feliz y ni siquiera comprenden los efectos secundarios.

La comunicación no-verbal es que vas a ser feliz. El televidente piensa: "Si yo me tomo estas pastillas, voy a ser feliz. Voy a ser feliz con mi diarrea, voy a ser feliz con mis dolores abdominales, voy a ser feliz con mi poco deseo sexual, voy a ser feliz con mis noches sin poder dormir, voy a ser feliz con la posibilidad de morir al tragarme estas pastillas".

No es lo que dices. Es cómo lo dices lo que realmente comunica.

¿Si cruzo mis brazos y piernas mientras te escucho hablar, demuestra eso que estoy abierto a lo que me estás diciendo? Pero ¿si mantengo mis brazos abiertos y mis piernas sin cruzarlas muestra más qué estoy escuchando? Si cruzo mis brazos, arrugo la cara y digo con una voz molesta: "Tengo el mejor pastel de limón del mundo", ¿me comprarías? De ninguna manera. Si abriera mis brazos, sonriera y dijera exactamente lo mismo con la voz más amorosa ¿me comprarías? Es más probable.

El lenguaje corporal incluye el sonreír. El valor de una sonrisa es inmenso debido a que comunica aceptación y dice que eres accesible. Una sonrisa dice: "Me agradas". Esa sonrisa dice que estás seguro de ti mismo. Una sonrisa cambia tu comunicación no-verbal, tu tono, tu lenguaje corporal y la manera en que te comportas.

El noventa y ocho por ciento de las personas camina por un aeropuerto sin una sonrisa. Caminan con una cara seria. Es fácil destacarse cuando sonríes porque son tantas las personas que se han desprendido de este hábito que cuando alguien muestra una sonrisa, todos lo notan. Incluso perturba a algunas personas. Confía en mí, yo lo he puesto a prueba.

Tono de Voz

Digamos que llamas a alguien y dices: "Hola, ¿es el Sr. Ramírez? Perdón por interrumpir, pero soy Francis Miedosa y quería hablarle sobre esta nueva aspiradora". Muchas personas simplemente colgarían.

Si eres miedoso, el miedo es lo único que escucharán y no tendrán la confianza de trabajar contigo si no eres seguro de ti mismo. Ninguna confianza será establecida. Una pared será construida. El rechazo es lo único con lo que te marcharás en lugar de dinero.

Es mejor manejar esa conversación por teléfono con un sonido brillante y con un buen tono de voz. No seas falso; sé de la misma manera cómo eres con un amigo cercano. Ellos querrán ser tus amigos.

Ley # 10 – La Ley del Honor

La mercadotecnia de relaciones no es solo aprender los movimientos de mantener tus brazos abiertos o sonreírle a la gente. Es acerca de ensamblar todo junto y hacer una conexión con las personas.

Esto nos lleva a nuestra siguiente Ley del Éxito. Esta es una ley que te ayuda a hacer una conexión con las personas de una manera que va más allá de tu voz o tu sonrisa. Esta ley te guiará en tu mercadotecnia de relaciones y también en tus relaciones personales. Nos ha ayudado a Hans y a mí de muchas maneras, dentro y fuera de los negocios. Es la Ley del Honor.

El honrar a las personas es la clave número uno para las relaciones exitosas, ya sean personales o profesionales. Es acerca de honrar a los individuos que conoces como personas, y darles lo que quieren. A las personas les encanta ser honradas.

Has escuchado el dicho: "Ama a tu prójimo como a ti mismo". Pero ¿qué es lo que realmente significa eso?

La Ley del Honor dice que si honras a las personas, ellos te honrarán a ti. La Ley del Honor mejorará tu matrimonio, la manera de criar a tus hijos y tu reputación. Hará crecer tu ingreso, porque si ayudas a las personas que tienen dinero a conseguir lo que quieren, ellas te ascenderán, te darán aumentos y querrán hacer negocios contigo.

Cuando honras a las personas, las personas te honran de vuelta; pero no es siempre al que honraste el que te honrará de regreso. Pueden ser diez, treinta o cien personas que te honrarán si honras de forma sincera a otros. El honor es la clave para las relaciones exitosas y eso es primordial para todo en tu vida, desde tu matrimonio hasta la forma de criar a tus hijos y hasta en tu trabajo. El honor es algo inmenso para un matrimonio exitoso.

Honra a las Personas por todos Lados

Puedes formar relaciones y honrar a las personas en donde sea. Una vez estaba caminando por el aeropuerto de Atlanta, asombrada de cuántas personas pasaban caminando sin hacer contacto visual. Pensé, *las personas son miserables y eso es tan triste.*

Luego fui a comprar un pollo al área de restaurantes y la mujer que trabajaba ahí estaba llamando a todos "querido" y "amor" – a empleados y clientes por igual.

Me dijo con una gran sonrisa en su rostro: "Querida, ¿qué te puedo ofrecer?".

Le conteste: "Eres genial, me acabas de alegrar mi día, eres muy dulce".

Ella me dijo todavía sonriente: "Me alegra mucho, ahora cariño, ¿qué te gustaría comer?".

Después de haber ordenado, me dijo: "Cariño, ¿qué te gustaría de acompañantes?"

Pensé que era la única que estaba recibiendo este trato, pero la siguiente persona obtuvo el mismo.

Mis ojos se llenaron de lágrimas mientras esperaba por mi orden. Ella era un ser humano entre todas estas personas absortas en sus propios mundos. Me hizo llorar la idea que esta mujer estaba honrando a todos aquellos con los que ella entraba en contacto al llamarlos "querido" con una sonrisa y brindando contacto visual directo.

Me le acerqué y tomé su mano y le dije: "No sé cuánto tiempo has estado aquí, pero vas a ser ascendida a sitios más grandes y mejores".

Ella me contestó: "Cariño, no tienes idea lo que eso significa para mí. En estos momentos estoy luchando contra el cáncer y haciendo lo mejor que puedo para hacer bien las cosas. Sólo estoy tratando de ayudar a las personas y compensar por todo el mal que he hecho en mi vida".

Le dije: "Antes que todo, estás perdonada". "Y en segundo lugar, no tienes idea del impacto que estás haciendo en las personas que pasan por aquí. No tienes ni la menor idea de la clase de día que están teniendo, qué tipo de sufrimientos están pasando. Eres el respiro de aire fresco y la luz en el momento preciso. ¡Lo fuiste para mí! Porque yo soy una de esas que está comenzando a perder la esperanza en la raza humana, son como zombis. El toque humano ya casi no existe. Eres una luz en este lugar".

El honrar a la gente te puede hacer ganar mucho dinero, pero no te enfoques en el dinero. Enfócate en las personas.

Influir en las Personas con FORM

¿Cuál es la mejor manera para hablar con las personas? Conociendo realmente quiénes son y qué es lo que las motiva.

Cuándo las personas saben que estás interesado en ellas como personas –no como otra estadística más en tu libro de ventas– van a confiar en ti y querrán escuchar lo que tienes que decir. Ellas van a estar abiertas a escuchar tu mensaje.

Recuerda, te estás enfocando en relaciones y desarrollo de negocios.

Puedes hacer esto realizando preguntas, utilizando algo que yo llamo FORM. La "F" es por familia. La "O" es por Ocupación. La "R" es por Recreación. Y la "M" es por Mensaje.

Preguntarles a las personas por su familia, ocupación y recreación es una manera de descubrir qué es lo que les interesa y de demostrar interés por ellos. Así que haz que las personas hablen de esas tres sencillas cosas.

Número uno: familia. Pregúntales de dónde son. Si son casados o solteros. Cuánto tiempo han estado casados. Si tienen hijos. Diles que te cuenten acerca de ellos. Cuáles son sus edades. Qué es lo que les gusta hacer. Por cuánto tiempo han vivido en la zona. Si les gusta dónde viven. Cosas como esas.

Número dos: ocupación. Pregúntales en qué trabajan. Por cuánto tiempo lo han hecho. Qué es lo que les gusta de eso y qué es lo que no les gusta. Cómo comenzaron en esa profesión. Si se visualizan en esa profesión por siempre. Cuáles son las cosas buenas al respecto. Cuáles son las cosas malas al respecto. Si pudiesen cambiar algo de sus profesiones, qué sería.

Número tres: recreación. Qué es lo que les gusta hacer para divertirse. Qué tan seguido lo pueden hacer. Con quién les gusta hacerlo. Cómo llegaron a interesarse en esa actividad recreacional que les gusta hacer, ya sea golf, baloncesto, viajar, tejer, pintar, bailar o cantar.

El último paso en FORM es el mensaje. Compartes tu mensaje después que hayas descubierto todo sobre ellos y luego les enseñas tu presentación. La meta es ubicar el enfoque en la otra persona y quitar el enfoque de ti.

Cómo los Billonarios utilizan FORM

Las personas más adineradas que Hans y yo hemos conocido usan FORM en sus negociaciones. Un billonario que conocimos hizo eso mismo antes de comprar una de nuestras propiedades.

Nuestra propiedad era una casa en la playa que valía millones de dólares, en la isla de Bora Bora en el Pacífico Sur, en la cual Hans y yo invertimos. Cuando decidimos vender, el mercado estaba bajo y no teníamos idea de quién compraría nuestra casa.

Pero el amigo de un amigo nos dijo que alguien estaba interesado. Él resultó ser un inversionista billonario, un hombre de negocios muy famoso. Si te dijera su nombre sabrías quién es. El es un billonario de cuarta generación.

Cuando él llamó, no hizo nada de preguntas sobre la propiedad. Él simplemente comenzó la conversación con Hans diciendo: "Me gustaría saber con quién estaría haciendo negocios. ¿Te gustaría que nos reuniéramos y almorzar juntos?"

Pensé: sé lo que estás haciendo. *¡Estás FORMando. Esto es increíble. Entonces, así es como juegan los grandes!*

Para la primera reunión, este billonario llevó a Hans a almorzar. Pasó cuatro horas con Hans, simplemente conversando en el restaurante.

Después que completamos las negociaciones y la transacción fue válida, él siguió FORMando al construir relaciones con las cuidadoras que atendían nuestra casa en la playa de Bora Bora.

Luego hablamos con nuestros muy buenos amigos Bertrand e Isabel, quienes eran los cuidadores de la propiedad, y nos contaron acerca de su conversación.

Les pregunté: "Entonces, ¿qué sintieron al reunirse con un billonario?" Bertrand me dijo: "Él no quiso hablar de la propiedad. No me preguntó ni una sola vez si quería seguir cuidando la propiedad. Por dos horas, lo único que hizo fue hacerme hablar sobre mí. Nos sentamos en la playa y él sólo me preguntó por mi familia. Me preguntó por mis pasatiempos. Me preguntó por mi arte. Me preguntó sobre mi vida, mi familia, mis amigos y mi infancia.

Él sólo me preguntó sobre mí. Eso fue todo lo que hizo".

El concepto de FORM puede ayudarte a hacer mucho dinero. Cuando estás FORMando a la gente, estás específicamente buscando sus FIMN (representa: Fortalezas, Intereses, Metas y Necesidades).

Quieres descubrir cuáles son sus fortalezas, en qué están interesados, cuáles son sus metas y cuáles son sus necesidades. Cuando sepas esto, crearás un lazo con ellos que los hará sentirse honrados y en buena compañía.

Ellos querrán hacer negocios contigo y referirte a otros. Querrán contratarte, darte bonos y promoverte. Pero tienes que hacerlo con el sincero interés de conocerlos, no de una manera para tratar simplemente de conseguir lo que tú quieres.

FORM en el Trabajo

Si eres un empleado en una oficina, puedes usar FORM para prosperar. Si usas FORM con todos los que conoces – con la recepcionista, tu jefe y con los clientes – comenzarás a ver resultados maravillosos.

Comienza a sembrar las semillas de influencia en el lugar en donde estás. Si entras a tu oficina e ignoras a la recepcionista y a todos con los que trabajas, ¿cómo piensas que alguna vez vas a poder dirigir a esas personas si quieres ser promovido? Cuando estás corriendo hacia la cima, no puedes pisar a las personas para llegar ahí. Si te convirtieras en un administrador, tendrías que despedir al personal entero y comenzar de nuevo – lo cual es un protocolo estándar en muchas compañías. Eso es debido a que esos individuos no usaron la influencia apropiada cuando no eran nadie.

Deberías honrar, valorar y reconocer a las personas a tu alrededor y actuar en tu trabajo como si fueses el dueño del lugar y quisieras que las personas permanecieran ahí. Será una progresión natural que ellos te elijan cuando un puesto de gerente se abra, porque eres justo y bueno. Te habrás ganado el favor de la gente.

Tú creas tu propia realidad. Tú forjas ese camino al preocuparte por la recepcionista, recordando su cumpleaños. ¿Por qué? Ella dirá: "Sé que estás buscando a alguien para la gerencia. Creo que deberías poner a José. Él es increíble y es fácil trabajar con él".

Deberías mantenerte en campaña por todos los lados que vayas, por la posición en la que quieres estar. Por otro lado, si decides que no te gusta tu trabajo y te vas para convertirte en un emprendedor, no tendrás a nadie de tu compañía como cliente o no recibirás referencias de ellos si no los has honrado.

No tienes que ser un científico de la NASA, no tienes que tener un título de la universidad y no tienes que ser inteligente para poder crecer. Puedes ser cualquier persona y todavía crecer. No tienes que ser dueño del negocio para hacer crecer el negocio. Puedes ser un empleado y crecer justamente en el lugar que estás. Hablaré más de esto en los próximos dos capítulos, sobre ser un empleado-emprendedor y ser un empresario.

FORM con Cada Persona

En todos los años que estuve en el negocio, Yo FORMaba a las personas en todos lados adónde iba. No sabes cuándo puedes llegar a conocer a alguien – ya sea un empleado de una ferretería o un trabajador de la estación de gas – cuya relación se vuelva provechosa.

Cuando me retiré, dejé de FORMar con las personas sin darme cuenta. Un día estaba sentada en una tienda y caí en cuenta que no había FORMado con alguien hace casi un año. Me pregunté el porqué, y me di cuenta que la respuesta era debido a que estaba retirada de los negocios en ese entonces y no necesitaba hacer esa conexión.

Siempre entendí que uno nunca sabe cuáles son las necesidades de las demás personas, y que uno nunca sabe si una conexión de negocios o una referencia puede surgir al comenzar una simple conversación. Pero en ese momento caí en cuenta que mi pasado FORMando no tenía nada que ver con honrar a las personas, ni con impactar su vida para mejorarla, o con cosechar y sembrar. Tenía sólo que ver con obtener y recibir. **YA6**

Tuve una revelación. Me di cuenta que debía estar interesada en las personas ya fuera que me beneficiaran o no. Esto es la Ley de Cosechando y Sembrando, lo que sea que repartas, eso es lo que recibirás.

Terminé de convencerme el día que estaba con la empleada de una tienda que tenía el cabello corto y cano. Miré su gafete.

Y le pregunté: "Sharon, ¿cómo va tu día?".

Me contestó: "Creo que bien. Gracias por preguntar. La mayoría de las personas nunca sabe mi nombre".

Le dije: "Pero si está en tu gafete".

Y ella me contestó: "Lo sé, pero ellos nunca lo dicen".

Les había enseñado a las personas por años a fijarse en el nombre escrito en el gafete y a utilizarlo cuando estuviesen hablando con una camarera, con una dependiente, o una asistente, ya que a las personas les encanta oír sus nombres. Pero me había convertido en otra persona, una que casi ignora el nombre en la etiqueta porque estaba muy ocupada hablando por el celular mientras salía caminando de la tienda.

Me dio muchísima alegría saber que había mejorado el día de Sharon y que la había hecho sentirse especial. La encontraba cada vez que iba a la tienda. Ella me llamaba por mi nombre y les decía a sus compañeros de trabajo que viniesen a conocerme.

Sharon solía decir: "Ella es Dani, nuestra mejor cliente".

Me trataba como a una amiga. Incluso un día me preguntó: "Dani, ¿crees que me debería dejar crecer el cabello?".

Le dije: "Cariño, cuando llegue a esa edad tan hermosa, y pueda tener mi cabello completamente blanco, quiero que sea de tu color y lo quiero hasta mi trasero".

Gracias a una simple conversación que tuvimos en la caja registradora de la tienda, comencé a expandir mi influencia. Desde ese día en adelante tomé la decisión de tener un interés genuino y sincero hacia las personas, así como un deseo de influenciar su vida y mejorarla, donde sea que pudiese hacerlo.

Son las cosas pequeñas que siembras las que crecen para convertirse en las cosas más grandes.

No puedes influenciar a las personas o llegar a tener altos niveles de influencia si tu corazón no está en el lugar correcto.

Eventualmente, la verdad acerca de quién eres realmente saldrá a relucir. Tomarás decisiones que revelarán quién eres y lo que construiste no durará. Tu negocio estará tembloroso. No dormirás bien por las noches sabiendo que manipulaste a las personas. Desarrollarás la reputación de ser indigno de confianza y tendrás que sobornar a la gente - con regalos o dinero– para que sean tus amigos.

Si vas a ser adinerado, sé una persona rica con la increíble reputación de tratar a todos bien, no sólo a los ricos y famosos o a la gente importante. Sé digno de confianza en todo lo que hagas, pequeño o grande. Sé reconocido por ser auténtico y amante de todas las personas, ya sean grandes o pequeñas. Así es como construyes tu influencia. Cuando te preocupas por los demás – sin importar su estatus – recibirás el mismo cariño de regreso.

En lugar de tratar de obtener algo a cambio de alguien, ten una visión más grande y trata de hacer una diferencia en el mundo y en tu comunidad. Quedarás sorprendido con los resultados y de adónde te llevarán.

Yo expandí mi mentalidad para influenciar a las personas, no por razones egoístas, sino porque quiero que tengan mejor vida. Ahora estoy cosechando lo que he sembrado. Mi reputación ahora es mucho más grande que la que tuve con aquel pequeño negocio que antes manejé. Ahora mi marca y mi influencia se han propagado hasta alcanzar a millones de personas por todo el mundo.

Usando Influencia Magnética a tu Favor

Ahora que te he introducido a las bases de la Influencia Magnética, probablemente te estarás preguntado cómo puedes utilizarla a tu favor. La mejor parte de la Influencia Magnética es que es útil en cada área de tu vida. Puedes convertirla en un proceso que puedes usar en un escenario social o de negocios, en una cita o en una reunión de ventas.

Al utilizar la Influencia Magnética aprendes que entre más expreses que estás en busca de un trabajo o de cierta oportunidad, mejores serán tus posibilidades de que lo obtengas.

Luego utilizas los principios de la Influencia Magnética para demostrar quién eres o cuál es tu idea. Mantén el enfoque en la persona que está escuchando. Presenta tu idea de la manera que más le importe a tu audiencia. Después dale a esa persona la oportunidad de tomar una decisión que sea mutuamente beneficiosa. Busca formas de expandir tus relaciones.

En el Capítulo 7, "El Camino a Mayores Beneficios", te enseño cómo utilizar la Influencia Magnética en un proceso de tres pasos. Puedes usar este camino para obtener ganancias en los negocios, ya seas un empleado tratando de conseguir un puesto o un emprendedor tratando de vender una idea.

Pero antes de llegar a eso, aprendamos más sobre los tipos de personalidades. Te va a encantar el próximo capítulo, ya que te ayudará a hacer más dinero, tener mejores relaciones, reducir tu estrés y aumentar tu diversión.

LO QUE DICEN NUESTROS CLIENTES

¿Funcionará esto para ti? He aquí lo que dicen algunos de nuestros clientes:

Hasta el momento, James y yo hemos pagado $33.000 de deudas y todavía tengo mi trabajo en San Diego, después de haberme mudado a Hawaii en agosto. Gracias a las habilidades que Dani me ha enseñado, me he vuelto lo suficientemente valiosa para que mis jefes me permitan trabajar desde lejos.

-Tracy Tom

Luego de terminar el seminario de First Steps to Success "Primeros Pasos Hacia el Éxito" en Los Ángeles, viajé con un colega a Georgia donde teníamos una cita para promover un nuevo producto que una compañía está manufacturando en Australia para la industria avícola. ¡Después de hablar muchas veces por teléfono con un caballero de la compañía, él comentó que cuando nos conoció, él no tenía idea de cómo yo podía hacer lo que hago, pero que yo tenía las habilidades más increíbles de comunicación que él haya visto en su vida! Y ahora él quiere que vaya a su oficina para enseñarle a su personal cómo hacer lo que hago.

Esta es una industria de la cual yo no sabía nada (empecé simplemente ayudando a un amigo a hacer unos contactos); y pasé de no saber nada, a llegar a negociar lo que sería un contrato de $2 millones, el cual comenzó con una simple charla y algo de FORM.

-Selene Leone

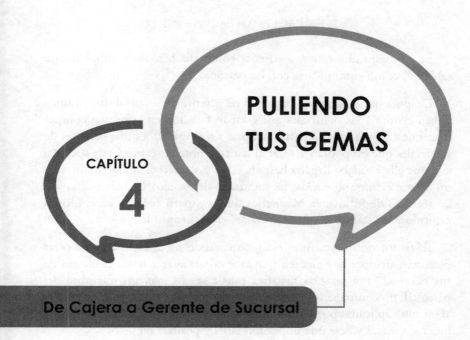

PULIENDO TUS GEMAS

CAPÍTULO 4

De Cajera a Gerente de Sucursal

Déjame contarte una historia sobre una mujer que en tres años pasó de ser una cajera de un banco a ser la gerente de sucursal del banco.

Jennifer estaba en sus veintes, trabajando medio tiempo como cajera y ganando siete dólares por hora. Teniendo sólo una educación secundaria, le dijeron que escalar a la posición de gerente de sucursal sería casi imposible. Luego, ella asistió a varios seminarios de First Steps to Success "Primeros Pasos Hacia el Éxito". Y al aplicar las estrategias que aprendió en ellos, Jennifer fue promovida rápidamente por todos los rangos del banco.

Después de convertirse en gerente, Jennifer comenzó a pedirle a su personal que escuchara los CDs de First Steps to Success "Primeros Pasos Hacia el Éxito". Ella pronto quedó clasificada dentro del cinco por ciento de mejores gerentes de sucursales de toda la compañía. También se convirtió en la empleada número uno de ese banco, a nivel nacional. Y lo más extraordinario es que este banco en particular no hace publicidad. Cien por ciento de sus clientes vienen vía referencias.

Jennifer construyó todo este éxito y llegó a la cima debido a que ella posee una habilidad inusual, la cual es saber cómo obtener referencias y también gracias a que mantuvo a sus empleados aprendiendo las técnicas sencillas pero vanguardistas de este libro. El ingreso de Jennifer creció a ochenta y cinco mil dólares por año, más sus bonos.

En este capítulo, te voy a enseñar cómo ella hizo esto, simplemente sabiendo cómo comunicarse con las personas.

Después que Jennifer se convirtió en gerente de sucursal, fue promovida a ayudar a las sucursales que estaban fallando en la misma compañía. Fue enviada a todas partes del país a reemplazar a otros gerentes de sucursales que no podían ayudar al banco a obtener éxito. Cada sucursal a la que ella ayudaba llegaba hasta la cima y se incrementaba de un 10 a un 20 por ciento sobre todas las sucursales del banco. Lo hizo utilizando las técnicas de Influencia Magnética que compartí contigo en el último capítulo y utilizando lo que te enseñaré en este capítulo.

¿Has notado que cuando estás disfrutando de la compañía de otras personas, siempre hay alguien que sabe cómo alterar hasta el último de tus nervios? Esa persona negativa puede ser tu jefe, un miembro del personal, un compañero de trabajo, incluso un cliente. Algunas personas al ser muy aplicadas pueden caernos mal, pero tú debes ser la persona que logra sus metas y deja una impresión larga y positiva en otros.

Así como lo hizo Jennifer, estás a punto de aprender algunas habilidades de comunicación muy poderosas. Vas a descubrir quién eres, lo que te motiva y lo que motiva a aquellos con los que trabajas y vives cada día. En lugar de tratar de cambiar a las personas para que sean como tú, como lo haría el 98 por ciento de la población, vas a aprender cómo cambiar la manera cómo tratas a tu pareja, a tus hijos y a tus compañeros de trabajo.

Antes de seguir adelante, tienes que comprender que no puedes cambiar a las personas, sólo puedes cambiar cómo lidias con ellas. *Cambiarte a ti mismo es la única garantía absoluta que tienes de que puedas cambiar algo.* Tratar de cambiar tus circunstancias o tratar de cambiar a las personas a tu alrededor no va a funcionar.

Quiero que te des cuenta que todas las personas están diseñadas y programadas de cierta manera. Y muchas pelean en contra de su diseño. De hecho, yo peleé en contra de mi propio diseño por años. *Cuando llegas a comprender cómo estás diseñado y cómo los demás fueron diseñados, podrás aprender a trabajar junto a ellos en armonía.*

Para iniciar esta exploración de personalidades, quiero que pienses en cualquier prueba de personalidad que has hecho. ¿Te enseñaron a cómo compararte con las demás personas? Yo hice uno de esos exámenes en 1990.

Me enseñó que hay cuatro diferentes tipos de personas, pero no me enseñó cómo utilizar la información para cambiar el cómo trataba con los demás. Eso es lo que vamos a aprender en estos momentos.

Esto es algo tan poderoso que inmediatamente va a disminuir tu nivel de estrés. Vas a tener varios momentos "aja", a medida que empieces a aprender cómo trabajar en armonía versus tratar de cambiar cosas que simplemente son inalterables. ¡Así que prepárate y comencemos!

Las Personas son como Gemas

Cuando una gema es descubierta, es fea y sucia; pero a través del proceso de refinación su belleza es realzada y su valor crece. Al igual que con las gemas, creo que cada persona tiene una gran fuerza para brillar, crecer y florecer.

Llamo a los cuatro tipos de personalidades básicas "Gemas". Las cuatro gemas son: Zafiros, Perlas, Esmeraldas y Rubíes.

Tienes en ti las características de las cuatro Gemas. Algunas personas tienen mucho de dos y muy poco de las otras. Otros tienen bastante de cada una de ellas, pero ellos se manejan y comunican en una gema primaria la mayor parte del tiempo. He aquí los principales puntos de vista de cada Gema:

- Un Zafiro está motivado por la diversión. A los Zafiros les gusta socializar.

- Un Perla está motivado por ayudar a otras personas. Todas las gemas quieren ayudar a personas, pero el Perla quiere ayudar a todos y a todo, y ayuda de una forma completamente diferente que los demás.

- Un Esmeralda es alguien que está motivado por hechos y cifras. No hay zona gris para un Esmeralda, todo es blanco y negro.

- Los Rubíes están motivados por desafíos. Tienen que ser el primero en todo.

Cuando eres capaz de identificar tu Gema primaria y las Gemas primarias de los demás, ganarás un entendimiento de quién eres y cómo te relacionas con los demás, y acerca de sus ambientes. Puedes resolver muchos problemas de comunicación que suceden cuando dos personalidades están tratando de hablarse el uno al otro y están diciendo la misma cosa pero no piensan que lo están haciendo. Una vez que puedas evaluar las características de cada Gema, serás capaz de identificar las fortalezas y debilidades de la relación y cómo desarrollar el éxito en general. Aprenderás cómo trabajar mejor con cada una, así como la mejor manera de honrar y motivar a cada Gema.

Zafiros

Los Zafiros están motivados por la diversión.

Los Zafiros son el alma de la fiesta y siempre están teniéndolas. Siempre están rodeados de muchas personas. Cuando hablas con un zafiro, no esperes que el Zafiro te diga la parte mala de algo. Ellos no la ven. Si hay dos niños en dos cuartos diferentes y ambos cuartos tienen un montón de estiércol, el niño Zafiro está en medio del suyo, apartando el estiércol y diciendo, "sé que hay un pony aquí, en algún lugar". Ellos no ven la porquería; simplemente saben que el pony está ahí en algún lado.

Si tienes una cita con un Zafiro, no esperes que él o ella estén a tiempo. Cuando te molestas con un Zafiro que está retrasado, es tu culpa por molestarte. Esa es la forma en la que ellos están programados, ámalos por sus fortalezas. Diles que la cita es treinta minutos antes de lo que realmente los necesitas y lleva tu computadora para que puedas adelantar cierto trabajo mientras esperas. *Esperarás.*

Los horarios consistentes y las rutinas son una completa esclavitud para los Zafiros. Los Zafiros puede que no estén a tiempo, pero son los mejores promotores del planeta. Ellos disfrutan trabajar con las personas.

Y a ellos les gusta la variedad. Les gusta que las cosas cambien todo el tiempo. Por ejemplo, Chris, un estudiante que conozco quien está especializándose en mercadeo internacional. Cuando le pregunté por qué escogió mercadeo, me dijo que a él le gustaba "la interacción con la gente". Chris me dijo, "me gusta la idea de tener que hacer algo diferente constantemente". Él es un Zafiro.

¡Los Zafiros están vivos! No puedes destruir su espíritu. Sin embargo, el sistema escolar está tratando de hacer exactamente eso. Debido a que el sistema no entiende que cada niño está programado de forma diferente y que todos los cuatro tipos de personalidades tienen sus fortalezas y debilidades, le dan al niño Zafiro medicamentos para tratar de convertirlo en un Esmeralda o en un Perla.

Si tienes un hijo Zafiro, aprende qué lo motiva a él o a ella: apreciación y estímulo. Sé esto porque mi hijo Zafiro mantiene su cuarto más limpio que cualquiera de mis otros hijos y comenzó a hacerlo a los tres años de edad. Eso es porque él recibe estímulo y reconocimiento por hacer las cosas que le pedí que hiciese. Lo hago sonar como algo importante.

Celebra los pequeños éxitos del Zafiro por ejemplo: de estar solo cinco minutos tarde en lugar de estar veinticinco minutos tarde. Dile al Zafiro: "Perdóname por favor por tener como estándar que deberías ser perfecto. La verdad es que eres perfecto en muchas otras maneras. Eres increíble con las personas. Eres increíble con tu optimismo. Naturalmente piensas de forma positiva y celebro eso en ti. Aprecio el hecho que esta vez sólo estés cinco minutos tarde y me alegra mucho que seas capaz de hacerlo. ¿Crees que esto te pueda ayudar en querer trabajar para estar puntual en el futuro?".

Esta motivación positiva funciona mejor para los Zafiros. Es para lo que ellos viven. Les encanta el reconocimiento y trabajarán para ello, mucho más de lo que trabajarían por dinero.

Perlas

Los Perlas quieren ayudar a todos. Por ejemplo Susana, una trabajadora social quien asistió a uno de mis talleres. Susana va a todas las bases de La Fuerza Aérea para asegurar una calidad de vida para las familias y niños. Cuando le pregunté qué le gustaba del trabajo, ella respondió: "los niños".

Los Perlas no están motivados por dinero. Así como Susana, ellos están motivados por una causa y tienen fuertes convicciones.

Susana es una madre de siete hijos, ella realmente vela no sólo por sus propios hijos sino que también vela por los que ella supervisa en el trabajo. En su tiempo libre ella se está entrenando para ser un médico naturopático.

Esto me lleva a mi siguiente punto sobre los Perlas. Un real y verdadero Perla es aquel que típicamente recicla y quiere salvar a las ballenas y a la raza humana. Perlas como Susana prefieren usar productos naturales, comprar comida orgánica y sembrar su propia comida en un jardín orgánico. Es muy improbable que se tiñan el pelo, usen mucho maquillaje o que se pinten las uñas con un rojo encendido.

Los Perlas son muy considerados, comprensivos, amorosos y pacientes. Los Perlas no gustan de la confrontación, pero les encanta servir. Un Perla puede confrontar los problemas gallardamente con las personas de una manera que atrae la restauración. Los Perlas tienen el don de la piedad y el servicio. Quieren sacar lo mejor de las personas y cuidar de ellos. A los Perlas se les hace natural encontrar las necesidades y llenarlas. No tienen que pensar en ello o ser preguntados para tener que hacerlo, simplemente se les da naturalmente. Si ven una necesidad, la satisfacen.

Los Perlas pueden ser víctimas de gratificación instantánea ya que les gusta cómo se sienten al ayudar a alguien más. Le prestan dinero a las personas una y otra vez para ayudarlos y a menudo no les pagan de regreso. Los Perlas deben aprender a dejar de apoyar a las personas equivocadas y dejar que las personas lidien con sus propias consecuencias.

Un Perla pasará mucho tiempo hablando sobre su familia. A los Perlas les encanta hablar de las personas que les importan y no les molesta compartir información personal cuando están conociendo a alguien. Los Perlas saben apreciar el toque personal. Ellos presienten cuando alguien está siendo falso y perderán confianza en esa persona.

A los Perlas les encantan las personas y están siempre rodeados de ellas, solo que no en grupos grandes y ruidosos como los Zafiros. Tienen relaciones a largo plazo; son tus mejores amigos de por vida. Los Perlas son los mejores escuchando.

La mayoría de los Perlas gustan de la música suave y fácil de escuchar. La idea de una fiesta para un Perla es una cena íntima con velas y usando productos hechos en casa. Los Perlas hacen sus cosas cara a cara y prefieren hacer sus contribuciones cara a cara. Son dignos de confianza, leales y mantienen su palabra.

Si hay un desorden, un Perla lo limpiará rápido, asegurándose que no sea un problema para nadie más.

Esmeraldas

Los Esmeraldas están motivados por el orden, por los hechos y por las cifras. Un Esmeralda es ordenado y siempre está a tiempo. De hecho, los Esmeraldas son súper organizados. Por ejemplo: si un Esmeralda compra un juguete que necesite ser ensamblado, él o ella antes de todo, harán un inventario de las partes y las pondrán en el orden en el cual deberían ir siendo ensambladas. Los Esmeraldas hacen esto sólo después de haber leído todas las instrucciones. En contraste con los Zafiros que miran la foto, lo arman y terminan con partes sobrantes que tiran al basurero de la cocina.

Cuando los Esmeraldas hacen el inventario del juguete y descubren que algo falta, inmediatamente vuelven a empacar cada parte en sus respectivas bolsas de plástico – exactamente como llegaron– y mandan un correo electrónico a la corporación haciéndoles saber qué tan ineficiente es su proceso de fabricación. El correo electrónico termina en "Por favor mándenme un reemplazo del artículo".

Los Esmeraldas son débiles en su comunicación. Suelen ser juzgados por ser insensibles y fríos de corazón, a pesar de que no lo son. Ellos son bien articulados y si los escuchas, notarás que hablan a cierto ritmo. Son muy claros al hablar, con la intención de asegurarse que no serán malinterpretados.

Por ejemplo Tracy, ella trabaja como una asistente de seguros y está reescribiendo las políticas y el manual de procedimientos de su compañía, lo cual es una cualidad innata de los Esmeraldas. Su descripción del proyecto muestra su precisión y el cómo le gusta tener influencia: "Es muy divertido [escribir el manual]. Se me da la oportunidad de realmente impactar la compañía y obtener toda la información de las diferentes fuentes y manuales.

Los Esmeraldas están constantemente preguntando: "¿Por qué?". Las personas que hablan con Esmeraldas piensan que están siendo interrogados o que están tratando de probar que están equivocados. Sienten que nunca podrían ganarle una discusión a un Esmeralda. (La verdad es que no puedes ganar la discusión. Ambas partes se van pensando que ganaron y que la otra persona es estúpida por haber perdido).

Si eres una pareja Esmeralda, la casa es perfecta y el dinero está en el banco. Ustedes siempre están a tiempo y todo es eficiente. Son saludables. Les gusta visitar museos juntos por Europa.

Pero es poco común ver a dos Esmeraldas juntos como pareja.

Los Esmeraldas pasan mucho tiempo haciendo investigaciones. Son solucionadores de problemas diligentes y se les ocurren doce opciones diferentes para una solución. Pero esto frustra a todos los demás. A los Esmeraldas les toma bastante tiempo el llegar a una solución, debido a que quieren evaluar doce opciones diferentes para asegurarse que están eligiendo la solución correcta. Tienen la tendencia de ser perfeccionistas, así que quieren descifrar todo antes de comenzar, lo cual puede ser un impedimento para alcanzar su éxito.

Este mundo sería perfecto si todos fuésemos Esmeraldas pero no nos divertiríamos mucho y estaríamos increíblemente estresados todo el tiempo, porque estaríamos trabajando constantemente en proyectos.

Los esmeraldas son muy analíticos. Todo está basado en hechos. Los Esmeraldas pasan tanto tiempo investigando, pensando, reevaluando y contemplando, que la oportunidad se les va. Los Esmeraldas podrían ser más productivos si recordaran que no es sobre la perfección, sino sobre lograr hacer el trabajo, obteniendo resultados y probando los resultados. ¿Por qué tratar de aprender todo por adelantado cuando ya podrías poseer una idea de cómo algo funciona y tal vez había cosas que no tenías que aprender? Perdiste tiempo aprendiendo algunas cosas que no necesitabas, pero si pones a prueba los resultados, descubrirás las áreas en las que necesitas enfocarte.

Los Esmeraldas mantienen su palabra, las personas pueden contar con ellos. Cuando ellos dicen que harán algo, lo hacen. Ellos no son inestables. Ellos siguen adelante, dan seguimiento y realizan la tarea con lo mejor de sus habilidades.

Rubíes

A los Rubíes les gusta ganar. Por ejemplo Roy: Cuando él se presentó a sí mismo en el seminario, usó su nombre y apellido. Luego, cuando le pregunté a qué se dedicaba, dijo que era un oficial en la marina de guerra. ¿Por qué él se unió a los militares?

Me dijo: "Bueno, Necesitaba el dinero para la escuela. Obtuve una beca ROTC de tres años y medio". Él también quería jugar futbol americano, lo cual hizo.

Le pregunté: "¿Qué te gusta del futbol?"

Me dijo: "El reto", "lo divertido de darle una paliza a otras personas y tener la oportunidad de demostrar mis habilidades".

¿Notaste algo en su lenguaje? El lenguaje de Roy se resume a: subir hasta la cima, tener una meta.

Si un Rubí no puede ganar, él o ella no participarán en el juego y dirán que es estúpido. A los Rubíes les gusta lo mejor de todo – los mejores hoteles, la mejor comida, ropa fina, telas caras y autos rápidos - Les gustan los grandes diamantes, mucho oro y muchas cosas. Les gusta brillar. Les gusta ser únicos y auténticos. Tienen que sobresalir a lo grande y ser mejor que todos.

Los Rubíes examinan a su competencia. Cuando caminas por un aeropuerto es tan sencillo ver a un Rubí extremo. Una mujer Rubí va por el aeropuerto con zapatos de tacón alto, con su maleta de diseñador y su traje negro. Esa vestimenta no es cómoda, pero ella quiere asegurarse que luce mejor que cualquiera en el aeropuerto.

Regresemos por un momento a Roy. Le pregunté qué era lo que le gustaba de estar en la milicia. Su respuesta: "Ser un líder". ¿Lo ves? Los Rubíes siempre tienen que tomar el próximo paso y tener la próxima meta o reto en frente de ellos. Ellos tienen que estar avanzando constantemente hacia adelante, porque para eso fue para lo que nacieron.

Los Rubíes son bien abiertos y bien audaces, ellos por lo general se manejan con mucha audacia. Los Rubíes también son muy determinados y emprendedores. Ellos frecuentemente inician negocios porque quieren ser empresarios emprendedores y quieren ser sus propios jefes. Ellos tienen que dirigir y son orientados por las acciones. Odian cuando la vida es lenta o callada.

Los Rubíes siempre están mencionándote su currículo, emocionados de contarte todo sobre sus logros.

Son bien directos y van siempre al punto – aunque duela- Los Rubíes no duermen mucho porque piensan que pueden dormir cuando estén muertos. Una típica frase de un Rubí seria: "Estas gastando luz del día".

Los Rubíes por lo general se saltan el desayuno porque están muy ansiosos de comenzar el día. Son increíblemente productivos y logran hacer más en un día que todos los demás. Si quieres que algo se haga ya, que sea rápido y esté bien hecho, los Rubíes son las personas a las que debes llamar. Les encanta lograr que las cosas se hagan.

Los Rubíes nacieron con una dosis extra de confianza. No tienen miedo de tomar riesgos. Su habilidad para hacer algo no importa, porque siempre piensan que ellos pueden. Por ejemplo Mateo, él se puso de pie en uno de mis seminarios más recientes en Los Ángeles y me habló de sus tres negocios, ¡tres! ¿Por qué los estaba haciendo? Simple y sencillo: dinero. Mateo me dijo con mucha seguridad: "Me quiero retirar a los treinta y estoy trabajando en ello".

Los Rubíes tienen que trabajar en sus habilidades de comunicación con las otras Gemas. Los Rubíes tienen que ser el número uno, pero los Perlas sólo quieren ayudar a las personas. Mientras tanto, los Zafiros sólo quieren divertirse, así que no quieren trabajar con nadie más.

El Lenguaje de las Gemas

¿Qué tanto estrés y frustración te ha causado la falta de habilidades en la comunicación? ¿Qué tanta producción se ha perdido por tu inhabilidad de poder comunicarte con otras Gemas? Piensa en tus relaciones de trabajo y en tu vida familiar.

Piensa en tu vida comunitaria. Quizás pensaste que el problema de comunicación era de tu pareja, de tu jefe, de tu empleado, de tu compañero de trabajo o de tus hijos; pero podrías ser tú.

El único al que puedes cambiar es a ti. No vas a cambiar a tu pareja, a tus hijos o a tus compañeros de trabajo. La única cosa que puedes cambiar es como lidias con tu pareja, con tus hijos y con tus compañeros de trabajo.

Necesitas aprender el lenguaje de cada Gema. Cada una de ellas habla en un lenguaje completamente diferente, así como el Alemán es diferente al Inglés. Si sólo hablas Alemán, ¿qué tan bien vas a poder comunicarte con alguien que sólo habla Español? Si logras aprender cómo hablar el lenguaje de las tres Gemas ajenas a ti, cuando estés con un Rubí podrás hablar en Rubí y por lo tanto habrá armonía entre tú y el Rubí. Cuando estés con un Zafiro, ellos pensarán que eres un Zafiro, y cuando estés con un Perla, pensarán que eres un Perla.

En nuestros talleres en vivo, el entrenamiento de Gemas es un entrenamiento muy visual. Lo que estoy compartiendo contigo en este libro es suficiente para ayudarte a empezar, pero el mayor impacto de este entrenamiento ocurre en un ambiente en vivo con todos los ejercicios que hacemos. Esto realmente te ayuda a captar el contenido y a funcionar con él.

Mi curso de estudio en casa de las Gemas incluye videos, audios y libros de trabajo para que puedas ver de manera más clara cómo esto funciona. Los testimonios al final de este capítulo son de personas que han experimentado estos eventos de entrenamientos en vivo y se han beneficiado al ver todo este material en acción.

Este libro tiene limitaciones comparado con lo que puedo enseñarte, pero es suficiente para introducir los conceptos y darte una idea de cómo usar esto en la vida real.

He aquí algunas maneras para hablar en cada lenguaje de las Gemas.

Compartiendo Ideas con las Gemas

Cuando te le acercas a las personas utilizando el estilo de su Gema primaria, tienes una mejor oportunidad de que esa Gema acepte tus ideas. Déjame mostrarte cómo a cada Gema le gusta aprender o escuchar acerca de una nueva idea.

El compartir ideas puede significar que estés haciendo las siguientes actividades: irte de vacaciones, proponerle a tu jefe una nueva manera de hacer negocios, enseñarle a alguien un nuevo producto que quieres que él o ella compren, o presentar un nuevo concepto con el cual tú (el dueño del negocio) quieres que tu personal opere. Hasta podría ser el convencer a alguien para que vaya a una cita contigo.

Zafiros

Para compartir tus ideas con Zafiros, mantén las cosas simples y animadas. Les encanta reunirse cara a cara también, especialmente para almorzar o algo que los saque de la oficina. Utiliza las siguientes indicaciones mientras compartes tus ideas:

- Mantenlo simple, no te vuelvas muy técnico

- Sé animado y muy amistoso

- No te enfoques en nada negativo, mantén todo muy positivo

- No hay necesidad de folletos, sólo enséñales el producto

- Permíteles experimentar el producto, sentirlo y tocarlo
- No les digas todos los detalles, sólo pinta el cuadro
- Demuéstrales qué tan fácil es obtener los resultados que ellos quieren
- Cuenta muchas historias
- Mantén la conversación ligera y casual, nada muy formal
- Realmente crea la visión para ellos
- Diles que tú puedes hacer todo el papeleo y detalles por ellos
- Al final: ¡Mantenlo sencillo!

Perlas

Para compartir tus ideas con Perlas, hazlo cara a cara si es posible, o por lo menos por teléfono. Esto es considerado un enfoque más personal y los Perlas realmente aprecian el toque personal. Utiliza las siguientes indicaciones mientras compartas tus ideas:

- Haz la cita en su "territorio" si es posible, los hace sentirse más cómodos
- Comienza haciéndolos saber que estás emocionado acerca de compartir la idea con ellos.
- Diles por adelantado que los apoyarás sin importar cuál sea su decisión.
- Diles cómo los ayudará a ellos y a su familia.
- Comparte muchos beneficios con ellos.
- Cuenta muchas historias acerca de aquellos que se han beneficiado con tu producto, servicio o idea y cómo se sintieron al respecto.
- ¡Escúchalos!
- Cuando sea apropiado, pregúntales si tienen alguna pregunta, permitiéndoles un poco estar en control; lo que los hace sentir que no estás vendiéndoles.
- ¡Mantén el control de la conversación!

- Da sólo cierta cantidad de detalles o un promedio bajo de detalles, permite que realmente sean los testimonios los que hagan el trabajo.

Esmeraldas

Para compartir tus ideas con Esmeraldas, tenles disponible todo el material e información que les puedas brindar. No tienes que decirles toda la información ya que ellos harán todo el estudio que quieran, pero tú al proveerlo, lo harás más fácil. No necesitan mucho contacto personal, así que mejor puedes darle la información por teléfono, por correo electrónico o por páginas Web. Utiliza las siguientes indicaciones mientras compartas tus ideas:

- Mándales folletos o dirígelos a tu página Web antes de tu reunión, si es posible. Si no, hazles saber que puedes darle esa información al comienzo de la reunión. Ellos quieren información y la buscarán.

- Demuéstrales el valor de tu idea/producto.

- Valida por qué es que funciona, pero no lo exageres.

- Asegúrate de acertar cómo sus necesidades se conectarán con tu idea/producto.

- Habla sobre la integridad del por qué esta idea tiene sentido.

- Si no sabes la respuesta de algo, no trates de encubrirlo. Diles que se lo dirás después.

- Cuenta historias de aquellos que han tenido resultados favorables con tu producto, servicio o idea; no tanto cómo alguien "se siente" al respecto, sino, cuáles son los resultados que han tenido.

Rubíes

Para compartir tus ideas con Rubíes, sé astuto y conciso. Diles por qué deben tenerlo o por qué deben hacerlo, cuáles son las mejores bondades y lo fantástico que va a ser para ellos. Que el proceso continúe rápido. Utiliza las siguientes indicaciones mientras compartas tus ideas:

- Diles por qué es lo mejor, qué tan rápido pueden obtener resultados y cómo pueden obtenerlo en el momento.

- Ofrece testimonios cortos.

- Mantente orientado a los resultados.

- Mantenlo conciso.

- Continúa anteponiendo sus metas.

Comunicándote con Cada Gema

Cuando te comuniques, siempre haz una observación a propósito para identificarte con la otra persona. Ellos quieren saber por qué tú eres como ellos. Todas las Gemas quieren saber quién eres y por qué deberían escucharte. Habla de cosas que tengan en común, tales como ser padres, ocupaciones en común, pasatiempos similares, etc. Dependiendo de qué Gema sea la otra persona, desearás enfocarte más en ciertas áreas. He aquí más consejos para comunicarte con cada Gema:

Zafiros

- Mantén la comunicación interactiva.

- Mantenlos comprometidos en el proceso.

- Mantén tu ritmo del habla relativamente rápida, esto ayuda a mantenerlos comprometidos.

- Hazlo entretenido.

- Siempre mantenlo positivo.

- Ofrece humor cuando sea necesario.

- Mantenlo simple.

- Usa lenguaje fácil, mantenlo coloquial y no muy serio.

- Cuenta historias y enseña fotos.

Perlas

- Comienza por relacionarte con ellos.

- Sé bien abierto con ellos.

- Disminuye tu ritmo del habla y baja tu voz un poco.

- No te emociones mucho, los abruma.

- Comparte historias personales de cómo has ayudado a otros.

- Sé sincero. Los Perlas pueden sentir si lo estás fingiendo y no confiarán en ti.

- Cuenta historias o enseña fotos.

Esmeraldas

- Sé muy detallado en tu conversación.

- Utiliza estadísticas y cifras cuando se necesiten.

- Explica las preguntas que te hagan del "¿Por qué?" de algo. Ejemplo: "Estarás pensando, bueno, ¿por qué es necesario eso? Permíteme explicarte".

- Explica las soluciones.

- Enfócate en qué pasos tomar.

- Sé muy meticuloso, entre más información tengan, más cómodos se sentirán.

- Demuéstrales cómo obtener respuesta para cualquier duda en el futuro.

- Diles historias reales.

Rubíes

- Llega rápido al resultado final.

- No gastes mucho tiempo charlando.

- Mantenlo corto y orientado a los resultados.

- Enséñales cómo pueden alcanzar sus metas.

- Enséñales soluciones a los problemas.

- Dales la habilidad de hacerlo ya, ellos odian esperar.

- Rétalos a incrementar su estilo de vida.

- Hazlo todo sobre ellos.

- Cuenta historias orientadas a resultados.

Promoviendo/Edificando Cada Gema

El promover es una gran parte de nuestra vida. ¡Ya sea en los negocios, en casa o en nuestra vida personal, todos tenemos suficientes oportunidades para promover día a día sin siquiera saberlo! Siempre hay algo nuevo y excitante sucediendo, y quieres compartir eso con las personas. Tienes la oportunidad de promover tu negocio, promoverte a ti mismo (para una entrevista de trabajo), promover a compañeros de trabajo o a empleados, promover a tus hijos y mucho más. ¡Cuando comienzas a promover y a edificar todos los días, verás resultados increíbles!

La promoción efectiva o la edificación comienzan con los siguientes pasos:

13. Crea un objetivo. ¿Cuál es el resultado que estás esperando al promover tu idea?

14. Identifica los beneficios que recibirá la persona y asegúrate que los beneficios se aplicarán de acuerdo con la Gema de esa persona.

15. Haz muchas preguntas. Por ejemplo: "¿Te imaginas si…?" o "¿Cuántos de ustedes podrían…?".

16. Cuenta historias y pinta el cuadro.

17. Utiliza la urgencia y la escasez. Cuando promuevas un evento, usa frases tales como "Por primera vez", "Esto nunca ha sido ofrecido anteriormente", "Esta es tu última oportunidad", "No te lo pierdas", "No volverás a tener esta oportunidad", etc., siempre siendo honesto y no como si estuvieses exagerando.

18. Llama a la acción.

19. Sé honesto. Las mentiras y la exageración siempre terminan alcanzándote y te morderán en el trasero. En su lugar, promueve y edifica al establecer éxitos – no importa qué tan grandes o pequeños sean - También, sé sincero. ¡Las personas pueden notar cuando lo eres!

20. Asegúrate de que lo que sea que estés promoviendo esté velando por los mejores intereses del individuo. ¡No utilices esta técnica para motivos incorrectos!

Tal vez por ahora estés diciendo: "Dani, todo acerca de estas Gemas es interesante, pero ¿cómo me ayuda esto a obtener un trabajo?" o "¿Cómo me ayuda a obtener más dinero en los negocios?"

Estás a punto de descubrirlo en los siguientes capítulos.

LO QUE DICEN NUESTROS CLIENTES

¿Funcionará esto para ti? He aquí lo que dicen algunos de nuestros clientes:

Soy gerente en mi lugar de trabajo y descubrí que la manera en la que estaba tratando a mis empleados no era la correcta. ¡Luego de aprender acerca de las Gemas por Dani Johnson, he visto un cambio en mi lugar de trabajo, sólo con el hecho de respetar y tratar a mis empleados de forma diferente!

-Roy Kinch

Estaba separada de mi marido la primera vez que conocí a Dani Johnson, y sabía que tenía que prepararme si quería llegar a ser exitosa. ¡Después de aprender cómo apreciar a mi esposo y acerca de su personalidad gracias al curso de las Gemas, mi esposo y yo estamos juntos de nuevo y nuestra relación es increíble!

-Sandra Dikes

¡El curso de las Gemas es impresionante! Me ha ayudado a conseguir ventas y a hablar el lenguaje de las demás personalidades. Soy capaz de comprender mejor a las personas para poder motivarlas y que logren llegar donde se supone que deberían estar en sus negocios. ¡Fui capaz de generar $4.200 en ventas en los últimos 30 días desde que me conecté a la página de Dani!

-Jessica Wendelboe

Utilizar las Gemas ha sido FANTÁSTICO. Se me ha hecho fácil comunicarme con las personas, especialmente porque soy un Zafiro que fue criado por una mamá Esmeralda. Ha facilitado las cosas cuando tenemos desacuerdos.

Ya que una de mis metas personales es el tener relaciones fuertes, el sistema de las Gemas de Dani Johnson ha logrado eso. Ayuda a identificar a las personas por sonido, ropa, por cómo se ven sus habitaciones y qué es lo que los motiva.

-Bryan Marriott

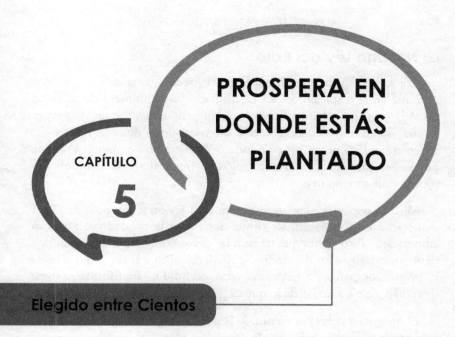

PROSPERA EN DONDE ESTÁS PLANTADO

CAPÍTULO 5

Ryan Madding no podía encontrar trabajo. Estaba compitiendo contra cientos de solicitantes cuando aplicó para un trabajo de $38.000 en una universidad. Luego, él aprendió los sencillos pasos descritos en el capítulo anterior, los utilizó en su entrevista y obtuvo el puesto, excepto que nunca ganó los $38.000 ofrecidos. En lugar, Ryan ganó $110.000 en su primer año.

Al comienzo de su segundo año, recibió un aumento de $18.000. Ahora estaba ganando incluso más en un trabajo en el cual no tenía experiencia. ¿Cómo?

Estoy a punto de mostrarte cómo él aumentó su valor ante su jefe, lo aumentó tan alto que ahora le están pagando tres veces más dinero del que le pagaban originalmente.

Quizás estés desempleado y ni siquiera sabes cómo obtener tu siguiente trabajo, o tienes un trabajo, pero lo odias. Puedes estar preocupado por mantener tu trabajo, debido a que en tu compañía ha habido muchos despidos, o gustas de tu trabajo y quieres ser ascendido. Las ideas y los métodos que estoy compartiendo contigo en este capítulo pueden ayudarte a obtener un aumento en tu trabajo, así como Ryan y otro sinnúmero de clientes lo han hecho.

La Novena Ley del Éxito

Cómo ves, Ryan aprendió la Ley del Ascenso, una de las leyes que expliqué en el Capítulo 3. La he utilizado un sinnúmero de veces en mi vida y otros las han utilizado para aumentar su valor en el trabajo, resultando en mayores sueldos, más ascensos y más dinero. La Ley del Ascenso significa prosperar en donde estés plantado. Si demuestras que puedes ser confiado con lo que tengas en frente de ti, serás nombrado soberano de mucho más.

Muchas personas piensan que tratarán a las otras personas de cierta manera cuando sean exitosos o que donarán a la caridad cuando sean adinerados. Pero tienes que tratar a las personas de esa manera ahora y tienes que darles a los demás ahora. Invierte en tu trabajo como si fuera tu propia compañía y así es como serás ascendido. Transforma tu lugar de trabajo en algo mejor de lo que es.

El noventa y ocho por ciento de la población piensa que merecen un aumento por el simple hecho de llegar. Un aumento significa un incremento y obtienes un incremento al incrementar. Tienes que ser mejor que cuando llegaste ahí y tienes que hacer mejor las cosas. Tienes que hacer una diferencia en lugar de sólo estar absorbiendo oxígeno y esperar un cheque.

El noventa y ocho por ciento de la población quiere encontrar un trabajo que adoren, pero no es así como funciona. Si hayas la manera de cómo amar tu trabajo ahora, se te dará más. Si no puedes manejar tu trabajo actual, ¿cómo puedes manejar uno más grande? Si no puedes manejar a tus empleados ahora, ¿cómo podrías manejarlos si tu negocio crece? Uno de los pasos básicos para la riqueza es cuidar lo que ya tienes.

Cuida Tu Hogar

En Diciembre de 1991, un año después de ser indigente, compré mi primer hogar. Era en una comunidad cerrada, con un lago y un campo de golf. Todos ahí manejaban autos costosos.

Tan sólo tenía veintidós años y vivía en una casa de dos mil pies cuadrados con vista al campo de golf y con vista al Área de la Bahía. Pagué $259.000 por el condominio en lo más alto del mercado y en dos años tuve que refinanciarlo, debido a que tenía un pago global. Tenía una cuota de dos mil dólares al mes y tuve que volver a refinanciarla. Pude haber rentado el mismo lugar por la mitad del dinero. Perdí $250.000 en ese lugar.

No era un buen lugar para niños y quería irme. Mi alfombra blanca estaba manchada como un dálmata, mis paredes blancas estaban cubiertas con huellas de manos y manchas de comida, y mi sofá color crema y durazno tenía manchas de comida y bebida.

Quería un lugar con un patio en lugar de la jungla de concreto en donde vivíamos. Yo soñaba con un lugar donde el césped del jardín estaba perfectamente cortado y la casa estaba hermosamente decorada como lo ves en los comerciales. Luego pensé: *"Mira lo que tienes ahora. Si no se te puede confiar con esto, nunca tendrás la casa con la que estas soñando."*

El mismo mensaje me ha golpeado en muchas áreas de mi vida, desde mi matrimonio hasta en mi negocio: Si no puedes respetar y honrar lo que tienes ahora, y no cuidas de ello, nunca te vas a graduar al siguiente nivel.

Comencé a tomar cuidado de ese lugar. Hice que limpiaran las alfombras y pinté las paredes. Comencé a limpiar de nuevo y organice los gabinetes. Lo honré de la forma que lo había hecho cuando me mudé ahí. Es como cuando te compras un auto nuevo. Al principio lo lavas cada semana, y te aseguras que esté bien cuidado y que no haya polvo en el tablero. Sin embargo, con el tiempo, pierdes honor y respeto hacia él, lo que significa que estás perdiendo ese honor y respeto hacia ti. Simplemente lo dejas ir porque quieres la versión nueva del auto contigo.

Pero si no puedes ser confiado con el que está en frente de ti, nunca serás capaz de hacer espacio para el nuevo. El auto-sabotaje es: que si obtienes más, simplemente será una carga mayor y un desastre más grande.

Tienes que poder ser confiado con lo que tienes y asegurar que puedes manejarlo.

Te voy a enseñar cómo utilizar la Ley del Ascenso para ganar más dinero en tu empleo y en tu trabajo. Cuando eres digno de fiar con lo que te es dado en tu empleo, serás hecho soberano de mucho con más responsabilidades, más aumentos, más ascensos y mayor paga. Es acerca de prosperar en dónde estás plantado en tu empleo.

Miles de mis clientes han usado la Ley del Ascenso para cambiar su mentalidad e incrementar su valor ante su empleador. Esta mentalidad específica convierte a empleados promedios en "empleados empresarios" que los empleadores notan y recompensan.

Innovación

Para crecer exitosamente en tu empleo, es importante *crecer* tú mismo. El trabajar en un negocio y el manejar un negocio parecen no tener relación. Sin embargo, algunas de las mayores innovaciones en los negocios han venido de casar industrias no relacionadas. Si vas a crecer en tu trabajo, tienes que pensar fuera de lo normal.

Federal Express es un buen ejemplo: Dos industrias no relacionadas fueron combinadas para crear un fenómeno de miles de millones de dólares que muchos otros han copiado de forma exitosa. Cuando los servicios de mensajería comenzaron, ellos simplemente tenían a un tipo en una bicicleta entregando cartas y documentos legales de un abogado a otro. Luego el sistema evolucionó a un vehículo o camioneta que manejaba a través de la ciudad entregando documentos de negocio a negocio.

La innovación de FedEx, casó el negocio de las aerolíneas con el servicio de mensajería. De pronto podías mandar un documento de Nueva York a Australia en dos días. Es realmente un fenómeno. En tu trabajo, la manera de innovar es trabajar como un empleado mientras piensas como un emprendedor, lo que yo llamo un "emple-endedor"[1].

Empleado vs. Emple-endedor

No puedes ser sólo un empleado. Tienes que pensar como un emprendedor, aunque alguien más te emplee. Tienes que convertirte en un emple-endedor. Si decides en un futuro aventurarte en un negocio por ti solo, puedes practicar las habilidades que estoy a punto de enseñarte ahora, practícalas en tu empleo actual, para que cuando te vuelvas un emprendedor sean como segunda naturaleza para ti.

Un empleado simplemente marca su hora de llegada y hora de salida cada día. Los empleados sólo invierten su tiempo en el empleo, sólo trabajan lo suficiente para no ser despedidos y su jefe sólo les paga lo suficiente para que no renuncien. Eso es lo que ves con el 98 por ciento de los empleados.

---

1   Empleado y emprendedor= emple-endedor

Los emple-endedores invierten su alma y corazón en un empleo. Ellos quieren mejorar su empresa. Invierten en la empresa de sus jefes y la tratan como si ellos fuesen los dueños. Ellos preguntan: "¿Cómo puedo hacer crecer a la compañía? ¿Cómo puedo mejorar las cosas aquí? ¿Cómo puedo hacerme irremplazable? ¿Cómo puedo asegurarme que ellos sepan que he hecho algo que provocó un cambio para mejor?"

El noventa y ocho por ciento de los empleados tiene la mentalidad que si ellos trabajan, tienen que ser remunerados. Es una barrera para ellos al tratar de convertirse en emprendedores. Los emple-endedores tienen la mentalidad que ellos quieren ser pagados por resultados, no sólo por presentarse y cumplir con las horas, ellos saben que al final obtendrán grandes recompensas por los resultados que están produciendo.

Si tomas la actitud de tratar a la compañía como si fuera propia, y haces que tu trabajo sea asegurarte que triunfe, tu manera de pensar tomará un cambio drástico.

Por ejemplo, si eres dueño de una compañía, recogerías algo que vistes en el suelo. Saludarías a la recepcionista con una sonrisa porque querrías que ella se sintiese valorada y no querrías perderla. ¿Por qué? Porque le cuesta más dinero a una compañía encontrar una nueva recepcionista debido a la pérdida de tiempo que toma entrenar a una nueva.

La mayoría de los empleados ni siquiera tienen contacto visual con las recepcionistas, piensan que ellas no importan para ellos. Pero los emple-endedores si lo hacen.

Los emple-endedores invierten en ellos mismos y en todos a su alrededor. Ellos saludan a la recepcionista y saben su nombre completo y su cumpleaños, así como lo sabrían si ellos estuviesen firmando su cheque. Desarrollan relaciones con las personas de la compañía desde la cima hasta abajo, desde la oficina del presidente hasta los chicos y chicas del área de mensajería.

Creces en un trabajo al influenciar a las personas a tu alrededor, no sólo a los clientes, sino a las personas con las que trabajas cada día.

De Desempleado a Contratado

En el duro mercado de empleos el día de hoy ya no puedes permitirte el ser sólo un empleado. Tienes que convertirte en un empleado-endedor.

Tienes que echar un vistazo a las habilidades que tienes, descifra como reinventarte y presenta tus habilidades de diferentes formas. Si eres un ingeniero y todo lo que sabes es de ingeniería, el único trabajo que puedes obtener es en ingeniería.

Al menos que seas Dean Solos. Él era un ingeniero en un cubículo así como los otros ingenieros que puedas conocer. Sin embargo, Dean desarrolló una habilidad básica de la que carece el 98 por ciento de la población. En cinco años, él estaba fuera de su cubículo y su salario anual salto de $45.000 a $250.000. Todo por utilizar Influencia Magnética, la cual te enseñé en el Capítulo 3.

Encuentra maneras de tomar lo que ya sabes y construye sobre eso para que seas único y sobresalgas entre los demás que están aplicando para el mismo trabajo que tú quieres.

Escribe tu currículo acorde con las necesidades de la compañía hoy en día, no acorde con lo que hiciste veinte años atrás. Obtén testimonios de personas con las que solías trabajar y asegúrate que los testimonios sean acerca de resultados.

Haz que digan cómo tu trabajo benefició a la compañía y cómo eras como compañero de trabajo.

Entrevista al Entrevistador

Cuando vas a una entrevista de trabajo, puedes usar el núcleo Rapport para FORMar al entrevistador. En lugar de sólo permitirle al gerente de Recursos Humanos hacer las preguntas, voltea las cosas y controla la conversación al hacerle preguntas a esa persona.

Por ejemplo, cuando el entrevistador venga para llevarte a su oficina, controla la conversación.

He aquí cómo lo haces: Comienza preguntando, "Hola, ¿cómo estás el día de hoy? Así que, ¿por cuánto tiempo has trabajado aquí?".

Estas son preguntas que puedes usar para FORMar a esa persona. "¿Eres de la zona? ¿Por cuánto tiempo has estado en el área? ¿Qué hacías anteriormente? ¿Cómo oíste acerca de esta corporación? ¿Qué es lo que más te gusta de trabajar aquí? ¿Qué es lo que menos te gusta de trabajar aquí? Obviamente estoy aplicando al puesto que alguien más una vez tuvo, ¿te importaría decirme cuáles fueron los problemas con el último individuo que tenía este puesto? ¿Podrías también describir en qué se destacó el ultimo individuo que tenía este puesto?".

También puedes preguntar: "¿Cuál es tu cosa favorita de esta empresa? ¿Has conocido personalmente al dueño? ¿Qué es lo que más te gusta del dueño? ¿Qué es lo que más te impresiona acerca de lo que hace esta compañía?".

Cuando empieces a tomar control de la conversación, puedes anteponer tus preguntas al decir: "Sabes, no quiero hacerte perder tu tiempo, y definitivamente no quiero perder el mío. También quiero asegurarme que puedas pasar a tu segunda entrevista, si es necesario, lo antes posible. Así que tengo un par de preguntas rápidas para ti que me ayudarán a asegurar que este es el tipo de corporación en la que quiero poner todo mi ser".

Sin Experiencia Laboral

No tengas miedo de aplicar para algo en lo cual no tengas experiencia. Cuando me entrevistaron para mi primer trabajo de buena paga en JCPenney, estaba compitiendo con veintiséis mujeres con experiencia para un trabajo de decoración personalizada. Fui la última entrevistada y francamente le admití al entrevistador que las otras candidatas estaban más calificadas que yo.

Pero luego le dije que estaba dispuesta a aprender y a trabajar duro, y que haría el trabajo exactamente como me dijera que lo hiciese. Le prometí que sería la mejor decoradora que la compañía había tenido. Después de la entrevista de menos de cinco minutos, obtuve el trabajo. Fui la decoradora número uno en mi primer mes y rompí records en la tienda cada mes después de eso.

Si todavía no puedes obtener un trabajo, piensa acerca de cómo convertirte en un emprendedor. Hablo acerca de esto en el próximo capítulo, pero las habilidades de un emple-endedor y un emprendedor son las mismas. O si ya estás trabajando y pensando en comenzar después tu propio negocio, el convertirte en un experto emple-endedor te ayudará como dueño del negocio.

Satisfacción en tu Trabajo

Busca por la satisfacción en tu trabajo. Este es el concepto de prosperar en donde estés plantado. ¿Cómo vas a ser ascendido si no puedes ser confiado con el trabajo que ya tienes?

Tienes la habilidad de cambiar tu ambiente sin cambiar tu ubicación física. Tu ambiente está en tu cabeza. Se exuda de tu ser. El odiar tu trabajo nunca abre la bóveda de bendiciones, pero sí disminuye tu producción. Abrirá la puerta para que chismees acerca de tu jefe, para meterte a Facebook, mandarles correos electrónicos a tus amigos, y reenviar chistes cuando se supone que estés trabajando.

El odiar tu trabajo te provocará evadir a tu jefe y evadir a las personas que están en la cima, quienes necesitan ver tu buena actitud, tu buen trabajo, tu excelencia y tu diligencia.

Odiar tu trabajo nunca te ayudará a ser diligente o competente, o a encontrar atajos que te ayuden a incrementar las ganancias de la compañía, o a hacerte más valioso en tu lugar de trabajo.

¿Qué pasa si odias tu trabajo pero no puedes encontrar otro? Estoy segura que éste no es el primer trabajo que odiaste, y te garantizo que si vas a otro trabajo, también volverás al mismo lugar de odiarlo. La diferencia entre empleados y emple-endedores es que los empleados están buscando que el trabajo les dé satisfacción, mientras que los emple-endedores buscan la satisfacción en el trabajo. Son conceptos completamente diferentes.

No importa si hay algo del trabajo que no te guste. Si eres un empleendedor, haces lo mejor en donde estás. Nunca avanzarás ni serás ascendido si odias tu trabajo.

El odiar tu trabajo produce quejas sobre tu trabajo y el quejarse te hace fruncir el ceño. Te vuelves esa persona con la que nadie quiere trabajar. Te conviertes en esa persona que sólo hace lo suficiente para que no te despidan y tu jefe te paga sólo lo suficiente para que no renuncies. Ese no es un escenario saludable.

Otra vez, parte del problema es que incluso tú piensas de ello como un trabajo. Tú eres un socio en la compañía. Este es tu trabajo, no sólo un empleo. Cambia tu mentalidad y contribuye a tu compañía.

¿Alguna vez has trabajado diligentemente en algo que no fuese tu trabajo? ¿Cómo te sentiste al completar algo con excelencia absoluta? Pudiste haber hecho el trabajo, pero no se sintió como un empleo. Obtuviste una satisfacción interior y una confianza que nadie puede quitarte.

La diferencia entre el 98 por ciento de la población y el 2 por ciento es que el 98 por ciento espera que el trabajo les traiga la satisfacción. El dos por ciento encuentra satisfacción al darle a su trabajo lo mejor de ellos, sin importar lo que hagan.

Trabajar con excelencia y diligencia forma tu confianza, mientras que decidir odiar tu trabajo te hace aplazar las cosas, ser perezoso y estar aburrido.

Influye en tu Ambiente

¿Qué persona piensas que obtendrá un ascenso, la persona que viene al trabajo con poca energía y sin una sonrisa, o la persona que ilumina el lugar y hace sentir importantes a las otras personas cuando llegan?

Los emple-endedores quieren tener un efecto positivo en el ambiente y ellos son los que serán ascendidos. No sólo tienes que incrementar tus habilidades de trabajo como un emple-endedor, sino también tus habilidades de trabajar con las otras personas.

Trabajas con tu jefe, con el asistente del gerente y con la recepcionista. Trabajas con todos los que pasas mientras vas caminando a tu cubículo. Tu oficio no es sólo entregar tu trabajo, es conocer la personalidad de las otras personas para que estén motivadas, así como generar un sentimiento de bienestar e importancia en conjunto para todos los que entran en contacto contigo.

Todos conocemos a personas que pueden realizar el trabajo pero no podemos soportar el trabajar con ellas. Si no te gusta trabajar con alguien, la verdad es que no puedes esperar ponerlo a él o a ella en la lista de despedidos.

Soluciona Problemas

Un emprendedor es un solucionador de problemas; un empleado sólo reacciona a los problemas. En lugar de alterarte por los problemas, busca una solución. Gasta menos tiempo ensayando los problemas y más tiempo encontrando soluciones. Busca por una necesidad en tu compañía y mira si puedes ayudar a solucionarla. No te aísles de tu departamento.

La mayoría de los empleados no toma responsabilidad. Cuando un problema surge, dicen: "Ese no es mi trabajo. No sé cómo sucedió eso". En lugar de decir que no es tu trabajo, soluciona el problema si puedes.

Esta es una oportunidad para elevar tu valor. ¿Recuerdas la Ley del Valor? De eso es de lo que estoy hablando.

Los emprendedores ricos construyeron sus riquezas por ser pensadores a largo plazo, mientras que los empleados trabajan para gastar. Adopta la mentalidad de emprendedores exitosos que usan su lugar de trabajo para construir su riqueza. Eres el único activo productor de ingresos que tienes. Y ya que tu trabajo está en donde produces tu ingreso, haz lo que puedas para incrementar tu valor.

Los emprendedores pueden tener años de fracasos antes de construir su éxito. Ellos constantemente están avanzando y no se permiten caer en una rutina. Para muchos empleados, su mayor sueño es el mantener su trabajo por veinticinco años. Tienen miedo de cometer errores por eso nunca corren riesgos, aun así deberían pensar más allá de eso y mirar los fracasos como una oportunidad educacional para crecer. No puedes crecer si tienes miedo de tomar riesgos y cometer errores.

Incrementa tu Valor

Pregúntate cada día: "¿Cómo puedo incrementar mi valor en el trabajo?". Esto pasará usando la comunicación, comunicación con el jefe y comunicación con otras personas. Crea la base de convertirte en algo increíblemente valioso para tu trabajo, para tu jefe, para tu compañía y para los clientes.

¿Está tu jefe frustrado contigo? o ¿tu jefe siente que él o ella no podrían vivir sin ti?

Te vuelves valioso para tu jefe si logras realizar el trabajo y quitas estrés de él o ella. Pero más que sólo hacer el trabajo, es la relación de trabajo. No pienses del trabajo como sólo un empleo, como algo que tienes que hacer. Eres un socio en un equipo y quieres que ese equipo sea exitoso.

Cuando el tiempo sea adecuado, siéntate con tu jefe y ten una conversación franca. Primero, agradécele a tu jefe. Segundo, practica la Ley del Valor.

Dile a tu jefe: enséñame, dime y entréname en qué puedo hacer mejor en el trabajo para ayudar a esta compañía a triunfar. He aquí lo que deberías decir:

"Primero quiero decirte que estoy muy agradecido que me hayas dado la oportunidad de trabajar contigo. Considero un honor el estar empleado, especialmente durante esta economía. Estoy increíble y eternamente agradecido de ser capaz de tener la oportunidad de trabajar en esta compañía".

Habiendo dicho eso, tengo una pregunta para ti: ¿Hay algunas cosas que me hayas visto hacer con las que no estés satisfecho? ¿Hay algunas áreas en donde sientas que podría mejorar para ayudar al crecimiento de la compañía en general y avanzar? Estoy completamente abierto a cualquier entrenamiento que tengas para mí. Quiero ser el mejor en lo que hago y también quiero ser un jugador en equipo. Si tienes un consejo en cualquier cosa que pienses que puedo mejorar, me encantaría saber qué es para poder trabajar en ello".

Tu jefe puede que diga: "No, creo que estás haciendo un trabajo increíble".

Pregúntale a tu jefe en qué áreas él o ella te ven más fuerte y en qué áreas podrías mejorar para ser más valioso para la compañía. Tu jefe te puede dar una lista de cosas. Si la lista incluye áreas de las que no sabías que necesitabas mejoras, no des una declaración final.

Digamos que él o ella te dice que necesitas mejorar en cumplir los plazos a tiempo. Pregunta qué es lo que necesitas hacer para lograr eso. ¿Deberías darle seguimiento durante la semana, pasando un informe sobre la situación?

Pídele a tu jefe que te dé un poco de entrenamiento. Puedes comenzar a implementar un sistema de seguimiento que le dé a él o ella la confianza de contar contigo y con tu producto y no verte como un vago del que no se puede depender.

Dile a tu jefe que quieres mejorar. Dile que quieres ayudar a que toda la compañía crezca.

Si él o ella dice que todo está bien, de buenas a primeras, ésta es tu oportunidad para preguntar lo que quieres.

Por ejemplo, si quieres un mejor horario de trabajo le dirías a tu jefe: "Me pregunto si hay una manera que me confíes de terminar estas cosas en un periodo de tiempo menor. He estado trabajando días de doce horas. Tengo una familia y cuatro hijos en casa a los cuales apenas estoy viendo. Quiero estar aquí por mucho tiempo y mi meta es ayudar a la compañía a crecer. Deme treinta días para irme a las cinco p.m. a ver si puedo hacer más en menos tiempo".

Tuve un cliente que estaba trabajando días de doce horas, pero después que lo entrené comenzó a construir una relación con su jefe. Él habló con su jefe y le dijo: "Si puedo terminarlo todo antes de las cinco, ¿me dejarás ir? Porque estoy trabajando en hacer más en menos tiempo". Su jefe accedió y mi cliente fue capaz de terminar todo y mucho antes de las cinco p.m. Obtuvo un aumento de veinte mil dólares aunque cortó sus horas, y pudo entrenar al equipo de béisbol de su hijo y pasar más tiempo con su familia.

Notas de Agradecimiento

¿Cuándo fue la última vez que le escribiste a tu jefe una carta de agradecimiento? Aprende la personalidad de tu jefe para que sepas cómo comunicarte con él.

Es tan fácil ser diferente de todos los demás. Mira alrededor y ve quién necesita ser honrado y sentirse valioso, ya sea tu jefe, tus compañeros de trabajo o el tipo en el cuarto de mensajería. Para todo al que te mires dirigiendo algún día, aprende qué es lo que le gusta y disgusta, cómo le fue en el último juego de soccer a su hijo y cuál es el nombre de su perro.

Diles qué excelente trabajo han hecho, que aprecias su arduo trabajo y esfuerzo, y que realmente te gusta la forma en que ellos hacen X, Y o, Z. Escríbele a tu jefe una carta de agradecimiento y dile cuánto lo aprecias a él o a ella, incluyendo el porqué.

Asume el Trabajo

Eres ascendido al siguiente trabajo al asumir que ya tienes el trabajo.

Así es como una persona fue ascendida en nuestra compañía: Ella comenzó trabajando medio tiempo, ayudando con eventos. No había nada que no hiciese en los eventos. Ella se mezclaba con los clientes, me ayudaba con el contenido y ayudaba a Hans con el registro. Trabajaba duro, construyendo relaciones donde quiera que fuese. También interrogaba al personal cuando todo habían terminado. Tomó propiedad en formar un equipo aunque no se le pagase para hacer eso.

Cuando llegó el momento en el que necesitábamos a alguien para que manejara al personal, era obvio que esta persona era la indicada para ese trabajo. Ella ya había estado haciendo el trabajo sin siquiera haber sido remunerada. Ella naturalmente se preocupaba por el personal, quería que todos trabajaran bien juntos, estaba genuinamente interesada en cómo les estaba yendo y les ayudaba a resolver problemas.

Luego se le dio la oportunidad de tener un puesto de tiempo completo con nuestra compañía, dirigiendo al personal de eventos. Desde entonces ha viajado por todo el mundo y ha sido parte de la vida de muchos siendo transformados en frente de sus propios ojos y haciendo más dinero del que ella alguna vez ganó en sus veintitantos años de empleo como maestra.

Todos Venden

Todo el mundo está en alguna forma de mercadeo o ventas. Los doctores, maestros, músicos y mecánicos están en ventas. Cada persona en cada profesión está en algún tipo de ventas. Un ama de llaves está vendiendo el servicio de limpiar la casa de alguien más. Eso es ventas.

La mayoría de las personas no quieren estar en ventas, pero si te vuelves bueno en ventas, tendrás buenos clientes que te pagan. Si sabes cómo mejorar las ventas, te pagarán más que a alguien que hace el mismo trabajo.

No importa lo que hagas, tienes que entender el hecho de que estás en algún tipo de ventas.

Usa Núcleo Rapport

Si ignoras a la recepcionista y a esos compañeros de trabajo cada día, eso tiene un impacto. Ellos se asegurarán que no seas ascendido. Si comienzas tu propio negocio, se asegurarán de que no obtengas ningún contrato de tu compañía.

Si eres un gerente, usa Núcleo Rapport con las personas a tu alrededor. Acércate a los otros empleados, no sólo a los que diriges. Crea relaciones para que cuando quieras ser ascendido, seas conocido y querido por toda la compañía. Serás ascendido porque has desarrollado una estrategia y ampliado tu territorio al influenciar a otros por los que no fuiste pagado para influenciar.

Encuentra Gemas en tu Compañía

Puedes aplicar los cuatro tipos de personalidades de las Gemas al ser emple-endedor. Si eres un Zafiro y tu jefe es un Esmeralda, aprende cómo hablar el lenguaje de tu jefe.

Si hablas el lenguaje de tu jefe, habrá armonía entre ustedes y él o ella confiarán en ti. Tu jefe disfrutará el trabajar contigo, en lugar de estar exasperado por ti.

Si tu jefe es un Esmeralda, es fácil aprender la terminología que él o ella utiliza, palabras tales como "preciso" y "ecuaciones". A un jefe Esmeralda le gusta hablar sobre hechos y a él o a ella le gusta que las cosas estén limpias.

Si no puedes limpiar tu escritorio, tendrás problemas de confianza con un jefe Esmeralda. Él o ella pensarán que eres desorganizado y no digno de confianza porque no hay orden en tu escritorio. Esa no es una buena manera de comunicarte con tu jefe o construir una relación con él o ella.

Mantén contacto visual con tu jefe y elige tus palabras sabiamente. Ve con una dirección clara. Aunque sólo hables por un minuto, escribe lo que quieres discutir exactamente con él o ella. Cuando hayas terminado, sigue adelante. Eso es lo que más le interesa a tu jefe y creará confianza entre los dos. Ahora habrás establecido con él o ella un valor más alto de ti mismo.

Ahórrale Dinero a la Compañía

Como un emple-endedor puedes utilizar las habilidades de War on Debt (Guerra a la Deuda, ve el capítulo 9) en el trabajo. Es muy simple. Los empleados típicamente gastan el dinero del jefe – o el dinero de la compañía, aunque el jefe esté generalmente a cargo del presupuesto – sin ninguna contabilidad absoluta. Ellos compran clips para papel, lapiceros y aparatos para el escritorio porque están gastando el dinero del jefe. Esto no incrementa tu valor ante tu jefe o mejora las oportunidades de mante-ner esa compañía trabajando y no te vuelva altamente recomendable.

Preséntale los principios de la Guerra a la Deuda a tu jefe. Dile a tu jefe que observaste lugares en tu vida en donde gastaste mucho dinero en cosas que no te ayudaron a ser más productivo o alcanzar tus metas.

Dile a tu jefe: "Quiero ver la compañía triunfar y ser más rentable y creo que podemos atacar eso desde dos direcciones. Uno, podemos desarrollar nuestras habilidades para que podamos incrementar nuestras ventas, y dos, podemos aferrarnos a más dinero del que estamos produciendo. He sido capaz de pagar las deudas al ver hacia dónde estaban yendo mis gastos y creo que podemos ayudar a esta compañía a volverse más lucrativa al hacer lo mismo".

Refiere las Ventas

Toda compañía necesita ventas. Ese es su propósito principal para existir. Si puedes ayudar con eso, aumentarás tu valor. Puedes obtener más ventas al levantar el teléfono y obtener más contactos. Si estás dando todo lo que tienes para ayudar a la compañía a crecer, difundiendo la palabra y atrayendo referencias a la compañía, todo eso será notado.

Tal vez no tengas un trabajo de alto perfil. Incluso con un nivel menor de trabajo, puedes ayudar con las ventas. Si eres la secretaria pero refieres ventas y esas ventas entran, las personas lo notarán.

Esta es la Ley de Cosechando y Sembrando. Aunque no pienses que tu jefe lo notará, eso no debería detenerte de tratar de hacer una inversión en el negocio y ayudarlo a crecer. La conclusión es que para que mantengas tu trabajo, tienes que atraer ingresos.

Los empleados que odian su trabajo impiden el crecimiento de una compañía. Empleados que les dicen a las personas que odian su trabajo y a su jefe, propagan mala voluntad y dan una impresión negativa de la compañía. Cierran la oportunidad de ayudar a crecer a la compañía obteniendo más referencias. Una secretaria que contesta el teléfono sin habilidades interpersonales y un tono negativo crea una persona irritada al otro lado de la línea y crea frustración para las personas que trabajan con ella.

Mercadotecnia de Relaciones

Como un emple-endedor, puedes usar la mercadotecnia de las relaciones. Si eres una recepcionista y no sabes mercadotecnia de relaciones, contestas el teléfono de forma impersonal, de la siguiente manera:

"Compañía XYZ. ¿Puedo ayudarte?" Lo cual básicamente significa esto: "Odio contestar el teléfono y desearía que no llamaras. No quiero tener nada que ver contigo".

Pero cuando usas mercadotecnia de relaciones, dices cosas de manera personal, como "Gracias por llamar a la compañía XYZ.

¿Qué puedo hacer por usted?" u "¡Hola! Estoy contenta de ayudarte" o "Me gustaría comunicarte con Sue de nuestro Departamento de Atención al Cliente. Sue es grandiosa y disfrutarás el trabajar con ella porque está dedicada a asegurarse de resolver tus problemas de forma rápida y efectiva. ¿Te importaría esperar un segundo en línea mientras te transfiero con Sue?".

Con el mercadeo de relaciones, muchas cosas suceden. Comienzas una conversación amistosa y creas un "amigo". Luego, le haces saber al cliente con quién lo vas a transferir. Eso hace sentir al cliente especial e importante. También estas pidiéndole permiso al cliente para ponerlo en espera ("¿Te importaría si te pongo en espera...?"). ¿Cómo te sentirías si llamaras a esa compañía y recibieras esa contestación?

Construye Relaciones con los Clientes

Digamos que trabajas en servicio al cliente o en un centro de llamadas y alguien quiere hablar con tu jefe. Un emple-endedor debería manejar eso no a la defensiva pero en ofensiva al edificar a tu supervisor.

Por ejemplo, si alguien está molesto contigo porque no estás reali-zando bien tu trabajo y ella dice: "Quiero hablar con tu supervisor", podrías decir: "Está bien. ¡Espere en línea!". Pero no deberías decir eso porque te estás poniendo a la defensiva y perderás el cliente. Perderás la semilla que tiene el potencial de convertirse en una huerta.

En lugar, deberías de decir: "Encantado, te haré hablar con mi super-visor. Disfrutarás tu tiempo con él ya que es increíble trabajar con él. Me disculpo por sólo haberte podido ayudar hasta cierto nivel. Estarás en buenas manos con él. Él está muy ocupado, pero permíteme conectarte con él para que tengas el tipo de servicio que necesitas".

Simplemente simplificaste el trabajo de tu jefe y te hace ver como un atributo. Pero asegúrate de alertar a tu jefe antes de transferir la llamada: "Discúlpeme. Sé que está muy ocupado. Di lo mejor con este cliente y le dije que usted es una persona increíble y que disfrutará el trabajar con usted". Está en la línea cinco y listo para hablar con usted".

Si eres el jefe en esta situación, FORMaras al cliente – familia, ocupación, recreación, mensaje: "Hola, John. ¿Cómo te va? ¿No muy bien? Me da mucha lástima oír eso. ¿De dónde eres? ¿Hace cuánto tiempo has estado ahí? ¿Estás casado? ¿Cuántos hijos tienes? ¿Qué haces?"

Puedes FORMar a alguien en un minuto. El cliente no estará tan molesto a como estaba. Él sabrá que te interesa y lo valoras, aunque no digas literalmente: "Me importas y te valoro". Le *demuestras* que te importa y que lo valoras: "También tengo dos hijos. Fantástico".

Cuando llegues a la parte del mensaje de tu FORM, haz un puente al decir, "Entiendo por completo lo que me estás diciendo y cómo debes sentirte, y sinceramente me disculpo por cualquier cosa que nuestra compañía haya hecho para hacerte sentir de esta manera. Espero que aceptes mi disculpa. Ahora ¿qué podemos hacer para hacerte feliz?".

Enfócate en tu Trabajo

Muchos empleados están tratando de enfocarse en doce cosas a la misma vez: contestando mensajes de texto, revisando correos personales, mandando mensajes a sus amistades, reenviando chistes por correo electrónico a compañeros de trabajo y amigos, oyendo las noticias, revisando su página en Facebook – todo eso mientras tratan de trabajar.

Cuando tienes tu enfoque dividido entre todas estas direcciones, eres completamente improductivo. Te hablé sobre la Ley del Enfoque en el Capítulo 3. Te asombrarás al ver qué tan productivo puedes ser si atacas una tarea a la vez y la tachas de tu lista.

El trabajo volverá a ser divertido nuevamente y tu confianza crecerá. Cuando te sientes bien, provocas que todos a tu alrededor también se sientan bien.

Si te enfocas en una tarea a la vez, forjarás tu confianza. Empieza con una lista de deberes. Cuando completes un deber, elimínalo de la lista. Cada vez que elimines algo de la lista, construirás tu seguridad y disminuirás la oportunidad de ser micro manejado. Entrenarás a tu jefe a cómo manejarte basado en tu habilidad de seguimiento y supervisión.

Le enseñarás a tu jefe a micro – manejarte, cuando falles continuamente incumpliendo fechas tope, mal laborando o teniendo que volver a hacer el trabajo. Si no continúas dándole seguimiento a tus obligaciones, tarde o temprano estarás buscando otro lugar en donde trabajar. El micro-manejo crea un ambiente hostil de trabajo y frustra al jefe y al empleado. Prevén de ser micro-manejado al realizar el trabajo de la manera correcta.

Invierte en Entrenamiento

Recuerda: tu habilidad determina tu valor en el mercado. Por ejemplo, dos pilotos de avión. Si uno vuela aviones comerciales y el otro vuela jets privados, el piloto privado gana más dinero porque él ha hecho una inversión mayor en su conocimiento especializado.

Debes invertir en tu persona para adquirir conocimiento especializado. Los empleados tienen la mentalidad de que no recibirán entrenamiento a menos que la compañía pague por ello. La mayoría de los empleados trata al entrenamiento gratuito como si no valiese nada.

He visto esto cuando las compañías pagan por los gastos de sus empleados para venir al entrenamiento de First Steps to Success "Primeros Pasos Hacia el Éxito", sin necesidad de que los empleados se ganen el mérito. Los empleados no vienen a tiempo. No toman notas. Reclaman por todo. No valoran las habilidades que se les enseñan. Actúan como si todo el entrenamiento fuese una carga.

Adopta la mentalidad de un emprendedor al descifrar qué habilidades necesitas y luego obtén el entrenamiento para ello. Aprecia el entrenamiento gratuito que te brinda la compañía. Toma ventaja de obtener más educación. Invierte más en ti. Recuerda, tú eres una herramienta productora de ingresos. Cuando aumentas tu valor, incrementas el ingreso que la herramienta produce.

Los emprendedores no esperan que alguien más les dé una educación o una habilidad. Si no saben cómo hacer algo, invierten en aprender la habilidad para hacerlo. De la misma manera, como un emple-endedor deberías invertir en tus habilidades y herramientas para motivar a las personas. Invierte en tu habilidad de formalizar un equipo de personas que trabajarán de manera colectiva hacia una meta común.

Obtener un Aumento

Digamos que has estado en tu trabajo por tres años y no has obtenido un aumento. ¿Cómo puedes volverte adinerado? *No son nunca las circunstancias las que determinan el éxito en la vida; es lo que haces con las circunstancias lo que determina el éxito en la vida.*

Tu mente está cerrada si estás diciendo que un aumento no es posible. Lo que tienes que hacer es tomar responsabilidad personal del porqué no has obtenido un aumento en tres años. Los empleados sólo miran la tarea, mientras que el emple-endedor mira el panorama completo.

Los empleados entran exactamente a las ocho a.m. y se van precisamente a las cinco p.m. Las personas con una mentalidad emprendedora buscan cómo pueden afectar las ventas de la compañía y ayudarla a crecer, y cómo pueden hacer la diferencia para que la compañía sea un lugar en donde las personas quieran trabajar.

Los emprendedores se emocionan acerca de lo que hacen en sus trabajos. Si no has obtenido un aumento en tres años, debes preguntarte el porqué. Probablemente estés culpando a la compañía, pero apuesto a que otros sí obtuvieron aumentos en tu compañía. Obtienen los aumentos las personas que están haciendo lo que pueden para incrementar sus habilidades, y quienes tienen un poco más de mentalidad emprendedora para ayudar a la compañía a ser más rentable.

¿Recuerdas a Ryan Madding quien obtuvo un trabajo para el cual no estaba calificado? Él identificó exitosamente la Gema del entrevistador, y FORMó al entrevistador durante el proceso para vencer a docenas de más candidatos para ese puesto. Aunque estaba inicialmente emocionado de obtener un trabajo que le pagase treinta y ocho mil dólares, rápidamente le desagradó el estar ahí, el tener un trabajo de nueve a cinco, y el tener a alguien que le dijera qué hacer.

Ryan me buscó en uno de mis talleres, quejándose de su trabajo. Le dije: "Amigo, tienes que prosperar en donde estás plantado. Tienes que mejorar ese lugar antes de que se te confíe un lugar mejor. Así que busca cómo agradarle a ese tipo o serás desagradable para él".

Continué diciéndole: "Tu lenguaje corporal diariamente demostrará que lo irrespetas y lo deshonras en tu mente. Esa es la primera cosa que tienes que cambiar. Tu trabajo es escalar a través de esta organización y hacer una diferencia en ella, no derrumbar la organización comenzando de arriba hacia abajo".

Lo primero que hice que Ryan hiciese fue escribir una nota a su jefe. Decía: "Muchas gracias por darme la oportunidad de trabajar con usted".

Luego lo hice expresar las cosas que él genuinamente apreciaba de su jefe: sus talentos, sus habilidades, sus dones, el tiempo que ha estado ahí y otros atributos que realmente importan.

Le dije, "Quiero que atiendas a tu jefe. Quiero que averigües su pastel de queso favorito y el nombre de su perro. Descubre qué es lo que lo motiva. Averigua lo que le gusta. Descubre cómo comunicarte con él, así como la mejor manera de trabajar con él acorde con su estilo".

Ryan implementó estas cosas con su jefe y también con sus compañeros de trabajo. Comenzó a FORMar y a edificar a su jefe, edificar a sus compañeros de trabajo y a crear relaciones con todo el mundo en la oficina.

Edificar a las personas es construir su reputación al hablar sobre sus credenciales, en contraste a cuando no edificas, que terminas destruyéndolos o deshonrándolos.

Como mencioné al comienzo de este capítulo, Ryan fue promovido y ganó $110.000 en el primer año, y recibió un aumento adicional de $18.000 al comienzo de su segundo año.

Para obtener un aumento tienes que incrementar tu valor en la compañía. Siempre hay una manera de hacerte más valioso para que tu jefe quiera pagarte más por hacer lo mismo.

Podrías preguntar cómo hacer más dinero si tienes miedo de perder tu trabajo y no estás listo para iniciar un negocio. Tienes que lidiar con lo que sea que te dé miedo o lo que temes se volverá una realidad.

Si estás temeroso acerca de perder tu trabajo, se demostrará en tu desempeño y en tu actitud. También se mostrará en tu producción, porque no estarás enfocado en hacer el trabajo. En lugar estarás enfocado en el susto de perder tu trabajo. Tendrás miedo de cometer errores. Pero si te enfocas en a donde quieres llegar y cómo quieres ayudar a tu compañía a triunfar, te volverás más valioso para tu lugar de trabajo.

Encontrando el Siguiente Trabajo

Utiliza Núcleo Rapport con todos los que trabajas. María era una gerente de proyecto a la cual despidieron de su trabajo, pero ella había utilizado la Metodología de Núcleo Rapport para hacer conexiones con todos los ingenieros con los que ella trabajó y con los otros gerentes de proyectos. Cuando un compañero de trabajo, quien también había sido despedido, obtuvo un trabajo en otra compañía, él recomendó a María cuando hubo un puesto disponible ya que ella había construido una relación estratégica con él. Cuando todos se separaron después de los despidos, María mantuvo esas relaciones.

María incluso nunca tuvo que ser entrevistada. El dueño de la compañía la llamó, ella lo FORMó, y en cinco minutos estaba contratada por teléfono.

En su nueva compañía ganó más dinero del que había estado ganando antes, y ella ya estaba en el grupo de ingresos de seis cifras.

Tienes la oportunidad de crecer y de expandir tus influencias mientras estés de campaña a donde sea que vayas. Habla con las personas en todos lados todo el tiempo, aunque ellos no encajen en tu modelo típico. Si estás en el negocio de bajar de peso y sólo hablas con personas que necesitan bajar de peso, estás haciendo mal las cosas. Si estás en el negocio de cuidado de la piel y sólo hablas con mujeres, estás haciendo mal las cosas. Estás siendo selectivo y estás limitando tu territorio.

Si haces campañas y construyes relaciones con todas las personas a tu alrededor, cuando decidas comenzar tu propio negocio habrás creado un centro de influencias con personas que se preocupan por ti porque tú demostraste que te preocupas por ellos. Ellos te mandarán negocios cuando estés por tu propia cuenta.

LO QUE DICEN NUESTROS CLIENTES

¿Funcionará esto para ti? He aquí lo que dicen algunos de nuestros clientes:

Estaba en un trabajo donde sólo ganaba por comisiones. Despertaba cada mes con un cero grande y gordo, trabajando de 60 a 80 horas por semana, completamente agotada. Odiaba mi trabajo, odiaba levantarme de la cama. Al aplicar los principios de Dani Johnson, su conjunto de habilidades y las cosas que ella enseña, fuimos capaces de lograr un ingreso de $241.000 en menos de un año.

-Kelly Parker

Antes de conectarme a DaniJohson.com, trabajaba en una industria que tiene un ritmo muy rápido, mucho estrés y mucha presión. Amaba mi trabajo pero me estresé mucho y me agoté tanto con este ambiente tóxico que estaba dispuesta a simplemente irme si las cosas no cambiaban. Luego de asistir a un evento de First Steps (Primeros Pasos) regresé a mi oficina y comencé a aplicar algunas de las habilidades de comunicación que había aprendido.

En los últimos once meses, fui una de los únicos dos empleados en recibir un aumento, fui reconocida por tener relaciones excepcionales con nuestros clientes, recibí un bono a fin de año de $21.000, y me dieron luz verde para mudarme a Texas y abrir una nueva sucursal de nuestra oficina, donde podré elegir y entrenar a mi propio equipo con excelentes habilidades de trabajo.

-Carrie Walters

Desde que escuché los videos gratuitos de Dani, he vendido más de $150.000 en patrocinios de deportes para una universidad local en Utah.

-Kyle James

COMIENZA COMO UN EMPRENDEDOR

CAPÍTULO 6

Comienza en Donde Estás

¿Cómo pasas de no tener casa a ganar millones?

Cuando era indigente, me salí de mi hoyo financiero al convertirme en una emprendedora.

Mientras me sacaba de ese embrollo, aprendí lecciones de éxito que Hans y yo continuamos utilizando hoy en día. Estas son lecciones que sirven para toda la vida y que aplican para todos los emprendedores, sin importar qué tan pequeño o grande sea tu negocio o en qué industria estés.

Te mostraré paso por paso cómo salí de ese hoyo financiero al convertirme en una emprendedora. Aprenderás maneras de incrementar tu riqueza a través de ser un emprendedor.

Después de haberme mudado a Hawaii con mi esposo de ese entonces, compré un programa para bajar de peso porque había subido veinticinco libras después de haberme casado. Respondí un pequeño y sencillo anuncio en la sección de los clasificados del periódico que decía:

¡Se necesitan 100 personas para bajar de peso!

Terminé comprando el producto, sólo días antes de que mi cuenta bancaria, fuese misteriosamente drenada. Había estado viviendo en Waikoloa, un pequeño pueblo alrededor de cuarenta y cinco minutos de la cuidad principal de Kona. Pero de repente estaba sin un hogar y viviendo en mi auto.

Mi esposo soñado había resultado ser un infiel que mentía sobre su pasado y sus finanzas. Después que me dejó, me quedé con tan sólo $2.03 a mi nombre y una deuda de $35.000. Estaba completamente deprimida, con sobrepeso, suicida, e insegura de cómo iba a poder comer. Mi vida financiera era un desastre.

Después de llorar mucho, deduje que tenía que hacer algo. No quería estar sin hogar otra vez. Aunque había conseguido un trabajo como mesera, sabía que me tomaría tres meses el poder pagar un apartamento con esas tarifas y no estaba dispuesta a esperar tanto tiempo. En lugar de eso, tomé la decisión de cambiar mi vida financiera.

Lo Que Está en Frente de Ti

Recuerda que unos cuantos capítulos atrás te hablé sobre el producto para bajar de peso en el asiento trasero que por poco me grita: "¡Véndeme! ¡Véndeme! ¡Véndeme!". La última cosa en el mundo que quería hacer era vender algo. No me gustaban las ventas y no me gustaban los vendedores. No quería tener nada que ver con las personas que incluso representaran el vender algo, especialmente esos que venden de puerta en puerta o a sus amigos. Eso me parecía repulsivo.

¿Recuerdas la Ley del Ascenso? El prosperar en donde estás plantado. Si puedes prosperar en donde estás plantado, serás hecho soberano de mucho más.

Bueno, no lo sabía en el momento, pero eso es lo que estaba aprendiendo. Necesitaba prosperar en donde estaba plantada. ¿Qué es lo que estaba en frente de mí en ese momento? ¡Ese estúpido producto para bajar de peso! No quería venderlo, pero estaba desesperada. Y cuando estás desesperada el ego tiene que marcharse. Así que era seguir en quiebra, con sobrepeso y sin hogar, o empezar.

Duplica el Éxito de Otros

Llamé al número que estaba en la caja del producto para bajar de peso y descubrí lo que se necesitaba para venderlo. Me iba a costar cuatro mil dólares – dinero que no tenía.

Decidí salir y crear un mercado para ese producto. Pensé que primero podía recolectar pedidos de compra y luego mandar el dinero al fabricante para que me mandaran el producto (¡bueno, en realidad tendrían que mandarlo a la licorería porque no tenía una dirección física!).

Utilicé lo que había aprendido el año anterior mientras manejaba mi otro negocio – el negocio que el millonario me robó. Estaba comenzando esta nueva aventura con nada, pero sabía que si seguía el camino correcto podía convertirlo en mucho más.

Escribí a mano un volante usando el anuncio del producto para bajar de peso que yo misma había contestado anteriormente. Deduje que si ese anuncio había funcionado para mí, seguramente iba a funcionar en alguien más.

Construyendo Relaciones

Debido a que no tenía un hogar, no tenía un número de teléfono o un celular. Decidí abrir las Páginas Amarillas en la cabina de teléfono y busqué una compañía de telecomunicaciones que vendía un sistema de correo de voz. Llamé a una en Kona y comencé a utilizar rapport con el joven que contestó el teléfono.

Después de unos cuantos minutos, el joven de la compañía de telecomunicaciones me dijo: "Siento como si te conozco de toda mi vida. ¿Para qué estabas llamando de todas maneras?".

Le dije que estaba llamando para saber el costo de su sistema de correo de voz.

Me preguntó: "¿En dónde estás?".

Le dije: "Waikoloa".

Me dijo: "No manejes hasta acá sólo para darme un cheque". "¿Por qué mejor no mandas un cheque por el correo? Este es tu número de teléfono. Estos son los códigos de acceso. Son quince dólares al mes con un costo de quince dólares de activación, el cual no te lo cobraré a ti".

Puse el volante en la oficina local de correos con el nuevo número de teléfono que había recibido sin necesidad de haber pagado un centavo por adelantado. Era un número de teléfono que había obtenido simplemente utilizando rapport.

En tres horas y media, mi correo de voz estaba lleno.

Utiliza un Guion

Cuando las personas me llamaban en respuesta al volante para bajar de peso, realmente no sabía qué decir. No tenía un guion.

Llamé de regreso a la primera persona y me preguntó: "¿Cuánto cuesta?".

Le contesté: "ciento veinticinco dólares".

Me dijo: "Eso es muy caro" y me colgó.

Me di cuenta que lo que me estaba atando era mi inhabilidad para lograr que alguien dijera que sí. No sabía cómo manejar la objeción "Es muy caro." No sabía cómo arreglar la llamada para que el prospecto dijera: "¡Si, lo quiero y lo quiero ahora!".

Ellos estaban llamando porque querían perder peso y yo tenía un producto que los podía ayudar. Pero en ese entonces no tenía las habilidades para comunicarme con ellos de una manera que creara una ecuación de ganar-ganar para ambos, ellos perderían peso mientras que a mí me pagarían por ayudarlos.

Recordé esa lección de negocios: Encuentra a alguien que tiene lo que deseas y haz lo que ellos hacen. Usé el anuncio de alguien más para guiarme y escribir el mío y funcionó. Ahora necesitaba un modelo para hablar con los prospectos que llamaban preguntando acerca del anuncio y que se convirtieran en clientes.

También sabía que necesitaba un guión para contestar las llamadas de las personas. Los guiones tienen un gran valor al mantenerte enfocado y te ayudan a navegar una conversación exitosa. Así que encontré un centro para dietas exitoso en Kona y los llamé como si estuviera contestando a uno de sus anuncios.

Esto no era nuevo para mí porque había luchado con mi peso por muchos años y había contestado muchos anuncios para bajar de peso. La diferencia esta vez era aprender cómo hablar con la persona que estaba llamando para preguntar por el anuncio, en lugar de ser la persona que está respondiendo al anuncio.

Le dije: "Hola, llamo para saber sobre tu anuncio acerca de perder peso".

La joven me dijo: "¡Genial! ¿Cuál es tu nombre?".

Me hizo una serie de preguntas y luego me dijo un poco acerca del programa, llamándome por mi nombre de vez en cuando. Aprendí mucho de esa llamada – se convirtió en mi modelo.

Vi que la primera cosa que tenía que hacer era hacer preguntas y motivar a los prospectos a hablar sobre ellos. Luego describir el programa usando seguido el nombre del prospecto, y cerrar la venta al enseñar cómo el producto satisface las necesidades del prospecto. Al descubrir lo que estas personas exitosas estaban haciendo fui capaz de crear este modelo para construir mi propio éxito.

Esto sigue siendo cierto hasta el día de hoy. Es cierto sin importar si estás apenas comenzando, como lo estaba yo en aquel entonces, o si ya eres exitoso en los negocios. Encuentra personas que tengan lo que quieres, y haz lo que ellos hacen.

Dales a las Personas lo Que Quieren

Después de haber colgado, llamé a la siguiente persona que me había dejado un mensaje en mi correo de voz y leí el guión que había escrito en una hoja de papel.

Le dije: "Hola, Sally, soy Dani. Te estoy regresando la llamada. Llamaste para saber acerca de un programa para bajar de peso".

Ella me contestó: "Sí, fui yo".

Le dije: "Genial. Necesito hacerte algunas preguntas para saber en qué programa colocarte. ¿Cuánto peso deseas perder?".

Me dijo: "Cincuenta libras".

Le pregunté: "¿Qué tipo de dietas has probado en el pasado?".

Me contestó: "He tratado de reducir calorías, hacer ejercicios, matarme de hambre e incluso vomitar".

Le pregunté: "¿Cómo sientes que funcionaron para ti?".

Me dijo: "No funcionaron para nada. Todavía estoy gorda".

Le contesté: "Está bien Sally. Hemos estado tan ocupados con nuestras promociones que hemos tenido que hacer entrevistas por teléfono para descubrir quién seriamente quiere bajar de peso porque es mucho trabajo de nuestra parte ayudarte a bajar de peso.

Esto está garantizado para funcionar en ti, así que necesitamos clientes que sean absolutamente serios acerca de perder peso. ¿Qué tan segura estás?".

¡Luego procedí a contarle sobre mi programa para bajar de peso y bum! Obtuve mi primer cliente. Luego otro y otro más. Eventualmente, veinticuatro de veinticuatro personas con las que hablé.

Incluso alguien dijo: "¡Lo quiero ahora!" Así es como vendí mi primer producto.

En cuatro días, cuarenta personas dijeron que sí y me dieron cheques por $125 cada uno. Mi ganancia de esto fue $2.00.

No lo sabía en el momento, pero estaba honrando a mis prospectos. ¿Recuerdas la Ley del Honor? Significa honrar todo a tu alrededor, incluyendo a las personas que conoces, desde millonarios hasta trabajadores de supermercados. En el Capítulo 3, te enseñé a honrar a las personas al FORMarlas – preguntándoles por sus familias, ocupación, recreación y mensaje – así como preguntarles por sus FIMN – fuerzas, intereses, metas y necesidades.

Ley # 11 – La Ley de la Decisión

Cuando estaba viendo el producto para bajar de peso en el asiento trasero de mi auto, tuve que tomar una decisión. Así fue como empecé en los negocios. *Decidí* que no quería estar en quiebra ni ser miserable. *Decidí* cambiar mi vida.

Hay un gran poder en la decisión. Todo en la vida se reduce a nuestras decisiones. Cuando finalmente tomas una decisión, todo comienza a tomar su lugar. Piénsalo: cada vez que pones tu corazón en algo, triunfas. Incluso en contra de todo, sales adelante. Esta es la Ley de la Decisión.

La pregunta más común que me hacen es: "Dani, ¿cómo lo hiciste? ¿Cómo pasaste de ser indigente a producir millones?" Mi respuesta es siempre la misma. Decidí nunca volver a estar en la quiebra. Decidí no terminar como aquellos que me criaron.

Decidí no ser la fracasada que todos dijeron que iba a ser. Decidí no seguir siendo la fracasada en la que me había convertido.

Hay algo poderoso que toma lugar en ti cuando llegas al punto de tomar una decisión y te apegas a ella. Es cuando dejamos espacio para las excusas que fracasamos.

Ley #12 – La Ley de la Acción

Cuando tomas una decisión sólida siempre va seguida de una acción, una acción te conlleva al éxito. Esa es la siguiente ley: la Ley de la Acción.

Cuando nos sentamos junto a la indecisión, invitamos a nuestros enemigos – la postergación, el miedo, la incredulidad y a las excusas –, a nuestra vida. Esto es el por qué la acción es tan importante. Cuando inmediatamente sigues tu decisión con acciones, un embudo de favores comienza. Las puertas comienzan a abrirse. Las personas empiezan a ayudarte. El propósito de tu vida se vuelve claro, y la auto motivación se moviliza de adentro hacia afuera. La emoción corre de forma salvaje dentro de ti mientras piensas en las posibilidades que estás a punto de experimentar.

Cuando practicas estas dos leyes, las cosas comienzan a pasar. Esta es otra razón por la cual nuestros clientes obtienen resultados tan rápidos. Ellos activan la Ley de la Decisión seguida por la Ley de la Acción. La Ley de la Acción es no tomar acción cuando es conveniente. No es cuando tienes el dinero o el tiempo. No es esperar que todo sea perfecto, y no es esperar hasta que tengas primero toda la información. ¡La Acción es ahora!

Honra a tus Prospectos

Cuando eres un emprendedor, puedes practicar la Ley del Honor con todos tus clientes potenciales, o prospectos. Los honras mientras los FORMas – haciéndolos hablar acerca de ellos y escuchándolos. Tú investigas y entrevistas.

Cuando los entrevistas, déjalos que revelen sus FIMN - Fortalezas, intereses, metas y necesidades.

Cuando los entrevistas, ellos están haciendo toda el habla mientras tú estás haciendo todas las preguntas. Ellos están revelando lo que más les importa – sus fortalezas, intereses, metas y necesidades - Los guías con sus FIMN; los guías con lo que te dijeron y luego les dices el mensaje. En el caso del producto para bajar de peso, el mensaje era que yo podía ayudarlos a perder las cincuenta libras que querían perder.

Cuando tienes contacto inicial con tus prospectos, hónralos al hacerlos sentirse especiales e importantes. No sólo los abrumes con tu agenda. Las personas están observando la manera en que haces las cosas y decidiendo si quieren o no trabajar contigo. Si honras a las personas, querrán trabajar contigo.

También es importante que no te veas como un vendedor novato que sólo está tras una cosa: el dinero del prospecto. Conviértete en un profesional que está tras una relación de negocios a largo plazo. Los profesionales *"entrevistan"* a sus prospectos; los novatos *"venden"*.

¿Notaste cómo entrevisté a mi prospecto para el producto para bajar de peso? Le dije: "Hemos estado tan ocupados con nuestras promociones que hemos tenido que hacer entrevistas por teléfono para descubrir quién está realmente decidido acerca de perder peso porque es mucho trabajo de nuestra parte ayudarte. Esto está garantizado que funcionará en ti, así que necesitamos clientes que estén absolutamente decididos acerca de perder peso. ¿Qué tan decidida estás?".

Un novato hubiese dicho: "Estoy muy emocionado acerca de nuestro programa para bajar de peso porque tiene vitamina A, y déjame decirte los beneficios de la vitamina A porque sé que cuando oigas estos beneficios, vas a adorar este programa".

¡Diablos! Todos hemos sido atacados por vendedores como ese, al que no podríamos interesarle menos y que sólo quieren nuestro dinero. No seas como ellos.

Lee otra vez el guión que escribí. Ese guion quitaba el enfoque de mi producto y ¿lo ponía en quién? ¡En el prospecto!

Al comienzo del guión haz preguntas: "¿Cuánto peso deseas perder?". "¿Qué tipo de dietas has probado en el pasado?". "¿Cómo sientes que funcionaron para ti?". ¿De quién estoy hablando? Estoy hablando del prospecto.

Controla la Conversación

Mientras crecía y aprendía de mis experiencias, vi cómo personas exitosas controlaban las conversaciones al hacer preguntas en lugar de permitirme hacerles preguntas. Cuando controlas una conversación al hacer preguntas, esas preguntas se vuelven parte de tu guión.

Si fuese un quiropráctico, le diría a cada cliente potencial: "Hay muchas personas que están sufriendo de dolor, sin embargo, no son muy serias acerca de su salud. Solo estoy entrevistando a un par de clientes que sean verdaderamente serios acerca de obtener una buena y sólida salud, para asegurarme que van a hacer todo lo posible conmigo. ¿Qué tan decidido estás sobre componerte la columna y vivir una vida saludable y libre de dolor? Estoy en busca de tu salud a largo plazo. Quiero mejorarte para que no tengamos que vernos muy a menudo".

Eso es cambiarle las cosas al prospecto. Ellos están esperando que les vendas, así que no lo hagas. En su lugar, haz que ellos te busquen. Yo no estaba vendiendo. Estaba entrevistando, y así es como tienes que pensar si estás mercadeando algo. Tienes que entrevistar en lugar de vender. El vender provoca que las personas protejan sus billeteras. El entrevistar provoca que ellos quieran impresionarte y que te digan por qué te necesitan, versus tener que decirles tú por qué te necesitan.

Quieres clientes serios, no personas que demandarán un reembolso después. Quería a personas que fueran a tener éxito con mi producto porque así ellos les contarían a otras personas y me llenarían de referencias. Cuando les das a tus clientes lo que quieren, ellos te dan lo que tú quieres: más negocios.

Si estás mercadeando reproductores y nadie necesita reproductores, puedes lograr que alguien los necesite copiando el discurso que utilicé: "Esto es un reproductor y estos reproductores son importantes pero no permitimos que todos tengan un reproductor porque no todos están calificados para ser nuestros clientes. No aceptamos a cualquiera. Estamos buscando a aquellos que son muy serios y que representarán nuestro producto y servicio de la manera que necesita ser representado. Estamos tras una relación de negocio a largo plazo, y la única manera que esto sucederá es si verdaderamente te beneficias de nuestro reproductor".

Creas un deseo ansioso en las personas de querer tu producto en lugar de venderles el producto. Permíteles que te vendan en lugar de venderles.

Vende los Resultados

Tienes que construir la reputación de tu negocio con resultados, no por hacer que tu nombre suene fantástico o darte un título elegante. Yo no tenía un título, excepto "mujer indigente", "fracasada" y "rechazada", así que dirigí el camino al crear éxito para mis clientes. Mantuve mi enfoque en mis clientes en lugar de promoverme a mí misma.

No les decía a las personas que era la dueña de mi propia compañía. No importaba. Mis resultados comprobaban que sabía lo que estaba haciendo.

Comencé el negocio de la nada. El enfoque estaba en obtener resultados. Me preguntaba: "¿A quién puedo ayudar a perder peso? ¿A quién puedo ayudar a triunfar?".

El éxito de mis clientes propasó los fracasos de mi pasado. Mi éxito estaba simplemente en producir resultados para otras personas y ayudar a mis clientes a estar felices con el producto y felices con el servicio. Ellos estaban felices de haber entrado en contacto conmigo y les dijeron a otros sobre mí.

Tus resultados construyen la reputación de tu negocio. Es por eso que eventualmente salí en televisión, -debido a los resultados- y no porque hubiera conocido a las personas correctas en los lugares adecuados. No era porque había contratado a alguien que llamase a las estaciones de televisión y dijera: "¿Quieres entrevistar a Dani Johnson?".

Sucedió por una clienta que agrandó su negocio después de venir a First Steps to Success "Primeros Pasos Hacia el Éxito". Ella estaba casada con un hombre que era el vicepresidente de una gran organización que produjo un show de televisión.

Ella obtuvo resultados y él notó un cambio enorme en su esposa. Ella le dijo a su marido acerca de los resultados que otras personas también estaban obteniendo. Después de que él comenzó a escuchar los audios y observar los resultados en su carrera, le dijo a su esposa: "Tenemos que entrevistar a esta mujer en nuestro show de televisión".

Si consigues una entrevista de televisión, creas un efecto de bola de nieve. Los productores de televisión ven los programas de televisión de los demás para ver a quién van a entrevistar después. Es por eso que ves a las mismas personas entrevistadas en diferentes shows en un periodo corto.

Debes crear resultados y luego tu reputación se esparcirá. Pídeles a tus clientes que escriban testimonios —esos testimonios también construirán la reputación de tu negocio— Cuéntales las historias de tus clientes a tus prospectos y observa el fuego que crearás con el público.

Los Emprendedores no Nacen

Como sabrás ahora, nadie en mi familia fue un emprendedor. Cuando tenía diecinueve años, fui invitada a una reunión para entrar a un negocio de algún tipo. Dije: "¡De ninguna manera! No es para mí".

Estoy muy contenta de haber dicho que sí eventualmente, me alegra no haber renunciado. Y soy como cualquier otra persona promedio allá afuera.

Me sorprende que puedas pasar de ser alguien que no tiene una posibilidad, que no tiene las conexiones, que no tiene lo necesario y que no tiene la habilidad de su pasado, a ser alguien que brillará en esa dirección.

Te voy a enseñar lo que se necesita para ser un emprendedor, a cómo generar ventas y cómo construir un negocio más rentable.

Si ya tienes un negocio, quiero que busques cómo esto se aplica a ti. No leas este libro buscando tu manera de pensar o tu manera de hacer las cosas. Estás buscando nuevas maneras de hacer negocios. Después de todo, algunas de las terminologías que uso en este capítulo vienen de un negocio que no tiene relación con el negocio que puedas tener u operar.

En su lugar, mientras lees mis ideas pregúntate: *¿Cómo puedo usar esa idea? ¿Cómo puedo utilizar esa estrategia? ¿Cómo puedo usar esa terminología con lo que hago?*

Empieza en Donde Estás

¿Cómo una persona se vuelve un emprendedor exitoso?

Para mí, no fue porque encontré el negocio adecuado. No fue porque yo era la persona correcta. Puedes comenzar simplemente con un deseo de hacer algo diferente, de ser alguien diferente a los ejemplos que has visto a tu alrededor. También deberías saber para lo que eres bueno. Yo era buena para fallar.

Muchas personas piensan: *Si tan solo encontrase el negocio adecuado, entonces sería exitosa.* No tienes que encontrar el negocio "correcto". Sólo encuentra algo que las personas quieran. Yo no tenía talento, lo único que podía hacer era jugar baloncesto. No era un conferencista innato. Mi primera vez dando una conferencia, me dijeron con cinco minutos de anticipación que tenía que hacer la demostración de un producto en frente de veinticinco personas. Me dio urticaria en todos lados y estaba sudando como loca. Tenía grandes marcas moradas en mis piernas y grandes marcas de sudor en mis axilas. Fue un desastre.

Cuando terminé, recuerdo haberme dicho a mí misma: *¡no volveré a hacer esto nunca! ¡Esto apesta!* Había hecho una presentación de diez minutos en cinco, había hecho mal todos los números, había hecho mal todas las estadísticas –todo estaba mal.

Existe la filosofía de encontrar algo que está dentro de ti, lo que te gustaría hacer. Si hubiese seguido esa línea de pensamiento, todavía sería indigente. ¿Me gustaban las ventas? Claro que no. ¿Era buena en ello? No. ¿Era uno de mis talentos naturales? ¡Oh, por Dios, no! ¿Cuáles eran mis talentos innatos? ¡No tenía ninguno! Era buena jugadora de baloncesto. Eso era todo. ¿Para qué podía utilizar eso?

La verdad es que eventualmente descifré que lo que había aprendido en el baloncesto podía ser utilizado en los negocios, como formular un equipo ganador y como todos son importantes en el equipo, sin "el equipo", no ganas. Aprendí todo esto del baloncesto, y eso nos ha hecho una fortuna. Sin embargo muchos niños practican deportes y nunca se vuelven exitosos en nada.

No tienes que amar lo que haces. Comienza en donde estás. Por ejemplo, tengo una clienta y ahora amiga quien ha estado en la cárcel. Cuando la conocí, ella era una madre soltera de tres niños con un deseo de tener su propio negocio.

Dina ahora es dueña de un negocio en donde transporta vehículos que las personas compran en línea. Ella posee el segundo negocio de transporte más exitoso en el país por ocho años seguidos. ¿Le gusta a Dina trasportar carros? No. No tienes que amarlo. ¿Ha encontrado maneras de hacerlo más llevadero? Sí.

Dina aplicó FORM y todas las habilidades interpersonales que aprendió en nuestro entrenamiento de First Steps to Success, "Primeros Pasos Hacia El Éxito" en 1996, a su negocio de carros; y a la manera como ella atendía a sus clientes. Ella siempre está lidiando con personas enfadadas que están preguntando: "¿Dónde está mi carro?". Ella a menudo tiene que escuchar: "El camión se dañó". Ella tiene que ser la que lidia con esos clientes. Pero la competencia no realiza tan buen trabajo para conocer a sus clientes y desarmar esas conversaciones negativas. Dina pasó de ganar quince dólares la hora cuando la conocí por primera vez, a tener un ingreso de seis cifras, trabajando en el negocio de transporte.

Haz algo que te genere una ganancia. O encuentra una idea rentable de alguien más y haz eso. Por ejemplo, las amas de llaves abundan. ¿Qué podrías agregar para hacer que tu servicio sea un poco diferente a los otros servicios en tu zona?

Una de mis clientas es una ex miembro de pandilla que ahora dirige un negocio de limpieza el cual es esencialmente un servicio de ama de llaves en esteroides. Ella les dice a sus clientes: "¿Tus canales necesitan ser limpiados? Nos haremos cargo de eso". "¿Tu garaje necesita ser organizado? Nosotros haremos eso".

"¿Necesitas que tu ropa sea llevada a la lavandería? Nosotros haremos eso". Cual sea la necesidad del cliente, ella y sus empleados se encargan de solucionarlo, ¡incluso cocinar la cena! Su negocio ha sido muy exitoso por doce años seguidos.

Educabilidad Como un Emprendedor

Muchas personas tienen abundancia de confianza y por lo tanto, con eso es con lo que empiezan. Estoy muy orgullosa de no haber comenzado con eso. Estoy muy orgullosa de haber sido una fracasada. Estoy muy orgullosa de haber sido una rechazada y una "don nadie". Porque creo que hubiese tenido más dificultades si hubiese sido cualquier otra cosa. El saber que fui una fracasada y el saber que tuve una trayectoria de fracasos me colocó en una posición para ser educable.

La educabilidad es una clave para el éxito duradero como un emprende-dor. Compartí contigo la Ley de la Educabilidad en el Capítulo 2. Significa estar lo suficientemente hambriento para perseguir el éxito, estar dispuesto a aprender de maestros y poner aparte tu ego para alcanzar tu éxito.

Algunas personas van y vienen de ser educables. La mayoría de las personas empiezan siendo ineducables. Dicen: "Ya lo tengo todo resuelto". Pero se requiere del fracaso para atraer a las personas a una posición de ser educables. Y usualmente ellas solo se mantienen educa-bles hasta que tienen un poco de éxito.

Una vez que obtienen un poco de éxito, piensan que lo descifraron todo, hasta que vuelven a fracasar. Así que van en esta montaña rusa y algunos nunca bajan de ella para ser educables. El mantenerte educable es sumamente importante para que continúes evaluándote y mantenién-dote en el camino correcto.

El ser ineducable te lleva a cometer grandes errores, a mayor estrés y menos dinero. Cuando chocas contra una pared en tu camino –nota que digo "Cuando" y no "Si"– recuerda pedir ayuda a consejeros de confianza. Entre más educable seas y entre más pidas ayuda, más rápido quitarás esa pared de tu camino.

Cambia Tu Ambiente

Cuando comienzas en los negocios, es muy importante cambiar tu ambiente. Rodéate de personas de mentalidad exitosa, quienes te ayuda-rán a crecer y apoyarán tus sueños. Eso puede pautar toda la diferencia entre la pobreza y la riqueza.

¿Recuerdas cuando te conté sobre mi primera introducción a los negocios, qué tan diferente hablaban los millonarios y sobre qué habla-ban? Bueno, tuve la oportunidad de cambiar mi ambiente cuando tenía veinte años y trabajaba cerca de estas personas de mentalidad exitosa. Sé más allá de cualquier duda que hubiese sido otra víctima de las finanzas si no hubiese cambiado mi entorno.

Me rodee de otras personas motivadas de mentalidad exitosa. Eso hizo la diferencia, un impacto masivo. El ambiente lo es todo. He visto a las personas triunfar porque ellos se colocan en el ambiente adecuado. También he observado a las personas fracasar debido a que continúan manteniéndose con los del 98 por ciento. El punto es que estás influenciado por tu ambiente. Las aves del mismo plumaje vuelan juntas, ¿con quién vuelas: pollos o águilas?

Responsabilidad Financiera

El espíritu empresarial son las personas y las finanzas. El entrenamiento de War on Debt (Guerra a la Deuda) e Influencia Magnética te preparan para esto. Como manejas tu hogar es como manejarás tu compañía.

Tuve esta conversación con alguien cuya compañía la había enviado al entrenamiento de First Steps to Success "Primeros Pasos Hacia El Éxito" por dos años seguidos. La vicepresidente de una compañía de telecomunicaciones, quiere convertirse en una emprendedora algún día, su compañía envió a todos los empleados a "Primeros Pasos Hacia el Éxito" y reportaron que su vida entera cambió. La producción de la compañía subió hasta los cielos, mi seminario salvó la compañía.

Cuando ella me preguntó si yo pensaba que ella debería empezar una compañía, le pregunté:

–"¿Pueden tú y tu esposo mantenerse con un sólo ingreso?".

Ella contestó:

–"Bueno, tú sabes, no viviríamos igual". "La situación estaría apretada".

Le pregunté:

–"¿Cuáles son tus gastos mensuales?".

Me respondió:

–"Cerca de ocho mil dólares al mes".

Pregunté:

–"¿Cuántos hijos tienes?".

Contesta:

–"Sólo dos".

Le dije:

–"No estás en la posición de empezar un negocio". "¿Tienes dos hijos y estás gastando ocho mil dólares al mes? Obviamente no aprendiste el mensaje de Guerra a la Deuda, hace dos años cuando viniste por primera vez". (Me mata de la risa cómo muchas personas piensan que están exentos del mensaje, especialmente aquellos que hacen mucho dinero). "Te voy a decir algo ahora mismo: si abres una compañía con tus hábitos financieros actuales, vas a fracasar".

Continué diciendo:

−"La presión financiera no es una gran manera de empezar un negocio para la mayoría de las personas. Algunos de nosotros podemos hacerlo. A veces es la presión financiera y la presión de todos lados la que te vuelve lo suficientemente desesperado para librarte de tu ego y hacer lo que sea necesario para poder hacer dinero. Pero si estás gastando ocho mil dólares al mes, todavía no estás en esa posición, porque empezarás una compañía y gastarás de la misma manera en que lo haces ahora".

Es importante entender cómo funciona el dinero. Realmente tienes que poner en una balanza a tu ego y a tu cuenta bancaria. ¿Quieres que esta nueva idea de negocio fracase o quieres que tenga éxito? ¿Quieres que esto sea otra prueba o quieres realmente hacerla funcionar?

Como manejas tu hogar y como manejas tu vida es como manejarás tu compañía.

Forzada a Empezar un Negocio

Podrías ser forzado a comenzar un negocio. Tal vez te despidieron y no has tenido un trabajo en dos años. Quizás tu trabajo nunca regresará. Tal vez tenías una condición médica y no puedes trabajar. Tal vez tenías que cuidar a tus hijos en casa.

Es por eso que quieres invertir continuamente en tus habilidades, incluso si tienes un trabajo ahora. Nunca sabes cuándo podrías tener que lanzar un nuevo negocio.

En el 2000 fui diagnosticada con una condición fatal del corazón y fui forzada a retirarme. No podía trabajar y no podía viajar. No tenía la manera de volver a hacer dinero.

Cuando nos dimos cuenta que no podía volver a trabajar ambos descubrimos que habíamos estado en una rutina por mucho tiempo. Estábamos haciendo la misma cosa que siempre habíamos hecho, y ganando mucho dinero haciéndola, pero no sabíamos cómo hacer algo más.

Hans comenzó a leer libros de programación y diseño de la Web. Se enseñó a sí mismo acerca de la Internet hasta que comenzamos a ganar dinero otra vez por Internet. Mi primo, quien era un hacker, enseñó a Hans sobre la Internet y páginas Web, y ellos comenzaron un PSI – proveedor de servicios de Internet.

Comenzó con una inversión que el mismo Hans hizo. El invertir en nosotros mismos para aprender siempre ha sido nuestro plan B. Nosotros pagamos dinero a otras personas para poder dominar una nueva habilidad y obtener ganancia de ella.

Me mantuve retirada por cuatro años, durante ese tiempo fui misteriosa y completamente curada de mi condición del corazón. Mientras tanto Hans aprendió sobre la Internet a través de prueba y error. Estudió mucho por su cuenta y aprendió de los demás. En ese tiempo, él no tenía idea de qué haría con ello; lo único que sabía era que quería generar un ingreso adicional de seis cifras, haciendo algo completamente diferente a cualquier cosa que habíamos hecho antes. A Hans no le importaba si le gustaba o no, él iba a ganar dinero con ello. Simplemente esa es su mentalidad.

Después, unimos sus habilidades en línea con mis habilidades y creamos DaniJohnson.com. Así es como empezó nuestro negocio en línea.

Si no hubiésemos sido forzados a cambiar nuestros estilos de vida, a invertir en nosotros mismo y a aprender nuevas habilidades, nunca hubiésemos construido la compañía que tenemos hoy en día. Si eres forzado a comenzar un negocio, podría convertirse en una bendición disfrazada. Podría volverse un nuevo camino hacia la riqueza.

Empieza con Ayuda Mutua

Cuando empiezas un negocio, estás brindando tu tiempo de forma voluntaria. Estás reinvirtiendo, obteniendo las habilidades en esa área, y luego estas invirtiendo en las personas. Eso es parte de saber para lo que eres bueno y llenar los espacios vacíos con las fortalezas de otras personas.

Cuando trabajas en tu propio negocio es fácil hacerlo rentable. Tienes muy pocos gastos y no tienes que asumir una gran deuda para comenzar. Es tu tiempo cuando eres voluntario en tu negocio. Entonces ¿Qué tienes que hacer con el dinero que ganas? Reinviértelo en personas que puedan ayudarte. Siempre son las personas quienes ayudan a construir un negocio exitoso.

Mi primer negocio no me costó mucho dinero. Lo empecé desde el maletero de mi auto. Era literalmente una explotación laboral, sin garantías de ser remunerada. Ni siquiera tenía dinero para conseguir un inventario, una oficina o una línea telefónica.

Cada compañía que Hans y yo hemos empezado comenzó de la nada. Nunca hemos tenido inversionistas. Cada uno de nuestros negocios ha dado a luz a otros negocios. Incluso el primero que fracasó ayudó a nacer al segundo negocio. ¿Y el PSI que él comenzó con mi primo? Nunca produjo dinero. Pero Hans aprendió sobre programación, a crear sitios web y bases de datos de eso, lo cual llevamos al negocio de DaniJohnson. com. Tomamos parte de lo que aprendemos de un negocio y lo invertimos para empezar una nueva compañía.

Cuando empezamos DaniJohnson.com, teníamos varias cosas que nos eran rentables, aparte de la página. Debido a que siempre empezamos negocios con el sudor de nuestro trabajo, la mejor inversión que siempre hemos hecho en cualquier compañía han sido nuestras habilidades. Empezamos sólo conmigo dando las charlas y con Hans creando la página Web. Hicimos ambas cosas de forma gratuita. Yo realicé llamadas de entrenamiento y realicé charlas de forma gratuita.

No contratamos a alguien para crear la página Web. Hans la creo por sí solo. Por lo tanto no nos costó nada. Pero una vez que las ganancias comenzaron a entrar, la primera inversión que hicimos fue contratar a alguien para que nos ayudase. Eso nos ayudó a concentrarnos en construir nuestro negocio mientras alguien más estaba manejando los detalles de cada día.

Mientras hacíamos crecer el negocio, yo hacía todo el entrenamiento, las charlas y el desarrollo de la gente. Hans trabajaba por otro lado, tomando el conocimiento de lo que fallaba en otros negocios y usándolo en un modelo técnico que era muy diferente de un PSI, y lo hizo crecer.

Trabajamos gratuitamente para DaniJohnson.com, sin pagarnos por un año y medio. Primero pagábamos a nuestros empleados antes de pagarnos. Nuestro enfoque número uno era encontrar a quién podíamos ayudar a triunfar y el tipo de resultados que podíamos ayudarlo a producir. Ese es el mismo modelo de negocio y plan de mercadeo que comencé hace veinte años y todavía funciona.

Hoy en día tenemos clientes de todas partes del mundo, en cualquier zona horaria y casi en cada nación. En cualquier momento dado en un periodo de veinticuatro horas, alguien visita nuestra página Web. Cuando el exitoso programa de televisión de ABC "Secret Millionaire" "Millonario Encubierto" me mostró como la millonaria el 6 de Marzo del 2011, fuimos el término de búsqueda número uno en Google por más de ocho horas. Esa misma página Web manejó más de doscientas mil acciones en un periodo de dos horas. Desde el 2003 ese negocio ha generado un ingreso incluso mientras dormimos.

Mercadea la Idea de Alguien Más

Las personas hacen negocios de dos maneras: ellos crean sus propios productos y servicios o mercadean los productos y servicios de alguien más. El salir con tu propia idea y tu propio camino es mucho más desafiante.

A veces tienes que servir la visión de alguien más hasta que tengas la tuya. Cuando empecé como una emprendedora, no tenía una visión. Estaba muy en la quiebra para prestar atención. No sabía cómo salir con una idea, así que encontré la de alguien más. Si no tienes una idea para un producto o servicio, mercadea el producto o servicio de alguien más.

La mayoría de las personas que están en los negocios probablemente ya están mercadeando la idea de alguien más. Por ejemplo, si eres un quiropráctico, estás mercadeando la idea de alguien más. Lo bueno acerca de mercadear la idea de alguien más es que ellos probablemente ya tienen una manera de ser mercadeados. Todo lo que haces es mercadear algo que alguien más ya está mercadeando. Eso es mucho más sencillo y puede llevarte a un beneficio mucho más rápido.

Enfócate en los Resultados

Un emprendedor no piensa en términos de una economía "por hora", sino, más bien en una economía "orientada a los resultados". Sería grandioso que los empleados metieran eso en sus cabezas porque las personas pueden llenar horas con cosas improductivas. Los empleados que obtienen resultados en el trabajo son los que tienen las mayores posibilidades de ganar un ascenso en el trabajo. Si produces resultados, elevas tu valor, lo cual significa que aumentas tu paga.

Los emprendedores exitosos tienen una mentalidad de "sin excusas". Tiene que haber una solución, tiene que haber una manera. Ya sea que busques debajo o alrededor, un emprendedor no es fácilmente confundido.

Los emprendedores usualmente piensan en términos de qué es lo que se puede hacer versus lo que no se puede.

Todo el mundo tropieza y no todos son perfectos. Pero los emprendedores generalmente no se dan por vencidos sin importar qué tan mala sea la situación. Algunos emprendedores, dependiendo en dónde estén en su viaje, pueden encontrarse en una rutina. Sus finanzas están en un abismo y todo está simplemente atascado. Cuando eso ocurre hay una gran posibilidad de que no hayan sido excelentes en algunas áreas y necesitan una patada en el trasero.

Los emprendedores están obviamente motivados. Y el impulso no es necesariamente sólo el deseo, la visión, la esperanza o "algún día lo lograré". El impulso es realmente hacerlo y realizarlo ahora. Los emprendedores tienen una fuerte iniciativa. El impulso no necesita ser motivado o que le sea dicho qué hacer. Y el impulso no está esperando por lo que es conveniente.

La Mentalidad del Emprendedor Exitoso

- Los Emprendedores…

- No esperan el cambio, lo traen.

- No esperan que alguien más resuelva sus problemas, ellos los resuelven.

- No tienen miedo a los problemas.

- Viven en una economía orientada a los resultados. No piensan en términos de cuánto les están pagando por la hora.

- Tienen una mentalidad sin excusas.

- No tienen una mentalidad de "no es mi trabajo".

- No se pueden permitir no traer excelencia y diligencia a la mesa.

- Tienen que traer integridad a la mesa –hacer un esfuerzo adicional–. Ellos preguntan: ¿Qué *puedo hacer para volver este trato tan bueno para este cliente, que le sea irresistible trabajar conmigo?*

- Siempre piensan el panorama completo y son auto motivados. No tienes que decirles que se levanten por las mañanas o que empiecen un proyecto.

- No se quedan sentados, con miedo de llamar a alguien.

- No les da miedo ensuciarse las manos.

- Saben todas las facetas de sus negocios. Lo han hecho ellos mismos y han entrenado a alguien más para que lo haga también. Ellos establecen respeto de sus empleados, porque sus empleados los siguen viendo ensuciándose las manos.

- Piensan en términos de qué más se puede hacer.

- Están motivados.

Haz Más Dinero

Una vez que empieces como un emprendedor, querrás hacer dinero en tu negocio. Querrás incrementar las ventas.

En este libro, hasta el momento, te he enseñado cómo hacer más dinero a través de la Influencia Magnética, de la mercadotecnia de relaciones, de prosperar en tu trabajo, y a empezar como un emprendedor.

En el siguiente capítulo te enseñaré tres sencillas maneras de hacer más dinero. Este es el camino a mayores ganancias para tu negocio, ya sea que estés trabajando en el negocio de alguien más o en el tuyo.

LO QUE DICEN NUESTROS CLIENTES

*¿Funcionará esto para ti? He aquí lo que dicen algunos
de nuestros clientes:*

Tenía 19 años, era estudiante de la universidad a tiempo completo, trabajaba medio tiempo como mesera, ganando $8.000 al año y hundiéndome más y más en deudas. Poseía absolutamente ninguna habilidad de cómo manejar un negocio profesionalmente, así que me conecté a Dani Johnson y asistí al seminario de First Steps to Success (Primeros Pasos Hacia el Éxito). ¡Usando las habilidades que Dani me ha enseñado, fui capaz de comenzar un negocio y ganar $9.000 en una semana!

-Keri Skarine

Empecé mi propia compañía de consultorías en septiembre de este año. Obtuve mi primer gran contrato con una reconocida universidad. Me pagaron $54.000 (ese es un cheque muy grande) por seis meses para ayudarlos a recrear su programa entero de entrenamiento de admisión y para ayudar a incrementar las admisiones en un 20 por ciento. Utilizando las habilidades de la Metodología del Núcleo Rapport de Dani y mi previa experiencia en la industria de la alta educación, fui capaz de asegurar ese trabajo. Nunca tuve esa cantidad de dinero en las manos de una sola vez anteriormente. Gracias a Primeros Pasos Hacia el Éxito de Dani y a los eventos de Creating a Dynasty (Creando una Dinastía), pasé de ganar $27.000 por año, hace tres años, a ganar $124.000 en el 2010.

-Shaundi Goins

Estaba trabajando de 80 a 90 horas por semana. Estaba agotada y estresada; no tenía suficiente dinero para cubrir mis gastos mensuales y estaba cayendo en deudas y luchando, como una estudiante de leyes soltera. El entrenamiento de Dani por los últimos dos años me ha ayudado a generar un ingreso de seis cifras. Fui capaz de dejar atrás mi carrera de leyes y mi carrera corporativa. Su entrenamiento avanzado sobre personalidades me ayudó a encontrar un esposo y estamos esperando a nuestro primer hijo. Él y yo también hemos pagado más de $60.000 en deudas en los últimos 17 meses. Ya no tengo que responderle a un jefe corporativo. Seré capaz de preparar a mi bebé para el éxito al quedarme en casa, en lugar de que alguien más cuide de él o ella. ¡Sé que estamos a un paso acelerado hacia el éxito y de estar libres de deudas financieras!

-Tara Hayes-Johnson

EL CAMINO A MAYORES GANANCIAS

CAPÍTULO

7

Tres Pasos Sencillos

¿Has pensado en lo que se necesita para salir en una cita? o ¿convencer a alguien para que se case contigo? Estarás sorprendido, pero es un proceso similar al convencer a un cliente prospecto de comprar tu producto.

Incluso, si no eres un emprendedor, siempre estás vendiendo algo. Le estás vendiendo –a tus hijos, a tu pareja, a tu jefe, a tus colegas, a tus empleados, a tus clientes –lo que sea que pueda beneficiarlos a ambos.

Aunque no seas un emprendedor, el camino que te enseño en este capítulo te ayudará a triunfar en todas las áreas de tu vida. Todo vendedor utiliza este camino para crear ganancias. Conferencistas, escritores, músicos y actores lo utilizan. De hecho, cualquiera en cualquier profesión puede beneficiarse de este camino para crear más ganancias.

Si quieres ser exitoso, tienes que aprender a pensar más allá de tu pequeño círculo. Cuando comiences a aprender en este capítulo acerca del camino para mejorar las ganancias, piensa más allá de tu propio conjunto de circunstancias. No leas este concepto diciéndote: *Bueno, esto no se aplica para mí.*

Quiero que veas cómo se aplica para ti porque, cómo te he dicho anteriormente en este libro, algunas de las mayores revelaciones en innovación ocurrieron cuando dos industrias no relacionadas o personas se unieron. Te enseñaré tres maneras claves para hacer crecer tu negocio que te pondrán en el camino para obtener mayores ganancias.

En nuestros talleres, profundizamos mucho más en los detalles acerca de cada principio, con procesos paso a paso. Pero el leerlo aquí por lo menos te dará el mapa para más ingresos.

Estas habilidades han ayudado a nuestros negocios a convertirse en empresas multi-millonarias. Esta es la base que hemos usado en cada negocio que hemos tenido. Estas habilidades te ayudarán a agrandar tu negocio y a mejorar todas las áreas de tu vida también.

Ya aprendiste los secretos para tener Influencia Magnética en el Capítulo 3. Lo excelente sobre la Influencia Magnética es que puedes convertirlo en un proceso de ventas para cada área de tu vida. Puedes utilizar este proceso en una cita o en una reunión de ventas.

Este proceso es el camino hacia mayores ganancias. Tiene tres pasos sencillos: incrementa la exposición, incrementa la conversión, incrementa la escalabilidad. *Exposición* significa hablarles a las personas sobre tu producto, servicio o lo que sea que tengas para ofrecer. *Conversión* significa que ellos pasan de ser prospectos a ser clientes porque tomarán ventaja de lo que estabas ofreciendo. Y la *escalabilidad* te da la oportunidad de expandir tus relaciones y negocios para llegar a más personas.

En este camino para beneficiarte, utilizas la Influencia Magnética en cada paso del camino. Entre más expreses que estás buscando un trabajo o cierta oportunidad, mejores serán las posibilidades de que lo obtengas. Luego usas los principios de la Influencia Magnética para presentar quién eres o qué es lo que tienes para ofrecer. Mantén el enfoque en la persona que está escuchando. Presenta tu idea de la manera que más le interese a tu audiencia. Después dale a esa persona la oportunidad de tomar una decisión que sea mutuamente beneficiosa. Finalmente, busca formas de expandir tus relaciones.

Digamos que estás buscando tener citas. Primero, para encontrar una cita, tienes que exponerte. Tienes que hacer saber a aquellos a tu alrededor que estás interesado en encontrar una cita. Luego tienes que presentarte. Tienes que hacerle saber a la persona en la que estés interesado – el prospecto – quién eres.

Finalmente, cierras el trato preguntando: "¿Oye, te gustaría ir a cenar?".

Puedes utilizar este mismo camino para beneficiarte en los negocios, ya seas un empleado tratando de obtener un trabajo o un empresario vendiendo una idea.

Tres Maneras de Hacer Crecer tu Negocio

1. INCREMENTA LA EXPOSICION

Tienes que exponer tu producto, servicio, ideas o a ti mismo –sea lo que estés mercadeando– Cuando se trata de exponer tu oferta tienes que pensar fuera de lo normal.

Casi no hay límites en las diferentes formas de hacer llegar tu oferta a otras personas que necesitan verla y oírla. Todos hemos presenciado una multitud de publicidad, ya sea publicidad en televisión, radio, periódicos, revistas o en el internet. También hemos sido expuestos a una oferta al hablar con personas, leyendo volantes o viendo publicidad en vehículos.

La exposición también puede pasar a través de la publicidad en tu cuerpo. Los agentes de bienes raíces utilizan pines que dicen: "agente de bienes raíces" junto a su nombre. Ellos no usan los pines para recordarse a ellos mismos que son agentes de bienes raíces. Los usan para publicar que son agentes de bienes raíces.

Cuando estaba en el negocio de pérdida de peso, usaba un gafete que decía: "Pierde peso ahora, pregúntame ahora". Y otro gafete con un pequeño espacio en donde podía cambiar la cantidad de cuánto peso había perdido: "Perdí 35 libras, pregúntame cómo".

Así que las personas me preguntaban acerca de mis gafetes.

Si no hubiese estado utilizando mi gafete, no me hubiesen preguntado nada. Estaba vistiendo un pedazo de publicidad. Toda mi ropa casual siempre tenía algún tipo de publicidad mientras estaba construyendo ese negocio. Estaba dispuesta a utilizar camisetas y gorras y cargar bolsas para promover mi negocio. Todo lo que vestía era diseñado para que las personas me preguntaran por mi producto.

Si no te gusta comenzar una conversación sobre tu producto, puedes vestir un tipo de publicidad que provoque que alguien más empiece la conversación. Después de eso, puedes usar la Influencia Magnética para FORMar al individuo. La lista de maneras y lugares para exponer u ofrecer tu marca en estos días es casi interminable.

Si cultivas la relación apropiadamente, la exposición te traerá una clientela entera. Nunca veas a un individuo como una sola persona. Según científicos sociales, esa única persona tiene por lo menos dos mil personas detrás de él o ella a quienes puedes acceder si cultivas la relación apropiadamente.

Libre Exposición

Quiero compartir contigo la forma de exposición más barata. Es también la manera más menospreciada de la exposición. Esta forma de exposición te ayudará a construir tu negocio, a conocer nuevos clientes y a reclutar personal para tu compañía. Esta exposición es tu lista personal de recursos y la lista de recursos de las personas con quien trabajas.

Digamos que estás abriendo un restaurante. Obtuviste un préstamo de negocios para invertir en tu restaurante. El préstamo paga por todo lo que necesitas para comenzar, equipo, mesas, manteles, cubiertos, menús y rótulos. Paga por toda la comida inicial así como los uniformes para tu personal. Pero, para cuando llegas a inaugurar, habrás gastado todo tu dinero en equipo y en personal y no te sobrará dinero para publicidad.

¿Qué vas a hacer? ¿Cómo les harás saber a las personas que tu restaurante existe? La mayoría de las personas piensa: *bueno, espero que de alguna manera las personas se den cuenta.* No, no van a encontrar tu restaurante. Tal vez algunas personas puedan pasar por el frente, pero la verdad es que te irás a la quiebra si no encuentras una manera para atraer a las personas a la puerta principal, que van a aprovechar la buena comida que tienes para ofrecer.

¿Cómo le harás saber al público si no tienes dinero para publicidad? ¿Cómo le haces saber al público que abriste este restaurante? La mayoría de las personas eventualmente descubren la solución. Y la solución es hablar con todas las personas que conozcas y hacerles saber sobre tu restaurante. Bueno, por supuesto que lo harás. ¡Y si levantas el teléfono y llamas a todo el mundo –familia, familia política, ex compañeros de trabajo, antiguas amistades del colegio, miembros de la iglesia, viejos jefes, al fontanero, al doctor y al dentista de la familia; mecánicos, estilistas, manicuristas, amigos, conocidos de la escuela de tus hijos, maestros, a todo el mundo– haciéndoles saber que inauguraste este restaurante! ¿Es posible que alguien no venga y no coma tu comida? –Sí, es posible. ¿Te darás por vencido? –No.

¿Es posible que alguien venga y nunca regrese? Sí. ¿Es posible que alguien venga, coma y que nunca le diga a alguien acerca de tu restaurante? Sí. ¿Te darás por vencido por eso? No.

¿Es posible que alguien venga, coma y le hable a otras personas sobre el restaurante? Sí. Y ese es el tipo de personas que estás buscando. Realmente estás en busca de cualquiera de esas ecuaciones. Así que de alguna manera les harás saber a las personas que el restaurante existe. Algunos vendrán y comerán. Algunos se lo dirán a otros.

Existe una enorme cantidad de negocios fallidos debido a que las personas no utilizan su propia lista de recursos, para promover sus productos o bienes y servicios que ofrecen; tampoco lo ofrecen al público en general. Si utilizas esta forma de publicidad gratuita, verás que llegará el momento en donde tendrás un número inmenso de personas viniendo a tu negocio.

Enumera tus Recursos

Las personas se quejan de no tener suficiente dinero para promover sus negocios. Las personas se quejan que la publicidad es muy cara. Lo que es muy interesante sobre esto es que no están viendo lo que es obvio, lo cual son las maneras gratuitas de promover sus bienes y servicios. Sin embargo, lo que es obvio y gratuito parece ser el último recurso para muchos.

Si no tienes el dinero para promocionar de manera efectiva, entonces usa la forma más poderosa de la publicidad que existe: publicidad de boca a boca. Y si tienes el dinero para publicidad, igualmente implementa esta estrategia y observa tu negocio explotar. Como digo, la manera de exposición más comúnmente despreciada es tu lista personal de recursos.

He aquí lo que tienes que hacer: Escribe una lista de cada persona con la que has tratado. Contacta a esas personas, primero utiliza FORM para construir un núcleo rapport y luego hazles saber acerca del negocio que estás ofreciendo. Sólo esta lista podría conseguirte una tremenda clientela si sabes manejarla de la forma correcta. Piensa en ello – ¿qué pasaría si cada persona en esta lista conoce a dos mil personas que no conoces?– Esto es muy poderoso.

He visto esta técnica producirles a mis clientes millones de dólares. También he visto a personas usar esta técnica solo para terminar con nada. Todo depende en cómo utilices la lista. En mis series de CD *Unlimited Success* (Éxito Ilimitado), entro en gran detalle de cómo usar una lista y cultivar un éxito masivo de referencias, sin ser visto como un principiante. Otra idea para esta técnica es estar añadiendo a la lista constantemente. Tienes la oportunidad de conocer a personas cada día – a menos que seas un cavernícola, por supuesto–. Seriamente, colócate en situaciones en donde puedas conocer a otras personas. Nunca sabes quién, entre las personas que estás conociendo, tiene conexiones más allá de ellos.

Así que quieres construir relaciones con todo el mundo, en todos lados, todo el tiempo – incluyendo la joven del supermercado – porque te encuentras en campaña por la reputación de tu negocio. Con el acercamiento profesional correcto, esto puede llevarte a conseguir una base de clientes de cientos de miles, como lo ha hecho para Hans y para mí.

La mayoría de nuestro personal ha venido de nuestra lista personal de recursos, referidos provenientes de los recursos de alguien más o alguien que conocimos a lo largo del camino. Hasta el momento, nunca hemos puesto un anuncio para contratar personal.

Hemos construido un equipo internacional dinámico sin gastar un centavo en publicidad.

Convierte a tus Empleados en Publicidad Gratuita

Es importante tener una buena relación con las personas que trabajan contigo porque ellos están esparciendo buenas o malas noticias acerca de tu compañía. Esa es otra oportunidad para conseguir nuevos negocios – tus empleados podrían estar atrayendo nuevos negocios para ti durante su tiempo libre.

Digamos que tu empleado José ve a su vecino en el supermercado y comienza a hablar con él. Quizás tal conversación se asemeja a esta:

Vecino:

—"Oye, ¿cómo está tu trabajo?".

José:

—"Oh, apesta".

Vecino:

—"Bueno, ¿para qué compañía trabajas?".

José:

—"Trabajo para la compañía XYZ. Odio lo que hago y odio a mi jefe".

José simplemente esparció al público en general una mala publicidad acerca de tu organización. Perdiste una oportunidad para exponer tu negocio a todos los que él conoce. Es por esto que es importante crear un ambiente armonioso con las personas que trabajan para tu compañía. No los llames tu personal o tus empleados, ellos son parte de tu "equipo". Hazlos sentir valorados y apreciados para que ellos piensen como dueños de tu negocio y hablen positivamente al público sobre tu negocio.

Regalías Estratégicas

Si vas a dar algo de manera gratuita, hazlo de forma estratégica. ¿Alguna vez has dado cosas gratis sin obtener algún resultado? Asegúrate que el cliente prospecto tenga un camino que seguir, tal como anotarse gratuitamente para recibir un boletín electrónico que eventualmente conlleva a un elemento pagado o por lo menos a conseguir una referencia.

Una amiga mía es una manicurista que necesitaba expandir su negocio. Cuando comenzó por primera vez expuso su negocio todos los días. Una vez que obtuvo una clientela saludable, hizo lo que la mayoría de las personas hacen y no siguió exponiéndose. A medida que su clientela fue disminuyendo, culpo a la economía. Hasta que nos reunimos.

Le dije: "Brenda, puedes usar la economía como una excusa e irte a la quiebra como el resto de las personas que culpan a las circunstancias, o puedes volver a exponer tu negocio agresivamente". Ella y yo creamos una lluvia de ideas e hicimos una lista de muchas maneras exitosas en las que había expuesto su negocio en el pasado y también algunas nuevas.

Le pregunté qué tipo de cliente estaba buscando y en dónde trabajaban esas personas. Hicimos una lista de lugares en donde trabajaban las mujeres y creamos un plan para llamar su atención a través de una oferta gratuita que alguien más promovería por ella.

Brenda llamó a un gerente de banco, debido a que los bancos tienen muchas trabajadoras. Ofreció un manicure gratis como un incentivo para la trabajadora que obtuviera la mayor cantidad de cuentas, aplicaciones a préstamos, o referencias al departamento. ¡Al gerente de sucursal le encantó la idea, debido a que este incentivo no le costaría un centavo!

Brenda dio a conocer su nombre a través del banco entero y esto por lo menos resultaría en un nuevo cliente. Cuando Brenda utilizó las habilidades de los capítulos anteriores de este libro, más las habilidades resaltadas en este capítulo, ese cliente único se transformó en una nueva clientela, simplemente por esa única persona. Utilizando este tipo de estrategia Brenda incrementó su ingreso en mil quinientos dólares en los primeros treinta días.

Utiliza FORM con los Clientes

También puedes incrementar la exposición utilizando Influencia Magnética para hablar con los clientes. FORMalos. Lo único que pensarán tus clientes es que se sienten muy importantes porque les permites hablar acerca de ellos; entre más lo hagas, más te amarán.

Nunca sabrías que los vendedores profesionales son vendedores. Como expliqué anteriormente, ellos se dirigen a través de relaciones. Se enfocan en las personas honrando a las personas y haciendo que las personas hablen acerca de ellos mismos.

Cuando las persona empiezan a hablar acerca de sus familias y sus ocupaciones, empiezan a compartir necesidades inmediatamente. Comienzan a decir cosas tales como: "Tengo un buen trabajo, pero simplemente no estoy ganando suficiente dinero y me da un poco de miedo perder mi trabajo". ¿Es esa una necesidad que puedes llenar con tu negocio? O ¿conoces a alguien a quién se lo puedas recomendar?

Si refieres a esa persona a un lugar que lo ayude, te has elevado a consejero de confianza. Y también te recomendarán. Si no haces las preguntas, nunca sabrás las fortalezas de las personas, sus intereses, metas o necesidades –sus SEÑALES. Perderás la oportunidad de convertir a tu cliente en un vocero para ti, en lugar de ser un cliente que nunca te recomienda a nadie.

Historias y Testimonios.

La verdad es que los hechos hablan y las historias venden. Como mencioné en el capítulo anterior, deja que los resultados vendan tu producto. Las historias y los testimonios muestran los resultados que tu producto ofrece. Cada presentación que des, debe incluir testimonios, historias de personas que han comprado tu producto y su vida cambió.

Las historias son las que provocan que las personas crean que si funcionó para alguien más, entonces debería funcionar para ellos también. Las historias son las que validan tu producto o servicio. Los testimonios construyen la fe.

Las personas quieren saber: "¿Funcionará para mí?". Los testimonios le dan al prospecto la oportunidad de identificarse con los demás.

Estás enmarcando en la mente del prospecto lo que es importante que ellos sepan de tu compañía y lo que ella hace. Utiliza historias para ayudarte a atraer nuevos negocios así como para mantener tu negocio actual.

Mientras le das seguimiento a tu clientela actual, es bueno compartir historias de lo que está pasando con tus otros clientes satisfechos y los resultados que están obteniendo con tu producto o servicio.

Los testimonios necesitan ser cortos, rápidos y directos al punto; necesitan ser sobre los resultados del producto/servicios y el problema que ha sido solucionado para tus clientes que lo utilizan.

Exposición Continua.

Las personas que dejan de exponer su negocio cometen un grave error.

Tienes que estar exponiendo constantemente, así como implementando programas de referencias para tus clientes existentes, a fin de que ellos promuevan tu producto o servicio. Si trabajas con un espíritu de excelencia, todos tus clientes serán una publicidad andante. Cuida cada onza de negocio como si fuese la última. No te conformes con resultados pequeños; afuera siempre hay algo más, que alguien más está obteniendo. Si alguien está obteniendo un negocio, ¿por qué no deberías ser tú?

Digamos que estás tratando de agrandar tu clientela y alguien llama para preguntar acerca de tus servicios, cualquiera sea el negocio que tengas. Si ellos te preguntan: "¿Estás disponible para cumplir con la cita de hoy a medio día?", hagas lo que hagas, no digas que no. ¿Por qué? Aunque no estés disponible, por lo menos puedes FORMar al prospecto. Puedes construir una relación en sesenta segundos, y tal vez esa persona hará una conexión contigo y estará dispuesta a esperar que le hagas esperar un poco de tiempo.

Si dices que no estás disponible, dejaste ir al pez del gancho. Esa es una posible publicidad que dejaste ir. Si no estás disponible, el prospecto continuará hasta encontrar a alguien más que llene sus necesidades de servicios. Lo menos que puedes hacer es FORMar al prospecto por un minuto y hacer un amigo.

Cuando haces esto, has incrementado tus posibilidades de ganar un nuevo cliente que eventualmente puede exponerte a una clientela completa.

2. INCREMENTA LAS CONVERSACIONES

El Cierre

Cuando la presentación está bien organizada, tus prospectos estarán tomando decisiones a lo largo de la presentación. Así que al momento que te toque hacer el cierre, éste debería ser fácil. Será algo armonioso, no una pelea. Para ese momento el prospecto debería estar pensando: *Esto funciona. Esto tiene sentido. ¡Me apunto!*

Siempre haz una pregunta de cierre después de la presentación. Aquí es donde la mayoría de los vendedores fallan o tambalean, porque usualmente tienen miedo de preguntar. Ya sea porque no quieren presionar a las personas o porque no saben qué decir durante el cierre. De hecho, muchos vendedores comúnmente cierran preguntando, "¿Tienes alguna pregunta?", esa es la peor forma en el mundo de hacer un cierre. Miremos algunas opciones.

Controla la Conversación.

En lugar de preguntar a los prospectos lo que piensan o si tienen alguna pregunta, controla tú mismo la conversación. Mantenlos en un camino que llevará a una relación mutuamente beneficiosa para los prospectos y para ti. Si realmente tienes en mente el mejor interés para los prospectos, haz una serie de preguntas que los compela a responder honestamente.

Esto forzará al prospecto a expresar lo que realmente quiere –lo cual puede ser o no, lo que tienes para ofrecer. De todas maneras, el propósito de la pregunta de cierre es llevar a tu prospecto a tomar una decisión: sí o no.

Tú no quieres que la conversación termine en: "Tenemos que pensarlo", "necesito hablar con mi pareja", "éste no es el momento adecuado" o "no sé si pueda hacer esto".

Haz preguntas estratégicas que motiven a tu prospecto a contestar libre y honestamente. Esa persona entonces podrá tomar una decisión acerca de si deberían seguir juntos en adelante.

Si decides que definitivamente no son compatibles, eso también te ayudará. No quieres a alguien en tu base de clientes o en tu ambiente de oficina que no quiera estar allí. Tú sólo quieres a aquellos que quieran estar allí.

No quieres convencer a los prospectos de hacer lo que no quieren hacer. Puede que seas capaz de convencer el día de hoy a ese escéptico, pero tendrás que convencerlo nuevamente el día de mañana, y al siguiente día, y el siguiente día después de eso y así sucesivamente. Esto usualmente termina en una relación fútil. Simplemente no lo vale.

Preguntas a Realizar.

He aquí algunas preguntas muy sencillas que puedes hacer. Estas preguntas pueden o no aplicarse a tu negocio, pero son una buena base para lo que puedes preguntar al cerrar una presentación y ayudar a tu prospecto a tomar una decisión.

1. Empieza preguntando: "¿qué te gustó acerca de lo que acabas de escuchar?" o "¿qué te gustó sobre lo que acabas de ver?" o "¿qué te gustó acerca de lo que acabas de leer?".

2. Después que los prospectos respondan, di: "dime más acerca de eso". Permite que el prospecto te cuente lo que a él o a ella les gusta y el porqué. De esta manera, el prospecto se auto venderá el producto o servicio, y tú no estarás realizando la venta.

3. Responde: "entonces ¿en dónde te visualizas comenzando?".

Ejemplo de Diálogo

De acuerdo con Dun & Bradstreet, el 90 por ciento de todos los negocios fracasan dentro de los primeros cinco años debido a la falta de conocimiento y habilidades del dueño. Si no quieres ser ese dueño fracasado, debes aprender el diálogo de un gran cierre.

Digamos que María está vendiendo un programa de entrenamiento a Roberto, quien quiere volverse un empresario exitoso. Ella ha presentado la idea de que Roberto encontrará su primer paso hacia el éxito en DaniJohnson.com. Roberto vio lo que DaniJohnson.com tiene para ofrecer, y María está ofreciéndole nuestro programa de entrenamiento.

– María: "Hola, Roberto, ¿qué te gustó acerca de lo que viste?".

– Roberto: "Me gusta que tu sistema es muy simple y sencillo de seguir. Contesta algunas preguntas difíciles que no he sido capaz de descifrar".

– María: "Cuéntame más sobre eso".

– Roberto: "Bueno, me he estado golpeando la cabeza contra la pared tratando de descifrar cómo puedo motivar a mis empleados para que verdaderamente hagan el trabajo que tienen que hacer. Realmente necesito esparcir el mensaje acerca de lo que mi compañía tiene para ofrecer. Tengo mucha competencia allá fuera y quiero volverme la persona número uno en mi mercado. No sé cómo optimizar mi sitio Web, no entiendo muy bien todas las cosas de los medios de comunicación. Tu sistema ofrece todo eso, así también cómo ayudar a mi compañía a estar completamente libre de deudas. También me gusta tu paquete porque está todo en un solo lugar. Está todo ahí y está explicado de una manera que me es fácil entender".

– María: "¿Quieres hacer un poco de dinero o mucho con tu negocio?".

–Roberto: "Mucho".

– María: "¿Con qué propósito?".

– Roberto: "Bueno, quiero poder pagar la hipoteca de mi casa. Quiero poder ahorrar dinero para el fondo de universidad de mis hijos y quiero poder comprarles a mis padres un gran regalo de cincuenta años de aniversario que se aproxima. Me gustaría poder darles un lindo viaje alrededor del mundo o a un lugar especial".

– María: "Está bien. Si continúas en el mismo camino que estás ahora con tu negocio, ¿cuánto tiempo te tomará pagar tu hipoteca, ahorrar dinero para los estudios de tus hijos y darle a tus padres ese lindo obsequio para sus cincuenta años de aniversario?".

– Roberto: "Vaya, eso es muy difícil. De hecho, me deprime el sólo pensar sobre ello. Probablemente me tomaría por lo menos cinco años sólo para ahorrar para los estudios de mis hijos, y simplemente no sé de donde saldrá el dinero para las demás cosas, porque tengo deudas; la economía está mal y ha sido muy difícil".

– María: "Entonces, Roberto, ¿dónde te ves empezando? ¿Quieres comenzar con nuestro programa básico avanzando lentamente hacia tus metas? o ¿quieres ubicarte en el camino rápido para que tu personal se motive, tu compañía sea más rentable y tu deuda sea desplomada? Así, estarás en camino para pagar los estudios de tus hijos y mandar a tus padres alrededor del mundo con tu regalo de sus cincuenta años de aniversario".

– Roberto: "¡Vaya! Sabes que siempre me han gustado los retos y siempre me ha gustado ir tras lo mejor, María. Así que definitivamente quiero la opción del camino rápido".

– María: "¡Grandioso! Bienvenido a bordo".

Incrementa el Porcentaje de Cierres

Un porcentaje de cierres es el número de personas al que le pides que compren, comparado con el número de personas que dicen que sí. Por ejemplo, si les pides a cien personas que compren y diez dicen que sí, el porcentaje de cierre es del 10 por ciento.

En conclusión, si tu línea de arranque del porcentaje de cierre es del 10 por ciento e incrementas tu porcentaje de cierre utilizando las técnicas que te enseño aquí a un 20 por ciento ¿qué le pasaría a tu ingreso? ¡Lo duplicas!

Si tomas tus porcentajes de cierres de un 20 por ciento a un 50 por ciento, ¿qué habrás hecho? Habrás producido el doble de ingresos.

Habrás multiplicado tu ingreso. ¿Es posible llevar tu porcentaje de cierres de la nada a un 90 por ciento? Sí, s{i lo es. A través del tiempo y repetición, es absolutamente posible ir de un porcentaje de cierres en cero hasta un 90 por ciento en cierres.

Tengo un cliente, Sandra, quien estaba luchando para construir su negocio de Internet cuando la conocimos. Era capaz de generar muchos interesados, pero no podía convertirlos. Así que estaba buscando algunas soluciones y quería implementar nuestro sistema de "alta tecnología con alto alcance". Los porcentajes de cierre de Sandra eran de los peores que había visto en mi vida –llevaba 0 de tres mil. Les había ofrecido la oportunidad de comprar a tres mil personas y ninguna había dicho que sí. Cero. Tengo que darle el mérito– Sandra era una mujer persistente y tengo muchísimo respeto por ella. Yo hubiese renunciado, pero ella le dio un nuevo significado a la persistencia.

Aunque Sandra era capaz de generar posibles clientes precalificados, lo cual es increíble, era incapaz de conectarse con ellos. Cuando intentaba hacer una conexión, los posibles clientes no querían hablar con ella debido a la manera en que comenzaba la conversación. Después de asistir a varios de nuestros eventos así como a unos entrenamientos, llegó al punto en donde podía atacar una objeción a la vez, cuando damos las objeciones más comunes, tales como "No estoy interesado".

Le enseñé cómo manejar esa objeción así como otras que surgen. Eventualmente, trabajó hasta conseguir su 90 por ciento de cierres. Luego ella probó sus nuevas habilidades en los posibles clientes que ya tenían seis meses de antigüedad y con personas que le habían dicho que no en el pasado. Usualmente los posibles clientes como ese terminan en resultados fútiles, pero no con las nuevas habilidades de Sandra. ¡Su porcentaje de cierres con esos posibles clientes, que son los peores, fue de un 50 por ciento!

Sandra, una mamá que enseña escuela en casa a tres hijos, llegó a crear muchísimo dinero. En sus primeros dos años y medio trabajando con nosotros, pagó más de $460.000 en deudas e hizo más de un millón de dólares trabajando medio tiempo desde la computadora de su casa. En el 2010 produjo $1.5 millones.

No permitas que nadie te diga que estamos en una mala economía y que nadie está comprando. Aquellos que poseen las habilidades de trabajar en una mala economía están ganando una fortuna. Y no permitas que una buena economía te lleve a pensar que no tienes que incrementar tus habilidades. Todavía tienes que mejorar tus habilidades constantemente para poder estar al día con el mercado. El mercado siempre está cambiando y lo que funcionó 10 años atrás puede ser que no funcione tan bien hoy en día.

Revisa tus Cuentas

Siempre debes revisar tus cuentas porque los números no mienten, pero los sentimientos muchas veces sí. Cuando dices: "Dios, siento que esto no está funcionando. Siento que no estoy haciendo lo suficiente. Siento que esto no va lo suficientemente rápido" – esos son sentimientos que mienten–. Sin embargo, los hechos no mienten. Los hechos dicen la verdad. Así que es importante siempre revisar tus cuentas.

Por ejemplo, el primer componente en el proceso de las ventas es ver a cuántas personas les hablaste o te les presentaste. Revisa tus números. Una simple ecuación de ventas puede verse así: De cien personas que respondieron a algún tipo de campaña de publicidad, puede ser que sólo lograste que diez de ellos echasen un vistazo a tu oferta o a tu presentación. De los diez, sólo uno podría terminar comprando. En este ejemplo, tendrías lo que yo llamo un porcentaje de presencia de un 10 por ciento –aquellos que llegaron a ver tu oferta o presentación– y un 10 por ciento de porcentaje de cierre.

Si así es como se ven tus números, te recomiendo obtener algún entrenamiento en cómo hacer que más individuos vean tu presentación de las cien personas. Por ejemplo, si mejoras tus habilidades, en lugar de que sólo se presenten diez de cien personas, tendrás veinte de cien personas llegando. Y con el mismo 10 por ciento de cierres, ahora tendrás el doble de personas comprando.

Sin embargo, no tomó el doble de tiempo, hiciste dos ventas en lugar de una. Luego puedes hacer lo que Sandra hizo para superar las objeciones y eventualmente trabajar en desarrollar tus habilidades en ambas áreas, lo cual creará una gran cantidad de dinero sin necesidad de tomar una gran cantidad de tiempo para hacerlo.

Rastrea las Objeciones

Además de revisar las cuentas, también debes rastrear quién dice qué. Por ejemplo, si nueve de diez prospectos dicen: "No puedo pagarlo" y uno dice "Sí", tienes que trabajar en el manejo de las objeciones de dinero en presentaciones futuras.   No permitas que esas objeciones te ganen –trabaja en cómo lidiar con esas objeciones.   Tenemos suficientes materiales de entrenamiento en nuestro sitio Web para enseñarte cómo manejar las objeciones.   De hecho, tengo un libro lleno de escritos para cada objeción que puedas imaginarte.   Se llama *Script Book y Script Book Suplemental (Libro de Sugerencias y Libro de Sugerencias Complementario)*.

Después de trabajar con miles de personas alrededor del mundo y ayudarlos a incrementar sus porcentajes de cierres, descubrí que el 90 por ciento de todas las objeciones son provocadas por el miedo a algo que dijo el vendedor.   Cuando un prospecto te da una objeción como: "No tengo el dinero", el prospecto realmente está diciendo: "Me da miedo perder dinero".

Cuando manejas esa objeción apropiadamente sin presionar a la persona para comprar, tus porcentajes de cierres se elevarán por los cielos así como lo hicieron los de Sandra.   Estás haciendo más dinero con menos tiempo.

Utilizando *Script Book y Script Book Suplemental (Libro de Sugerencias y Libro de Sugerencias Complementario)* – así como Sandra y otros miles han hecho – puedes reconocer las objeciones más comunes y luego trabajar en el manejo y dominio de esas objeciones.   Las palabras ya están expuestas para ti.   No tienes que adivinar qué es lo que vas a decir; todo lo que tienes que hacer es leer.   ¡No encontrarás algo más fácil que eso! Una vez que aprendas a dominar las objeciones, descubrirás que no las oirás tan a menudo.

Seguimiento

Una vez que hayas completado una venta, dale seguimiento.   La fortuna está en el seguimiento y la mayoría de los principiantes no dan seguimiento.   La única manera de movilizar nuevos clientes a un punto en donde estén dispuestos de hablarles a otros acerca de ti, es a través de la relación creada después de haberte hecho una compra.   Es aquí en donde los del 98 por ciento dejan caer el balón.   Ellos piensan que la venta ha terminado, pero no es así, simplemente ha comenzado.

De nuevo, no mires a este cliente como una sola persona; esta persona conoce a dos mil personas que tú no conoces.   Si la experiencia de un cliente contigo es auténtica durante la creación de una relación verdadera y no simplemente una venta, esa relación motivará al cliente a contarles a los demás acerca de ti.

El escribir a mano una carta de agradecimiento es una gran manera de dar seguimiento. Si utilizaste Influencia Magnética desde el principio con tu cliente, sabrás lo que es importante para él o para ella. Si este cliente en particular tiene un hijo que juega soccer, por ejemplo, podrías escribir:

"Roberto, antes que todo, queremos hacerte saber cuánto apreciamos trabajar contigo. Sabemos que pudiste haber utilizado un sinnúmero de otras compañías para satisfacer tu necesidad de construcción, así que nos sentimos muy afortunados que nos hayas elegido. Fue maravilloso el llegar a conocerte y oírte compartir tu visión de expandirte. Particularmente disfruté escuchar acerca de tu hijo, Josué. Espero con ansias servirte y ver tu visión volverse una realidad".

Y luego agrega: "Posdata, ¿ganó Josué su partido el sábado pasado?".

Las llamadas por teléfono son otra manera de dar seguimiento y es especialmente importante hacerlas dentro de la primera semana de la compra de tu cliente. Cultiva la relación al usar continuamente FORM. El punto es construir y cuidar relaciones que eventualmente movilizarán a tu cliente hacia tu beneficio.

Mándales referencias a tus clientes. Sin importar si tu cliente es un estilista, un mecánico o dueño de restaurante, mándales referencias.

Te amarán por ello. Recuerda la Ley de Cosechando y Sembrando. Si quieres recibir referencias, tienes que dar referencias. Esto les enseña a tus clientes que no sólo te interesas en ti mismo sino que sinceramente estás interesado y apoyas lo que les importa a ellos. Ellos querrán mantener estas relaciones debido a que son mutuamente beneficiosas.

3. INCREMENTA LA ESCALABILIDAD

El tercer paso en el camino para mayores ganancias es incrementar la escalabilidad. Esto significa hacer crecer tu negocio de manera que permite que otras personas lo expandan por ti. Puedes hacer esto a través de la duplicación, sub contratación y desarrollo de liderazgo, el cual construye lealtad y armonía en la compañía e incluso en la comunidad.

Duplicación

Siempre he encontrado que tiene sentido contratar asistentes lo más rápido posible para liberarme y poder enfocarme en lo que sé hacer mejor: construir relaciones con las personas, mercadear y hacer crecer el negocio.

En mi segundo negocio, contraté una asistente porque sabía que tenía que mantenerme enfocada en construir el negocio en lugar de tener mi enfoque dividido entre manejar el negocio y construir el negocio. Sabía que si esto continuaba creciendo, iba a necesitar a alguien que manejara el servicio al cliente.

Así que contraté a una asistente de inmediato. Comencé el negocio un 26 de diciembre, me mudé a mi apartamento un 5 de enero y contraté una asistente un 1 de abril.

Una vez que dominas un aspecto de tu negocio, entrena a tu personal para que también lo maneje mientras desarrollas otra parte de tu negocio. De esa manera continúas duplicándote a ti mismo. Eventualmente tendrás un equipo completo de personas que pueden manejar el negocio sin ti.

Ni siquiera tienes que estar ahí si tu equipo puede manejar el negocio por ti mientras tú te haces a un lado y ganas ingresos. Quieres llegar al punto en que puedas tomar largos periodos de tiempo libre para poder perseguir otros sueños. ¡Toma esas vacaciones familiares con las que has estado soñando!

Hemos construido nuestro negocio para que las ganancias puedan seguir fluyendo lo suficiente de forma tal que nosotros nos podamos ausentar por meses de una sola vez. Este concepto de duplicación trae libertad, permitiéndonos tomar vacaciones familiares a lo largo de todo el verano ya por muchos años. De hecho, me desconectó por un total de cuatro a cinco meses al año para que cuando nuestros hijos estén fuera de la escuela por días festivos o vacaciones, pueda estar con ellos.

Podemos hacer esto porque tenemos en nuestra compañía a personas entrenadas con nuestros métodos, al duplicarnos.

Duplica los Sistemas

Duplica todo lo que haces, en varios formatos.

La duplicación sólo ocurre al usar un sistema. Las personas no pueden ser duplicadas, pero los sistemas sí pueden. Los sistemas tienen que ser simples para poder duplicarlos. La complicación no se duplica, causa postergación. El sistema tiene que ser tan simple que hasta un adolescente pueda hacerlo.

McDonalds es el mejor ejemplo de duplicación. Este es un imperio multimillonario manejado por adolescentes con granos en la cara. No importa si estos adolescentes no saben cómo hacer hamburguesas o dar cambio. Ellos sólo siguen el sistema de McDonalds.

Cada McDonalds es un sistema que es duplicado en cada otro McDonalds a lo largo del mundo. Recibes exactamente la misma hamburguesa sin importar cuál McDonalds visites. Recibes las mismas papas fritas. Exactamente los mismos pasteles de manzana. El sistema produce los mismos resultados, sin importar quién esté trabajando ahí.

Puedes incrementar las ganancias duplicando tu sistema en nuevos negocios. Si implementas el proceso de duplicación al ser dueño de diez restaurantes de McDonalds, y recolectas ganancias de cada uno de esos restaurantes, eso es más dinero y más ingresos seguros para ti.

Puedes elegir no ir a trabajar y todavía recibir un pago. ¿Por qué? Debido a la multiplicación, replicación y duplicación.

Stuart Lynn era un padre de treinta y cinco años y con ocho hijos. Después de aprender los conceptos de un emprendedor de nuestro entrenamiento, se aventuró a empezar su propio negocio de ingeniería. Luego decidió implementar los conceptos de escalabilidad y duplicación. Duplicó su sistema para abrir una segunda oficina, la cual ha duplicado sus ganancias.

Desarrollo de Liderazgo

La otra parte de escalabilidad es el desarrollo de liderazgo. El desarrollar liderazgo incrementa tu escalabilidad porque permite maximizar tu tiempo. Los líderes que desarrollas también empiezan a incrementar la exposición para ti, con el público.

Si has creado un ambiente en donde tus empleados están prosperando, ellos expondrán tu negocio de una forma positiva.

¿Recuerdas a José, quien estaba hablándole a su vecino? Si tienes una gran relación de trabajo con los "Josés" en tu negocio y les das la oportunidad de ascender y aprender habilidades, ellos expondrán tu negocio de una manera totalmente diferente.

Tu José le estará contando a su vecino: "Amo mi trabajo. Amo a mi jefe. Amo el lugar en donde trabajo".

Las personas dirán: "¿De verdad? ¡Dime por qué y qué es lo que haces!".

Eso crea una exposición incrementada para tu negocio, simplemente a través de una persona.

Cuando tus empleados exponen tu negocio, productos, servicios o ideas por ti, es publicidad y exposición gratuita que hace crecer tu negocio. Esto crea más escalabilidad sin incrementar tus gastos generales. El liderazgo avanzado en tu organización crea escalabilidad.

El desarrollo de liderazgo también significa crear líderes dentro de tu organización que puedan resolver problemas. Estas son personas que pueden tomar decisiones de tu parte y así no siempre tienes que ser tú, el que las toma.

Crea líderes quienes mantendrán el alma, mente, corazón y la visión de la compañía intactos, incluso cuando no estés presente. El desarrollo de liderazgo ocurre cuando esos líderes crean más líderes en la organización. Este proceso saca lo mejor de todos los que trabajan en tu compañía.

Preparé a mi empleada y también amiga Jenn para tomar el papel de líder. Cuando empezó, no podía soportar el trabajar con Rubíes (¿recuerdas nuestras Gemas?). Eventualmente aprendió cómo trabajar y negociar con ellos y ella le ha ahorrado a nuestra compañía cientos de miles de dólares con sus habilidades de negociación. Jenn también ha aprendido cómo motivar a sus compañeros de trabajo, muy diferente a lo previo, cuando sólo tenía diferencias con ellos y creaba problemas en lugar de producir resultados.

Jenn también se ha duplicado en un sinnúmero de áreas de su trabajo. Ha pasado de ser la jefa que tenía la actitud de "lo resolveré yo misma", a delegar a los demás. Sus nuevas habilidades ayudan a la compañía a ahorrar dinero, tiempo y estrés, lo cual incrementa las ganancias, eleva la moral de la compañía y suma armonía al lugar de trabajo.

Motiva al Personal con las GEMAS

Puede que seas un emprendedor muy exitoso, pero cuando sabes cómo motivar a los demás en tu compañía tendrás incluso más escalabilidad. Tu compañía será capaz de multiplicar las ganancias.

Carmen era una emprendedora de veinticinco años, dirigiendo un negocio de venta de ropa. Era una de esas que piensa: *Puedo hacerlo todo. Puedo manejarlo todo.* Y lo hizo.

Trabajó de ochenta a noventa horas a la semana —pero no tenía vida. Esto fue hasta que Carmen asistió al curso de Creating a Dynasty "Creando una Dinastía" y aprendió cómo sacar lo mejor de su equipo.

Verás, al principio Carmen sólo sabía cómo motivar a los empleados que poseían la misma gema de personalidad que ella. Luego en "Creando una Dinastía" aprendió cómo hablar el lenguaje de las otras gemas. Al hablar el lenguaje de cada persona, Carmen fue capaz de motivar a todos los empleados de su oficina. En sus primeros cuatro días después de "Dinastía" incrementó su ingreso a $42.000. Después de su segunda "Dinastía," lo incrementó a $98.000 en cuatro días.

¿Cuál fue la diferencia entre $42.000 y $98.000? La segunda vez, llevó con ella a dieciséis de los miembros de su personal a "Creando una Dinastía".

En dieciocho meses, luego de someter a todo su personal a nuestros cursos, todos los meses, su negocio pasó de $750.000 en ganancias a $3.8 millones. En los años anteriores, ella nunca tuvo un gerente de ventas que ganara más de $38.000 al año. Después del curso, seis de sus gerentes de ventas fueron capaces de llegar a un ingreso de seis cifras. De hecho, Carmen desarrolló a los miembros de su equipo para ser líderes tan grandes, que fue capaz de lanzar a un gerente para comenzar otra tienda que produjo más de un millón de dólares en ganancias en su primer año. Ella ahora tiene tres tiendas, todas produciendo millones cada año.

Si eres un emprendedor, estás hablando con personas todos los días. Usa Influencia Magnética y las Gemas para manejar a tu equipo.

Cuando la mayoría de los jefes quieren que se haga un proyecto, simplemente les dicen a sus empleados: "Termina este proyecto en siete días". No saben cómo motivar a los empleados. Si usas la Metodología del Núcleo Rapport con las Gemas, descubrirás lo que verdaderamente los motiva, así como lo hizo Carmen. Cuando descubras lo que los motiva, terminarán el trabajo a tiempo y no tendrás que micro manejarlos.

Desarrolla Líderes y Lealtad

Cada compañía que mi esposo y yo hemos empezado siempre ha sido un movimiento popular.

Nunca han sido dirigidas a líderes ni a grandes personas. En lugar de eso, creamos una fuerte base con los llamados "personas pequeñas".

Quieres crear liderazgo porque al crear liderazgo hay una mejor oportunidad de crear lealtad. Con el hermoso ingrediente de la lealtad, las personas están dispuestas a trabajar juntas en las buenas y en las malas. Te garantizo que en la vida y en los negocios, siempre habrá malos tiempos. Pero si construyes grandes relaciones y desarrollas líderes en tu organización, cuando lleguen los malos tiempos, pueden mantenerse unidos, crecer juntos y salir de ello ayudándose mutuamente.

Pero si sólo estás enfocado en encontrar a alguien que esté en la cima y reclutarlo a tu cima, cuando las cosas salgan mal, él encontrará otra cima en cual mantenerse en lo alto. Eso no es liderazgo. Eso no es lealtad. Eso no es construir algo, eso no es fortaleza. Esos no son cimientos. Eso no es seguridad. De hecho, te estás estableciendo en el lado equivocado de la ley de Cosechando Y Sembrando. Si reclutas a alguien de algún otro lado, llegará el momento en que alguien también te reclutará.

Los líderes no nacen líderes; son desarrollados. Algunas personas parecieran siempre alcanzar la cima –presidente de la clase, reina de la graduación– pero creo que cuando las personas tienen el deseo en sus corazones, pueden aprender a ser líderes. El liderazgo es una habilidad. Es aprender cómo dirigir a otras personas. Algunos líderes empezaron con nada y se volvieron exitosos en su profesión y en su vida, como resultado directo de lo que fueron enseñados.

Pero primero, los líderes potenciales deben tener el deseo de ser líderes. Segundo, deben tener el deseo de invertir en ellos mismos. No puedes simplemente dárselos, tienen que estar dispuestos a hacer el esfuerzo y dar el tiempo y dinero para desarrollar sus habilidades. Tercero, deben aprender de un líder que no sea manipulador sino que quiera motivar a

las personas. Finalmente, tienen que tener una causa o visión lo suficientemente grande para provocar que otras personas quieran ser parte de ella.

Tu ingreso sigue a tu liderazgo. Esta es la conclusión. Cuando creas
un líder, esa persona es un vocero, no sólo un empleado. Los líderes en
tu personal protegerán la reputación de la compañía porque creen en lo
que están haciendo. Ya no es sólo un trabajo, es una misión.

Personas como éstas no sólo te ayudarán a construir tu compañía,
también pueden ayudar a cambiar sus comunidades, iglesias y familias.

Edifica tu Equipo

Hablemos de José, el empleado alegre, otra vez. Quieres empleados
como él – ya sea que tengas cinco o quinientos – para que respondan
naturalmente cuando se les pregunte sobre su trabajo: "Oh, es increíble. Amo lo que hago. Amo a las personas con quiénes trabajo". Esto
convierte a José de empleado a emple-endedor. ¿Recuerdas esa conversación en el Capítulo 5, cuando hablaba del emple-endedor y el concepto
de edificación? Y ¿la importancia de emple-endedores edificando a sus
jefes, recepcionistas y a aquellos a su alrededor?

Te enseñé cómo usar la edificación – construyendo la reputación de
alguien – con tus clientes. Específicamente, te di un escenario donde un
representante de servicio al cliente edifica a su cliente y crea respeto hacia
el supervisor que tomará la llamada después de él.

Bueno, si eres el emprendedor o el jefe, es igualmente importante para
ti edificar a ese representante de servicio al cliente –y a todos en tu equipo.
Deberías estar edificando a todos aquellos con los que trabajas todos los
días. Cuando entras por la puerta, edifica a la recepcionista. Edifica a
tu asistente. Edifica a aquellos en tu departamento de ventas. Edifica a
todos en todos tus departamentos. Incluso puedes elegir un nuevo departamento cada semana para enfocarte en edificarlo y motivarlo.

Cuando edificas, creas una relación mutuamente beneficiosa entre tú
y las personas que te sirven cada día. No puedes tener la actitud que
piensa que simplemente pagarles es suficiente, ya que a las personas les
importa más el reconocimiento y la aceptación que el dinero. Edificarlos
los hace sentirse especiales e importantes, y eso significa más para ellos
que el mismo pago que reciben.

Asegúrate de edificar a todos a lo largo de tu compañía, desde los gerentes hasta el conserje. Esto crea un lindo ambiente en donde las personas quieren trabajar. Cuando las personas se sienten bien acerca de donde están trabajando, son recompensadas por cada monotonía en sus tareas actuales. Después de todo, ¿quién puede estar tan emocionado por guardar documentos? ¿Quién puede emocionarse acerca de introducir información a la computadora?

Pero si haces que tus empleados se sientan bien acerca de quiénes son y de ser parte de tu compañía u organización, realmente no les importará tanto lo que hacen. Habrás convertido el propósito de lo que hacen en algo más grande que el introducir información, guardar papales o cualquiera que sea la tarea que tengan que hacer día a día.

Cuando oigas a tus empleados decir: "Amo mi trabajo. Amo lo que hago. Amo trabajar aquí", sabrás que estás haciendo las cosas bien. Es ahí cuando les dirán a los demás que aman su trabajo. Esto abre la oportunidad para que ellos digan a los demás lo que tu compañía tiene para ofrecer y así es como obtienes referencias a través de tus empleados sin siquiera intentarlo.

Recompensa a tu Equipo

Como un empleador y un emple-endedor, también es importante para ti tener sistemas establecidos que recompensen a los demás por sus esfuerzos. Quieres ser capaz de pagarle bien a tu gente y tener establecida una estructura de bonos que ayudará a motivar a tu equipo interno.

Soy una gran creyente de los bonos que recompensan a las personas por buscar crecimiento en su trabajo. También es muy importante que tengas una visión que puedas compartir. Esto inspirará a las personas para ir más allá de donde están en sus puestos actuales. Si tienen la visión de seguir adelante, y tienes una estructura de bonos establecida, tendrán un incentivo para mejorar.

Sin embargo, no todos tomarán ventaja de ello. Algunas personas rendirán consistentemente y algunos inconsistentemente. Sin importar eso, quieres darles a las personas la oportunidad de crecer. Nunca quieres tener una recepcionista que se mantenga como recepcionista por siempre. Descubre lo que realmente está en su interior. Conoce su visión personal para que puedas ayudarla a conseguirla.

Bonos

Los bonos siempre tienen que estar sujetos a la producción, en lugar de a la longevidad o a la atendencia. Quieres tener un esquema describiendo cómo tu sistema de bonos funciona. Sobre todo, usa los bonos estratégicamente para recompensar la actividad que le ayudará a tu negocio crecer, no simplemente a mantenerlo.

La cantidad siempre tiene que estar sujeta a los resultados. Puede ser un porcentaje de un resultado, una cantidad sólida o, incluso una comisión. Es diferente para cada departamento. Por ejemplo, la persona que te lleva las cuentas puede obtener un bono basado en la cantidad de dinero que le ahorra a tu compañía. Pero un vendedor o un recepcionista quien refiere a un nuevo cliente podrían obtener un bono basado en cuanto dinero atraen.

También puedes dar bonos de tiempo. Si has hecho un buen trabajo ejecutando las cosas de las que hablé en la primera parte de este libro, entonces a tu corazón le gusta ayudar a las personas a superarse, construir relaciones y desarrollar liderazgo. Como resultado, tus empleados valorarán el tiempo que pasan contigo. En lugar de un bono en efectivo puedes lanzar un incentivo, basado en producción, para recompensar al que realiza el mejor desempeño llevándolo a almorzar a su lugar favorito.

Tus clientes también valoran tu tiempo. Así que una gran manera de recompensarlos por mandarte referencias o por ser uno de tus mejores clientes es llevarlos a almorzar o invitarlos a tu casa para cenar. Nosotros hacemos lo mismo con nuestros empleados. Si estás haciendo las cosas de las que hablé anteriormente, querrán compartir tiempo contigo. Además, estarás pasando tiempo con alguien que merece tú tiempo.

Subcontratación

La subcontratación es una tercera forma de incrementar la escalabilidad. La subcontratación significa que te enfoques en tus áreas esenciales de habilidad para hacer crecer tu negocio y usar ayuda externa para fortalecer tus más débiles, pero necesarias áreas de habilidades.

Deberías subcontratar lo que no sabes cómo hacer. Tal vez no eres un experto en contabilidad. Si ese es el caso, contrata a un contador. No tienes que ser la persona que sabe cómo hacerlo todo. Sólo necesitas tener acceso a personas que sí saben y contratarlos para que lo hagan por ti.

Por ejemplo, digamos que no eres un experto en publicidad. Tiene sentido subcontratar a una agencia publicitaria que se encargue de toda tu publicidad por ti para que no seas el que gasta mucho dinero aprendiendo cómo publicitarse. En lugar, contratas a alguien más y sólo pagas por los resultados –los frutos que crean. Si te hacen una mala campaña, no pagas por eso. Sólo pagas por los frutos– los frutos de su publicidad. Si no obtienen resultados, no reciben un pago por ello.

Subcontratación de Capacitación en Ventas

Cuando conocí a Jefferson, él tenía veintinueve años. Llevaba diez años tratando de ser un emprendedor. Incluso había aprendido de espíritu empresarial de otros millonarios, pero desafortunadamente nunca fue capaz de ganar más de $30.000 al año.

Jefferson construyó un negocio que requería vendedores, muchos de ellos. Aunque era capaz de reclutar vendedores, nunca fue capaz de enseñarles cómo desempeñarse como profesionales de ventas. Cuando llegó a DaniJohnson.com, a finales del 2004, Jefferson estaba frustrado y en la quiebra. No sabía cómo generar más ventas.

Después de tomar el seminario de "Primeros Pasos Hacia el Éxito", en enero del 2005, encontró las respuestas que estás aprendiendo en este libro y mucho más. Jefferson decidió mandar a su equipo de ventas a tomar el curso. Como no sabía cómo entrenarlos, subcontrató el entrenamiento de ventas de la compañía de DaniJohnson.com. Además de mandarlos al taller, los hizo oír nuestros CDs y DVDs cada día y las llamadas gratuitas los lunes por la noche.

El primer vendedor de Jefferson tuvo resultados inmediatos. Después de asistir a "Primeros Pasos," comenzó a venderles a más personas y aumentó sus porcentajes de conversión. Logró esto al incrementar la exposición del producto, convirtiendo a más personas e incrementando la escalabilidad. Cada mes, Jefferson mandaba su fuerza de venta a los entrenamientos. En el primer año que hizo crecer su compañía utilizando estos métodos, su fuerza de venta fue capaz de ganar una tremenda cantidad de dinero y bonos y el ingreso de Jefferson subió a los cielos con $300.000.

¿Me escuchaste? Pasó de ser un hombre frustrado de veintinueve años ganando $30.000 al año, luego de diez años de duro trabajo, a ganar

$300.000 solo diez meses después de su primer seminario conmigo. Al final de su segundo año, su ingreso llegó a más que duplicarse nuevamente a $700,000. ¿Cuál fue la diferencia? Subcontrató el entrenamiento y el desarrollo de liderazgo de sus vendedores a DaniJohnson.com.

Han pasado seis años desde que conocí a Jefferson; Ahora tiene treinta y cinco años y ha hecho millones de dólares. Incluso en una horrible economía, ha continuado prosperando debido a las habilidades que él y su gente ahora poseen. Ha pagado personalmente $280.000 en deudas. Tiene cerca de $500.000 en ganancias por inversiones, un 12 por ciento al año. ¡Lejos de donde estaba hace unos cuantos años!

Prioriza tu Tiempo por Ganancias

Para ser un emprendedor exitoso, quieres entrenar tu mente para manejar bien tu tiempo. Los emprendedores pueden llegar a estar tan motivados, que no manejan bien su tiempo.

Hace muchos años aprendí algo muy valioso de un multimillonario que construyó muchas compañías multimillonarias. Era una regla simple para enfocarse en lo que se necesita para crecer y sostener un negocio: una fórmula de tiempo. Me dijo que usara el 80 por ciento de mi tiempo yendo tras un nuevo negocio. Luego que usara el 19 por ciento de mi tiempo cultivando ese negocio. Al final, utiliza el uno por ciento restante de tu tiempo para resolver problemas.

Esta fórmula funciona de muchas maneras diferentes. Por ejemplo, si usas el 80 por ciento de tu tiempo para obtener nuevos clientes, entonces utiliza un 19 por ciento de tu tiempo dándoles seguimiento a esos clientes y cultivando la relación que eventualmente terminará en referencias que los beneficiarán a ambos. Por lo menos, ellos estarán mandándote referencias y tú estarás mandándoles referencias a ellos, dependiendo de lo que hagan para vivir.

Cuando las personas comienzan a construir negocios, ellos típicamente gastan mucho de su tiempo en resolver problemas y casi no toman tiempo para ver nuevos negocios. Pero si utilizas esta fórmula de tiempo específica, estarás construyendo nuevos negocios continuamente.

También puedes subcontratar a una empresa para que resuelva los problemas. Por ejemplo, la contabilidad puede ser un problema, así que puedes subcontratar a alguien que no piense que la contabilidad es un problema. Ellos aman hacer la contabilidad – manejando y analizando números. Si subcontratas esto, sólo necesitarás pasar el uno por ciento de tu tiempo resolviendo problemas.

Crecimiento vs Administración

Una cosa que hay que mantener en mente es el exponer continuamente. Quieres estar exponiendo tu producto, tu servicio o tu idea de manera continua. Exponer constantemente tu oferta te ayuda a agrandar continuamente tu negocio.

He visto a muchos emprendedores empezar sus negocios exponiendo, pero una vez que alcanzan ciertos números, se detienen. Tan pronto un emprendedor se siente cómodo con la cantidad de dinero que está haciendo o el número de clientes que tiene, tiende a pasar a modo administrativo. Comienza a realizar actividades que no obtienen resultados.

Es aquí cuando ves a las compañías volviendo a empacar un producto que no debía volver a ser empacado, organizando y reorganizando proyectos que no producen resultados. Es aquí cuando comienzan a salir con ideas y más ideas que simplemente complican su modelo y sin embargo no atraen más ganancias. También los he visto desenfocarse tanto que re-decoran su oficina, ¡incluso, una oficina que el público nunca ve! La parte que más me sorprende es pensar acerca de la cantidad de tiempo que gastan eligiendo la pintura y los muebles, tiempo que pudieron haber utilizado para obtener nuevos clientes.

Asegúrate que no estás tratando de encontrar soluciones en áreas que no hacen crecer al negocio sino que simplemente desperdician tu tiempo. Es aquí cuando un emprendedor se encuentra así mismo trabajando tres veces más duro por los mismos resultados: triplicando la carga de trabajo sin triplicar las ganancias.

Cuando aprendí esta fórmula de tiempo en el otoño de 1994, mi negocio era un desastre. Mi negocio había sido malversado en marzo de 1993, y había gastado el año entero siguiente tratando de resolver problemas. ¡Mi cabeza estaba simplemente llena de problemas! Lo que es interesante es que si te enfocas en los problemas, encontrarás más problemas. Pero los problemas definitivamente no son en lo que te deberías estar enfocando.

Deberías enfocarte en las soluciones. Y la solución para cualquier negocio es crecer.

Especialmente si tu negocio está sufriendo, enfócate en las soluciones que crean crecimiento. Subcontrata a otros que puedan solucionar los problemas por ti.

Enfócate en el Crecimiento

Si te enfocas en el crecimiento –en atraer nuevos negocios– creas un tipo diferente de problema. Tal vez estés trayendo tantos negocios nuevos que no tienes el personal o el equipo para manejar ese negocio apropiadamente. Entonces contrata personas y duplícate a ti mismo, recuerda enfocarte en hacer crecer el negocio. Cuando cambias a modo administrativo, pierdes el enfoque, y pierdes negocios.

La subcontratación es la forma de resolver este problema. Subcontrata a personas que puedan sembrar liderazgo dentro de tu organización para que no estés gastando tiempo haciendo el entrenamiento tú mismo. En su lugar, maximiza tu tiempo para hacer que tus empleados también te ayuden a hacer crecer tu negocio.

Greg Palka, el coronel de la Armada del que te hablé anteriormente, hizo crecer su negocio de servicios financieros de $1.5 millones a $6 millones en dieciocho meses. Incrementó su escalabilidad mediante el incremento de habilidades de sus empleados al mandarlos a "Primeros Pasos Hacia el Éxito" y "Creando una Dinastía". Él creó ese requerimiento para trabajar en su compañía.

Todo el personal de Greg ha sido entrenado en Influencia Magnética. Todos han dominado las habilidades de las que he estado hablando. Han sido entrenados para exponer, convertir y cerrar los tratos como profesionales, en lugar de principiantes tratando de verse como profesionales. Saben cómo construir relaciones con sus clientes al punto que sus clientes refieren negocios de regreso a la compañía de Greg. Todos han sido entrenados para trabajar el uno con el otro basado en sus Gemas individuales. Utilizan las fortalezas de cada uno para cubrir las debilidades de ellos mismos. Esto ha creado armonía en su ambiente de trabajo.

Todos ellos se enfocan en crear nuevos negocios. Esto ha creado escalabilidad en el ambiente de trabajo, lo cual ha cuadruplicado las ganancias de la compañía en dieciocho meses.

Los peores dieciocho meses en la historia para la industria financiera han sido los mejores dieciocho meses para Greg. ¿Cuál es la diferencia? Habilidades interpersonales inusuales, estratégicas y avanzadas, esparcidas a lo largo de su compañía. Y él no es el único con estas habilidades – su compañía entera también las posee.

Cómo las Compañías se Mantienen Unidas

Cuando los tiempos se vuelven duros, son las relaciones las que mantienen unida a la organización. Nunca es un producto o un servicio. Si no hay relación no hay lealtad.

He estado en los negocios por veintidós años. Algunas de las personas con las que todavía estoy trabajando hoy en día han trabajado conmigo por veintidós años de una forma u otra. ¿Hemos pasado por tiempos difíciles? Sí. ¿Ha habido momentos increíbles de crecimiento en el negocio? Sí. Son gajes del oficio, pero si puedes mantener relaciones, entonces mantendrás una presencia en la comunidad del negocio.

Si estabas tratando de construir algo sin involucrar a seres humanos, tendrás que reconstruir y reinventar algo nuevo constantemente. Eso toma mucha más energía que mantener relaciones leales. Descubrirás que la relación es la parte más gratificante de lo que haces cuando usas estas estrategias. El dinero pasará a ser algo secundario.

Dar a Luz a Más Negocios

Cuando estás invirtiendo en negocios –construyendo y agrandando– lo estás haciendo más y más rentable. Llega el punto en donde tienes que darlo a luz, de nuevo.

En mi primer negocio fracasé miserablemente porque no tenía las habilidades.

En el siguiente negocio que hice –el negocio para bajar de peso– literalmente no tenía nada, pero poseía la habilidad de mercadear utilizando algunas de las habilidades que había aprendido antes que mi primer negocio fracasara.

De esa segunda compañía, nació mi tercera compañía, la cual era de entrenamiento y desarrollo.

Después de eso, empecé una compañía de fabricación.

Todas esas compañías nacieron una de la otra, y el dinero obtenido de la aventura de un negocio era invertido en otro. Así que mi compañía de fabricación fue completamente fundada por mi compañía de entrenamiento y desarrollo.

Cuando Hans y yo nos sentimos muy cómodos sabemos que hemos caído en una rutina y es tiempo de aprender otras habilidades nuevamente. Es tiempo de que nosotros empecemos algo nuevo. Es tiempo de dar a luz una nueva compañía. Hablaremos de este concepto de cómo hacer del dinero tu esclavo en el capítulo nueve.

Hemos utilizado Influencia Magnética y el camino a los beneficios para construir negocios rentables. Así es como he hecho dinero – toneladas de él. ¿Pero cómo mantienes el dinero? Te prometo que te enseñaré cómo hacer dinero, mantenerlo y convertirlo en tu esclavo. En los siguientes dos capítulos te enseñaré cómo mantener tu dinero, el cual te costó mucho conseguir.

LO QUE DICEN NUESTROS CLIENTES

¿Funcionará esto para ti? He aquí lo que dicen algunos de nuestros clientes:

Antes de conectarme a Dani, vivía ocupada y en la quiebra. Teníamos un solo ingreso, dos hipotecas y un bebé en camino. Estábamos viviendo de mis ahorros y rezando para poder sobrevivir de salario a salario. Estábamos ahogándonos en deudas. Después de conectarme a Dani, pagamos $18.000 en seis meses y generamos un extra de más de $10.000 por mes.

-Nicole Nelson

Antes de comenzar con Dani Johnson, estaba en la Fuerza Aérea ganando $25.000 al año. Estábamos endeudados, trabajando de 50 a 60 horas a la semana, y era la principal proveedora de ingresos para nuestra familia. Empecé en los negocios, no sabía qué hacer, no tenía el entrenamiento que necesitaba para triunfar y no había hecho dinero. Luego de mi primer evento, gané $13.000 en el primer mes. Dos meses después fui capaz de renunciar a mi trabajo de tiempo completo, y ahora tengo cinco años de estar en el negocio. Mientras mi competencia ha tenido que salirse del negocio en esta horrible economía, no he ganado menos de seis cifras cada año. A través del entrenamiento de Dani, he pagado $292.000 en deudas, he comprado varias casas y acabo de pagar en efectivo por otra más.

-Estacy O´Quinn

¡Asistí a Primeros Pasos Hacia el Éxito en mayo del 2008, y fue un fin de semana que me cambio la vida! Escuché cosas que nadie me había dicho antes y eran prácticas y fáciles de entender. Aprendí cómo ser organizada, a mantenerme enfocada, ayudar a otros y a usar los dones que Dios me dio a lo máximo – ¿¡mencioné lo mucho que me divertí!? Utilicé las habilidades que ella me enseñó y las puse en acción en mi negocio de bienes raíces. ¡En el 2008 vendí dos casas y en el 2009 vendí 45 casas! Apliqué las técnicas de ventas y las frases que a Dani le gusta usar, y créeme, ¡funcionaron! Continué con los CD´s y fui a Dinastía, lo cual estuvo increíble. Me ofrecieron un puesto de gerencia en mi oficina y lo tomé. Mi ingreso casi se duplicó en el 2010. Continué regresando a Primeros Pasos, ya que siempre aprendo algo nuevo y encuentro algo más que puedo implementar en mi vida y en el trabajo a diario.

-Michele Stiles

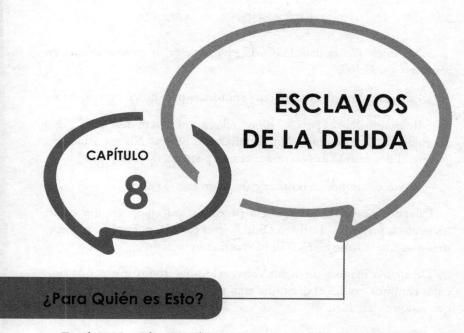

¿Para Quién es Esto?

En el 2000 estaba sentada en mi casa en California del Norte, la cual tenía un espacio de casi seis mil pies cuadrados e incluía una casa de huésped de catorce mil pies cuadrados. Nos habíamos mudado tres meses antes y acabábamos de terminar de remodelarla.

Era tan grande que podíamos caber treinta personas cómodamente. Teníamos seis baños, dos de los cuales estaban en la casa de huéspedes. Teníamos siete sofás. La suite de mi alcoba tenía mil quinientos pies cuadrados con un closet de trescientos pies cuadrados. Tenía un sofá de mil dólares –blanco Chanel– con una silla de mil dólares en mi alcoba.

La propiedad tenía el jardín más increíble, con más de mil flores. Arbustos de rosas, arbusto de lavanda –flores de todos los colores florecían ahí a lo largo del año. Teníamos una piscina, una cancha de tenis y diez acres de maravillosa tierra con vistas increíbles de la parte trasera del Parque Nacional Yosemite.

Mi casa hacienda soñada era una pieza digna de espectáculo, hermosamente decorada con estilo Victoriano.

Estaba sentada en mi casa un día cuando escuché una voz que preguntaba: "¿Para quién es todo esto?".

– Me dije: "No es para Hans. Él viviría descalzo en una cabaña en Hawaii y sería feliz".

– La voz me volvió a preguntar: "¿Entonces para quien es todo esto?"

– Respondí: "No es para los niños, ellos no necesitan diez acres". "No necesitan canchas de tenis. No necesitan seis baños. No necesitan una piscina. Ellos eran felices en una casa más pequeña de medio acre".

– La voz continuó: "¿entonces para *quién* es todo esto?".

Cuando me volvió a hacer esa pregunta, caí en quién me estaba haciendo la pregunta. Le dije a Dios: "No es para Ti, porque Tú no necesitas que esto se mire bien". "Tú ya eres dueño de todo".

De alguna manera me había convencido que todos mis gastos ridículos eran justificados al decir que eran para Dios, como si Él necesitaba que todo se viese bien.

¿Entonces para quién era todo eso? Ya no tenía personas para excusarme, todos los signos me apuntaban a mí. Caí al suelo y comencé a llorar como un bebé. Respondí: "todo esto es sobre mí y mi ego".

–La voz me dijo: "vende tus cosas y sígueme".

Adicto a las Cosas

Literalmente me enfermé del estómago. Me sentí como si iba a vomitar mientras ponía mi mano en mí estómago y me agachaba. Bajé por las escaleras y miré los cuadros de arte en las paredes –podía ver las etiquetas de precios todavía puestas. Las etiquetas de los precios no estaban puestas en ellos hacía ya más de un año pero, con nuevos ojos, podía ver las etiquetas colgando.

Caminé por el salón donde tenía un piano de gran valor, de 1929, que ninguno de nosotros sabía cómo tocar. Había otro sofá, otra linda silla y un árbol de maple de seda japonesa de mil dólares. Y había una hermosa chimenea, un manto y las fotos familiares tomadas por un fotógrafo profesional, con un valor de veinte mil dólares; algunas de ellas fueron hermosamente colocadas en marcos de siete por siete de $150.

Salí caminando de ese salón hacia nuestro salón familiar, el cual tenía dos sofás más y un televisor pantalla gigante. Fui a la oficina de Hans que tenía dos sofás enormes de cuero más. Hans claramente podía leer la palabra "drama", escrita por todo mi ser e hizo lo que la mayoría de los esposos hacen cuando ven a sus esposas en modo de "drama".

Siguió escribiendo en su computadora como si yo no hubiese entrado a la habitación.

– Le dije: "Necesito hablar contigo".

– Me dijo: "Está bien". Y siguió escribiendo, lo que realmente significaba: "en estos momentos no me interesa tu drama. Regresa más tarde".

– Le dije: "cielo, realmente necesito hablar contigo, esto es muy importante".

Eventualmente se recostó en su silla, con sus brazos cruzados. –Le dije: "creo que Dios me acaba de decir que venda nuestra casa".

Quedó con la boca abierta y sus ojos se agrandaron. "Dios me dijo lo mismo dos semanas atrás, pero le dije que mejor te lo dijera Él, porque yo no iba a pelear esa batalla".

Tuve un despertar masivo. Mis cosas habían consumido mi vida y ni siquiera me había dado cuenta. Vi que me había abrumado por la codicia. Era una esclava del dinero y una esclava del reconocimiento.

Había crecido en la pobreza y aunque había hecho millones de dólares todavía tenía la mentalidad de pobre, la cual gasta todo lo que se gana, ¿y para qué? ¡Para probarme a mí misma y a todos los demás que ya no era la fracasada que todos decían que sería! Sin embargo, mis cosas estaban asfixiando mi vida. Era miserable aun teniendo todas esas cosas.

Habíamos vivido en esa casa por solo tres meses y la acabábamos de remodelar. Después de la revelación, vendimos la casa y mudamos a la familia a una casa de treinta años de edad con dos mil cuatrocientos pies cuadrados.

Cuando vendimos esa enorme casa, me di cuenta que no necesitaba de esas cosas para sentirme feliz o exitosa. ¡Era libre! Muy poco sabíamos que todo un nuevo capítulo estaba siendo escrito en nuestra vida, que nos prepararía para una riqueza verdadera en lugar de las cosas que habían estado consumiendo nuestra vida.

Cosas vs. Riqueza

En la casa más pequeña, crecí espiritual, emocional y mentalmente. Cada cosa maligna, codiciosa, egocéntrica y patética en mí se había fortalecido en la casa más grande. No cambiaría esa experiencia por nada del mundo.

Pensaba que era una buena persona, pero no sabía que estaba cargando con codicia por el dinero, las cosas y el reconocimiento. Tenía un deseo insaciable de impresionar a las personas y ganar la aprobación de ellos.

Podía ver que en toda mi vida, sin importar cuánto dinero había hecho, nunca me había sentido exitosa, porque todavía tenía la mentalidad de pobreza. Sólo porque hagas mucho dinero no significa que te deshiciste de la pobreza. Tampoco significa que te volverás rico.

Los pensamientos más locos pasaron por mi cabeza mientras ganaba todo ese dinero. Con todo lo que habíamos ganado esos años, podríamos haber guardado suficiente dinero para pagar por prestigiosas universidades y por las bodas de todos mis hijos. Pero no, en su lugar, teníamos siete sofás y más cosas con las que no sabíamos qué hacer.

La riqueza es acumulada y luego transmitida a generaciones para que crezca incluso más. Yo estaba acumulando cosas en lugar de riquezas. Te deshaces de la pobreza cuando eres capaz de mantener el dinero. No tiene nada que ver con cuanto ganas. Tiene todo que ver con cuánto dinero gastas.

Diseñado para la Riqueza

Tienes una oportunidad única de pasar del bando del 98 por ciento de las masas con mentalidad de pobreza al 2 por ciento con mentalidad de riqueza.

Tal vez pienses que estás trabajando más duro e incluso tal vez estés haciendo más dinero, pero estás más enredado con las deudas.

¿Cómo llegaste ahí? ¿Cómo terminaste sintiéndote tan atrapado por tus deudas? Una vez tuviste sueños –grandes sueños– para tu vida. Pero ahora tus sueños han casi desaparecido porque te has convertido en un esclavo de las deudas.

No fuiste diseñado para la pobreza; no fuiste diseñado para caer en deudas. El Gran Diseñador te diseñó con éxito y riqueza en la mente, pero tienes que tomar una decisión. Si no puedes tomar la decisión, si no crees lo suficiente en ti mismo para tomar la decisión por tu propia libertad financiera, entonces por lo menos toma la decisión por tus hijos, quienes son tu legado.

No transmitas las deudas a tus hijos quienes las pasarán a sus hijos. En su lugar, decide heredar riqueza, lo cual es lo que yo creo que fue para lo que fuiste diseñado. Elige darles el don de la sabiduría para acumular riqueza y entender cómo funciona el dinero y la libertad que trae.

¿Pero cómo llegamos ahí? ¿Cómo llegamos a este lugar de estar atrapados y ser esclavos de las deudas? Se nos vendió la ilusión de riqueza a través del sobre-consumismo por los medios, los banqueros de Wall Street y las corporaciones. Se nos vendió la ilusión de riqueza para comprar cosas que luego pasan a ser inservibles, eso nos reduce en valor, y eso nos mantiene esclavos de pagos mensuales con altos intereses que hacen ricos a los del dos por ciento.

Preparado para Triunfar

¿Te imaginas si hubieses sido preparado para triunfar con el dinero? ¿Puedes imaginar si hubieses sido preparado para la riqueza y que hubieses obtenido cuando eras joven este manual que estás sosteniendo en tus manos ahora mismo? ¿Te imaginas lo que serías hoy en día? ¿Puedes imaginar los hábitos que se te hubiesen instalado desde que eras pequeño?

Eso fue lo que me inspiró a escribir mi libro *Grooming the Next Generation for Success (Preparando a la Siguiente Generación para el Éxito)*.

Mis padres no me enseñaron muchas cosas cuando me estaban criando y colocaron en un hoyo muchas cosas que deseo no hubiesen hecho.

Sin importar lo que quisiste de niño, puedes tomar la decisión ahora mismo de preparar a tus hijos para el éxito, comenzando con este capítulo. Aprende cómo estar completamente libre de deudas y desarrollar riqueza generacional. Dale un propósito al dinero que sea poderoso, uno que deje un legado para las generaciones venideras.

Desea Independencia Financiera

Fuiste diseñado con riqueza en mente. Sabemos que eso es cierto porque la Ley del Deseo establece que si tienes el deseo de riqueza, es porque se te fue dado el diseño para tener riqueza. Compraste este libro, *Primeros Pasos Hacia La Riqueza,* porque tienes un deseo de volverte adinerado. Cuando el Gran Diseñador te armó, lo hizo con todo lo que te enseñé en el Capítulo 1. El deseo no es por cosas; es por libertad.

Cuando mi familia finalmente llegó a esta conclusión, tuvimos que reemplazar esa mentalidad de pobreza con una nueva manera de pensar. Sorprendentemente fue más fácil de lo que pensé que sería. Fue tan sencillo que cuando se lo hemos enseñado a nuestros clientes, se apropian de ello y se vuelven locos, atacando a la cosa que los ha estado atacando: sus deudas. ¡Es tu turno! Este es tu momento. Esta será la última vez que serás agobiado y estrangulado por las deudas.

Una persona que no es financieramente responsable está actuando de manera tonta. Los que son verdaderamente tontos son aquellos que desean y rezan porque la deuda sea cancelada mientras continúan comprando más cosas. Esta es una mentalidad de lotería que agobia a las personas por todo el mundo. Si eres financieramente irresponsable, tu deuda no será cancelada porque volverás a caer en ella nuevamente.

La Ley del Ascenso nos muestra que tenemos que ser leales con las pequeñas cosas para ser nombrados amos y señores de mucho más. Alcanzar la independencia financiera y la riqueza es ser nombrado "soberano de mucho".

La única manera de alcanzarla es siendo leal con el dinero que tienes, lo que significa dejar de ser tonto, gastando de más y vivir sobre tu capacidad. Significa destruir tu deuda con el dinero que normalmente estarías gastando en cosas banales.

La habilidad y la sabiduría van de la mano. He descubierto que la persona que persigue fantasías encontrará pobreza esperando por ella. Las fantasías son como loterías. Las fantasías son: desear casarte con una persona rica, esperar salir de las deudas sin ser financieramente responsable y pensar que tu deuda desaparecerá de alguna manera.

Ninguna cantidad de dinero es muy pequeña como para no pagarla. No esperes a que tu ingreso se incremente para poder pagar la deuda. Si no puedes ser leal con el dinero que tienes ahora, ¿qué te hace pensar que podrías ser leal cuando tengas más? Si eres como la mayoría de las personas, tienes un previo registro de caer más en deuda entre más dinero haces.

Piensa al respecto. ¿Estás haciendo más dinero hoy en día del que estabas ganando cuando empezaste a trabajar? Mi primer trabajo fue de niñera y ganaba un dólar por hora. ¿Cuál era el tuyo? ¿Estás más sumergido en las deudas ahora que cuando entraste a tu lugar de trabajo? Hay pruebas. Entre más dinero hagas, más te sumerges en deudas. Es perjudicial para ti tener que ganar más dinero para poder salir de las deudas. Tu historial nos dice que entre más dinero ganes, más te sumergirás en las deudas.

El sistema financiero entero está arreglado de tal manera que hace que las personas se vuelvan esclavas de las deudas. ¿Quién está calificado para obtener grandes préstamos? ¿Quién está calificado para comprar una casa de quinientos mil dólares? Esos individuos que ganan mucho dinero. Aquellos que no ganan mucho dinero sólo pueden aspirar a pequeños préstamos. ¿Lo ves? Entre más dinero ganes, más grandes serán las trampas para robar tu dinero, al hacerte caer en más deudas.

Todos somos engañados por personas extremadamente adineradas en posiciones poderosas, para fracasar financieramente. Fuimos guiados a una matanza financiera.

Es tiempo que nos defendamos y digamos: "A mí no. Ahora no. Ni a mis hijos. Nunca más, bobo. Ve a engañar a alguien más. Sacaré mi trasero de las deudas".

El Sentimiento de Libertad

Nada puede reemplazar el sentimiento de libertad financiera. Nada puede compararse con el sentimiento de saber que no le debes nada a nadie.

Un hombre de cincuenta y siete años pagó $182.000 en deudas, en dos años. Pasó a estar libre de deudas utilizando mi sistema de Guerra a la Deuda. No cambiaría su vida por nada del mundo porque por primera vez en su vida, es un hombre libre.

Si no tuviésemos tarjetas de crédito y deudas, ¿qué haríamos? Viviríamos como lo hicieron las personas sesenta años atrás, antes que la primera tarjeta de crédito saliera en los años 1950s. Tendríamos mejor salud. Tendríamos menos dolores, matrimonios más felices y menos divorcios. Tendríamos más hijos exitosos. Tendríamos menos embarazos en los adolescentes, porque los padres estarían relacionándose con sus hijos en lugar de trabajar todo el día para poder liberarse del tormento de las deudas.

Tendrías más dinero ahorrado. Tendrías dinero para invertir. Pagarías en efectivo por las cosas que compras. Tendrías dinero para tu riqueza a largo plazo, como bienes raíces, inversiones, comodidades o negocios. Estarías construyendo riqueza para las generaciones venideras.

Sin deudas incrementarías los ahorros de tu negocio. Tendrías activos en lugar de deudas. Podrías darles aumentos y bonos a tus empleados. Tu negocio podría donar más a las caridades. ¡Quién sabe, a lo mejor podrías comenzar tu propia obra de caridad!

La realidad es que la mayoría de nosotros hemos sido tontos financieramente y ahora estamos pagando el precio. Volvámonos financieramente responsables y cambiemos la vida de nuestra familia y la vida de las generaciones por venir.

Consumo Sabio vs. Consumo Tonto

Hay una diferencia entre el gasto sabio y el gasto tonto. Tienes que poner de un lado tu ego y dejar de defender tus hábitos de consumo. Ganas más dinero ahora del que ganabas cuando eras un adolescente podando el césped o haciendo de niñera, pero ¿sabes adónde se está yendo el dinero? Estás ganando más pero estás más sumergido en las deudas.

Ya sea que te des cuenta o no, tienes un plan financiero, así como Hans y yo lo tuvimos. El plan es que entre más hagas, caes más en deudas. Si inviertes tu dinero en algo que hace más dinero, estás creando riqueza. Pero si gastas ese dinero, el dinero se va.

Tu ingreso mensual está supuesto a crear algo, así como una semilla, pero la mayoría de las personas viven de salario a salario, lo que significa que se están comiendo todas sus semillas. No tienen nada para plantar y ver crecer.

Tus semillas están supuestamente para reproducirse. No se supone que sean comidas. Sin embargo, las personas gastan su dinero en celulares, televisores, comida que se desperdicia y ropa que no usan y que queda colgada en sus roperos con las etiquetas todavía puestas.

Puede que pienses que tener un celular es importante, pero ¿es una necesidad o un lujo? ¿Es una necesidad que tu hijo que está en cuarto grado tenga un celular? ¿Es sabio o tonto que todos tengan celulares en la casa cuando también hay un teléfono de planta en la casa? Y ¿el hecho de que los celulares ya no solo son celulares? Son pequeñas computadoras. Podemos navegar la Internet, comprar más cosas que no necesitamos, revisar nuestro correo electrónico, escribir correos, entrar a Facebook y tomar fotos y videos y subirlos a Youtube.

Tengo una pregunta para ti: ¿cómo era tu vida antes que los celulares existieran? ¿Era más sencilla?

Nos vendieron la idea que los celulares nos harían la vida más fácil y más conveniente, pero ¿es ese el caso? En mi opinión, las personas ya no tienen vida.

Tienen cero libertades debido a esta garrapata pegada a ellos. Lo que también es interesante es que no solo tenemos acceso al Internet en nuestros celulares, muchas personas también tienen internet en sus hogares. Así que estamos pagando por la misma tecnología muchas veces. ¿Logras ver esta ridícula telaraña brillante de finanzas que el 2 por ciento de la población creó? Te venden cosas que ahora piensas que necesitas y que no puedes vivir sin ellas. Tenemos cosas que nunca necesitamos hasta que el mercado nos enseñó que las necesitábamos y ahora pensamos que no podemos vivir sin ellas.

Puede que *necesites* un celular, pero no *necesitas* uno nuevo solo porque Apple salió con una nueva versión. ¿Es eso sabio o tonto?

La conclusión es: ahí es donde está yendo toda tu independencia financiera. Este es el porqué "nosotros, las personas" tenemos tantas deudas personales. Somos adictos a comprar cosas que ni siquiera necesitamos.

He aquí un ejemplo de cómo incluso la comida –una necesidad absoluta– puede volverse una decisión sabia versus tonta. ¿Es sabio o tonto gastar cien dólares a la semana en comida para dos personas en el hogar? ¿Comprar comida orgánica? Cuando estás gastando tres veces más de lo que cuesta la comida normal, cuando aún estás endeudado, ¿es comprar comida orgánica una necesidad o un lujo? Podrás pelear conmigo en ésta y decir que es una necesidad. Pero la verdad es que si fueses indigente no pagarías tres veces más por comida orgánica. ¡No tendrías el dinero!

Realmente tienes que caer en el entendimiento de la diferencia entre necesidad y lujo, y la diferencia entre consumo sabio y tonto. Gastamos todo nuestro dinero en cosas que se desperdician y no podemos descifrar por qué estamos atascados financieramente. La razón por la que estamos estancados financieramente es debido a que no estamos siendo leales con el dinero que se nos ha dado. Estamos gastando, en lugar de tomar una porción de nuestro dinero e invertirlo en lugares que nos producirán una rentabilidad.

Esto tiene que detenerse ahora. Estamos enseñando a nuestros hijos cómo saciar sus antojos, en lugar de ejercitar el músculo de auto control y sabiduría.

Estamos preparándolos para fallar, al dejarse llevar por todos sus antojos.

Trampas de las Deudas con los Autos

También necesitamos dejar de creer que está bien pagar más por pasivos que se deprecian.

No quiero hacer ver que todas las personas del 2 por ciento son bastardos codiciosos, pero donde se aplica, es lo que es. Los del 2 por ciento –específicamente los banqueros de Wall Street– han encontrado la manera de hacer dinero mientras te esclavizan con deudas pesadas y pagos de intereses. La forma más grande en la que hacen esto es a través de los préstamos de autos e hipotecas sobre casas.

¿Piensas que tu auto es un activo? ¿Crees que tu auto está aumentando en valor cada vez que lo manejas? ¡No! Apenas sacas un auto del concesionario, éste pierde un 20 por ciento de su valor. Sin embargo piensas que estás comprando algo que aumenta de valor.

¿Cómo sucedió eso? Otra pregunta, ¿cómo nos dejamos engañar para financiar un pasivo que se deprecia?

Hace tiempo, los banqueros y los fabricantes de autos se juntaron y descifraron cómo podían ganar más dinero trabajando juntos, del que ganarían por sí solos, y este entendimiento marcó el comienzo de ofrecer préstamos sobre los autos.

Verás, hace mucho tiempo cuando los autos aparecieron, tenías que pagar en efectivo para comprar un auto. No había tal cosa llamada financiamiento. Así que eventualmente los fabricantes de autos y los banqueros descubrieron algo muy, muy poderoso, lo cual fue: "Wow, me pregunto ¿qué sucedería si hiciéramos que este auto de veinte mil dólares estuviese disponible por sólo trescientos dólares al mes?".

Los banqueros hacían dinero de los intereses, y los fabricantes de autos podían vender más vehículos. Si un auto sólo cuesta trescientos o cuatrocientos dólares al mes, más personas comprarán más autos.

No solo eso, también descubrieron que si atrapaban a las personas con un préstamo, podían venderle la idea de un nuevo auto cada dos años.

Este modelo creó un círculo de crédito sin fin y una deuda interminable por transporte. Antes, cuando tenías que pagar en efectivo por un vehículo, la mayoría de las personas ahorraba para pagarlo y cuidaban mucho de su compra. Sin embargo, cuando los banqueros y los fabricantes de autos se unieron, pusieron a los americanos bajo deudas por un pasivo que se deprecia.

Esta es una compra que se deprecia, que ni siquiera es un activo; es un pasivo. Un pasivo cuesta dinero constantemente sin producir un ingreso, mientras que un activo es algo que producirá un ingreso y aumentará en valor.

Los bancos te dan un préstamo sobre este pasivo que se deprecia, lo que provoca que incluso pagues más por él. Como resultado, los banqueros y los concesionarios ganan más dinero por tu estupidez y avaricia. Queremos lo que queremos, lo queremos ahora y lo queremos por menos. Nunca nos detenemos a ver la realidad y a verdaderamente determinar cuánto vamos a pagar por el auto o cuánto valdrá dentro de cinco años. Terminamos pagando muchas veces por un vehículo que vale mucho menos.

Los banqueros usaron esta estrategia como una prueba para descubrir si las personas pagarían por un pasivo que se deprecia. ¿Pagarían exponencialmente más dinero los americanos por algo que exponencialmente valdrá menos? La respuesta fue sí.

De hecho, los americanos lo hacen cada dos años una y otra vez. Simplemente obtienen un nuevo auto, un nuevo préstamo y pagando más intereses.

Pero no deberías querer tener que hacer pagos sobre el vehículo. En mi sistema de Guerra a la Deuda, el cual te enseñaré en el siguiente capítulo, verás cómo eliminar la deuda del vehículo.

Trampa de Hipoteca sobre la Casa

Los banqueros fueron capaces de convencer al 98 por ciento de las masas de pagar intereses por sus vehículos. ¿Pero podrían hacerlo con las casas?

¿Estarían las masas dispuestas a pagar intereses y pagos mensuales por un préstamo hipotecario? Una vez más, la respuesta fue sí.

Esta última técnica de bienes raíces devastó, lisió y aniquiló completamente la economía de nuestro país, y ¿quién lo hizo?

Los mismos bastardos codiciosos (banqueros) y el mismo consumidor codicioso (nosotros) quienes renunciamos al sentido común hace mucho tiempo. Los banqueros decidieron darles a las personas la oportunidad de comprar casas de quinientos mil dólares por sólo dos mil dólares al mes. Fue exactamente la misma primicia que un préstamo de auto. Era un matrimonio perfecto hecho en el infierno.

Debido a esta propuesta, ahora hemos adoptado la mentalidad de pobreza que espera pagar menos por algo de mucho más valor. Es una mentalidad de lotería; es perseguir una fantasía, y el perseguir una fantasía siempre terminará en pobreza. La conclusión es que tendrás que pagar por todo lo que tenga valor. Y si parece haber una manera de no pagar, confía en mí, pagarás por ello a lo largo del camino. Eventualmente, pagarás por ello, horriblemente.

Muchas personas piensan que los pagos mensuales de una hipoteca no son una deuda. No lo consideran deuda; piensan que es sólo una forma de vida. Algunas personas piensan igual acerca de los préstamos para estudios. Nos hemos vuelto persona que aceptamos las deudas como parte de nuestra vida y de la vida de nuestros hijos, pero la deuda no es vida. La deuda es una decisión que NO tienes que tomar.

Hubo un tiempo en los Estados Unidos en donde los pagos por las casas ni siquiera existían; pagabas en efectivo por tu tierra y construías tu casa con tu efectivo. Alguna vez no era posible financiar estas cosas, y en ese entonces nuestro país y nuestra gente eran libres. Hoy en día somos esclavos del dólar todo poderoso y de los bancos. Pero tenemos que salir de esto. Esta no es la herencia que queremos pasar a nuestros hijos.

En el sistema de Guerra a la Deuda en el siguiente capítulo, aprenderás una manera de pagar tu hipoteca en cinco o siete años. ¡Sí, cinco o siete años! Si lo decides, puedes ser dueño de tu casa, libre y limpia.

La Ilusión de Riqueza

El noventa y ocho por ciento de la población hemos vivido bajo el falso sentimiento de riqueza debido a que podemos darnos el lujo de gastar dinero. Nos hace sentirnos exitosos en el momento que estamos usando nuestra libertad para comprar algo que claramente no necesitamos pero que nos hemos convencido que sí "necesitamos". Sólo el dos por ciento verdaderamente entiende la riqueza.

El noventa y ocho por ciento de la población comerá todas sus semillas. El dinero es una semilla. Se supone que tiene que multiplicarse, y no se puede multiplicar si lo estás consumiendo todo. Tienes que dejar de ser un ser humano consumista y comenzar a ser un ser humano que produce ingresos.

¿Sabes lo que pasó con el dinero que hiciste en los últimos cinco años? Dos por ciento de la población sabe exactamente adónde va el dinero. El noventa y ocho por ciento de la población no tiene idea. Puedes ponerle un alto cuando descubras adónde se está yendo.

Se te ha asignado una cierta cantidad de dinero cada mes. Das tus habilidades a cambio de ese dinero. Este dinero es el territorio financiero del cual estás a cargo de gobernar. Digamos que lo que se te asignó son dos mil dólares al mes. Si eres fiel con esos dos mil dólares al mes, entonces le estarás dando buen uso y multiplicarás el dinero. Cuando estás multiplicando el dinero, se te dará más territorio financiero para gobernar.

Pero si gastas todo lo que ganas cada mes, no se te dará más territorio. Tienes que ser leal con los dos mil dólares al mes para obtener cuatro mil dólares, para obtener seis mil dólares, para obtener diez mil dólares y para obtener cien mil dólares al mes. Una vez que te des cuenta que ésta es la ley financiera y comiences a jugar bajo las reglas, comenzarás a ganar más territorio financiero y acumularás riqueza. **YA-9**

Tu primer paso hacia la riqueza es ser leal gobernando tu actual territorio financiero. Ya sea pequeño o grande, puedes agrandarlo hasta donde tú desees.

Gana 16.82 por ciento de Retorno

Todavía en febrero del 2011, la tarifa de interés típica de las tarjetas de créditos en los Estados Unidos era el 16.82 po ciento, según IndexCreditCards.com. Bueno, en lugar de pagar eso a MasterCard, Visa, Discover y todas las otras compañías de tarjetas de crédito, puedes estarte pagando eso a ti mismo. Imagina lo que podrías hacer para construir tu riqueza si te estuvieses pagando un 16.82 por ciento de intereses.

En el siguiente capítulo compartiré contigo, paso a paso, el sistema de Guerra a la Deuda para que puedas transformar desperdicios en riqueza y liberarte de la deuda. Con este sistema, puedes pagar todas tus tarjetas de créditos. Puedes pagar tu auto. Y puedes pagar tu casa en cinco o siete años.

Aprenderás a estar libre de deudas. ¿Te gustaría eso? Con este sistema, estarás libre de la esclavitud de la deuda por siempre. ¡Sí, por siempre!

LO QUE DICEN NUESTROS CLIENTES

¿Funcionará esto para ti? He aquí lo que dicen algunos de nuestros clientes:

Antes de aprender acerca de no solo crear riqueza, sino también mantenerla y hacerla crecer, estaba endeudado, viviendo de salario a salario, sin ahorros. Después de invertir en mí y aplicar los principios que Dani enseña en Primeros Pasos Hacia el Éxito y Creando una Dinastía, mis inversiones en bienes raíces han producido un retorno de casi el 100 por ciento, y otras opciones de inversión que Dani enseña me han dado un retorno de más del 30 por ciento en poco más de un año. Ahora tengo una cuenta para mi patrimonio y una cuenta para mis ahorros que continúan incrementándose.

También estoy viviendo una vida más sencilla con menos estrés, tengo más libertad con mi tiempo y he pagado más de $180.000 en deudas en 37 meses. ¡Ahora estoy viviendo libre de deudas por primera vez en más de 35 años! ¡Y dono más dinero a mis caridades favoritas que antes!

-Alan Holcomb

Estábamos ganando seis cifras y gastando seis cifras, y casi $ 1.000.00 al mes iban a parar a nuestras tarjetas de créditos. Estábamos gastando $1.600.00 en alimentación al mes. No éramos dueños de nada. Vivíamos en un apartamento de dos habitaciones que costaba $400.00 al mes. Nuestros autos no habían sido pagados. No teníamos nada. Luego asistimos al seminario Primeros Pasos Hacia la Riqueza de Dani. Esto nos hizo reaccionar y empezamos a cambiar nuestra vida. Hoy en día somos dueños de dos casas, y somos dueños de nuestros autos. Logramos salir de los créditos sin fin. Hemos pagado $170.000.00 en 38 meses y compramos nuestro primer hogar. Ahora tenemos cinco fuentes de ingresos y una más lista para iniciar.

-Mary Starr Parmley Carter

Antes de trabajar con Dani Johnson, era una madre frustrada de cuatro niños menores de cinco años y una esposa controladora de un militar que solo vivía trabajando. Estábamos isumidos en deudas, y pensé que hacer más dinero era la solución. Desde que trabajé con Dani Johnson y asistí a múltiples eventos en vivo, hemos pagado $500.000.00 en deudas. Estamos completamente libres de deudas y ahora tenemos $75.000.00 en efectivo y activos que están creciendo. Nuestro matrimonio y nuestra forma de educar se han realzado y mejorado muchísimo por lo que ahora recibimos cumplidos constantemente por nuestros hijos. ¡Ahora tenemos tantas opciones en la vida!

-Janina Bitz Vasquez

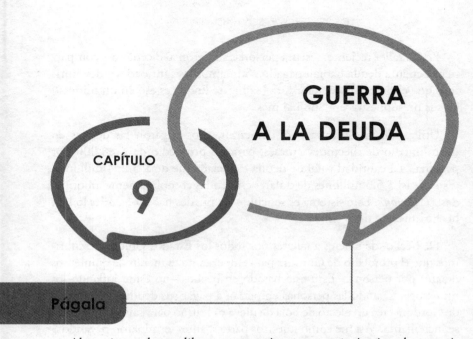

GUERRA A LA DEUDA

CAPÍTULO

9

Págala

Al comienzo de este libro te prometí que te enseñaría cómo hacer más dinero, mantener más dinero, y hacer del dinero tu esclavo. En el último capítulo, te enseñé cómo el 98 por ciento de las masas se han convertido en esclavos de las deudas y cómo necesitas liberarte de ellas.

Ahora voy a enseñarte cómo mantener tu dinero. Lo logras al declararle La Guerra a la Deuda –pagando tus deudas, tus tarjetas de crédito, las cuotas de tu auto, e incluso la hipoteca de tu casa. Vas a liberarte de las cadenas que te mantienen esclavo de las deudas.

Aprenderás mi sistema de Guerra a la Deuda. Enseñamos esto en nuestro seminario "Primeros Pasos Hacia el Éxito", a través de DVD´s, audios y cursos para estudiar en casa. Algunos de nuestros estudiantes han empezado círculos de estudio de Guerra a la Deuda en sus hogares, negocios, comunidades e Iglesias. Nuestros clientes han pagado literalmente millones de dólares en deudas utilizando este sistema.

En nuestros seminarios "Primeros Pasos Hacia el Éxito", hacemos que nuestros clientes que vienen por segunda vez suban al escenario y compartan cuánta deuda han pagado. Empiezo a llorar cada vez que escucho las inmensas cantidades de éxito que han tenido.

En un taller reciente, sesenta personas subieron al escenario y compartieron cuánta deuda habían pagado. Sumamos las cantidades y descubrimos que el promedio de Gordura (explicaré lo que es eso en un minuto) en sus presupuestos era $685 al mes.

Utilizando la Gordura para comenzar, ellos pagaron las deudas en un promedio de diecinueve meses, para un promedio de $ 88.000 por persona. La cantidad total de deuda cancelada fue de $ 5.294 millones. ¡Eso es casi $ 5.3 millones de dólares en deudas completamente aniquiladas! *¡Reacciona!* Este sistema es sencillo y tú puedes hacerlo. Miles lo han hecho antes de ti.

De hecho, de talleres a talleres por todos los Estados Unidos descubrimos que el promedio de Gordura para empezar, no es menos de quinientos dólares por persona. Esto está basado en hechos –no estoy inflando los números–. Cuando las personas empiezan a pagar sus deudas, la cantidad de Gordura crea un efecto de bola de nieve y el ritmo para cancelar la deuda se incrementa. Así fue como nuestros participantes terminaron pagando $ 5.2 millones en deudas en un tiempo promedio de diecinueve meses.

Ahora, para aquellas personas Esmeraldas que están haciendo las matemáticas y calculando los números, la Gordura en sus presupuestos comienza con $ 685.00 al mes. Pero debido a que la cantidad de deuda que pagaron tuvo un efecto de bola de nieve mientras el tiempo transcurría, la cantidad que terminaron pagando se le suma muchas veces más a ese número en un período de tiempo muy corto.

Una vez que encuentres la Gordura en tu presupuesto, puedes invertir ese dinero que está siendo desperdiciado en algo que te dará un 16.82 por ciento en retorno. ¿Cómo te caería un 16.82 por ciento de retorno en tu dinero? No lo puedes ganar en la Bolsa de Valores o en bienes raíces. Pero puedes hacerlo al cancelar tus tarjetas de crédito.

He aquí la manera específica de hacer eso.

Siete Pasos para Reducir Deudas

1. HAZ UNA LISTA DE TUS INGRESOS.

Escribe cuánto dinero has hecho en los últimos cinco años. Anota tu salario, bonos, herencias, ingresos inesperados, ganancias – todo. ¿Cuánto pasó por tu cuenta en los últimos cinco años?

Tal vez no lo sepas. Está bien, entonces descubre cuánto ganaste el año pasado e incluso el mes pasado. Entre más sepas, mejor podrás atacar.

Recuerda, los ricos saben a dónde va cada centavo, mientras que los del 98 por ciento no tiene ni la menor idea. Eso es algo sencillo que puedes cambiar ahora mismo. Descubre a dónde está yendo todo tu dinero.

2. DESCUBRE CON CUÁNTO TE QUEDASTE

Ahora escribe cuánto te quedó.

¿Cuánto tienes en tus ahorros? ¿Cuánto efectivo tienes? Si tú y tu pareja hicieron $250.000.00 en los últimos cinco años – los cuales son $50.000.00 al año – ¿cuánto de esos $250.000.00 te quedó?

En marzo del 2011, la pareja americana promedio ganaba un ingreso combinado de $45.000.00 al año, según SimplyHired.com. ¡Eso es 225.000.00 en cinco años! Si ese es tu caso, ¿con cuánto de eso te quedaste?

Dos por ciento de la población sabe exactamente a dónde va el dinero, el otro 98 por ciento no tiene idea. Dejarás de desperdiciar tanto dinero cuando descubras hacia dónde va. Estaba furiosa cuando me di cuenta que estaba gastando más de $14.000.00 al año en almacenes y tiendas de abarrotes, lo cual no incluía todas las comidas que comíamos en restaurantes. Eso fue en un tiempo en donde sólo éramos Hans, una niña de cinco años, un niño de tres años, un bebé de nueve meses y yo, en nuestra casa. Estaba molesta que ese dinero estuviese yendo a las cuentas de bancos de esos negocios en lugar de la nuestra.

3. DESCUBRE HACIA DÓNDE FUE.

Descubre hacia dónde fue el dinero.

¿A dónde se fue todo el dinero? ¿Qué pasó con el dinero que hiciste en los últimos cinco años?

¿Qué pasó con tu último bono o aumento? ¿Hacia dónde fue?

Busquemos el dinero. Lo gastaste en tu auto, casa, computadora, juguetes, accesorios, artículos y tragos en lugares elegantes.

¿En dónde más está el dinero? El dinero está en tu casa. Está en tu tocador del baño. ¿Por qué tienes todos esos productos? Porque tienes dinero.

Vayamos al garaje. Tienes doscientas herramientas y ¿aun así llamas al técnico para que arregle la lavadora de platos? Eso es debido a que tienes dinero.

Vayamos a la cocina. ¿Cuántas opciones tienes para el desayuno en tu despensa ahora mismo? Ya no es sólo avena; ya no es sólo la avena clásica. Las avenas de hoy en día son de fresas y crema, bananas y crema, arándanos y crema, y sirope y azúcar morena. ¿Cuántos diferentes tipos de sabores de cereales tienes? ¿Cuántos tipos de panes?

Vayamos ahora a tu refrigerador. ¿Cuántas opciones de desayuno tienes ahí? ¿Eres como muchos que tienen cinco o siete opciones simplemente para el desayuno? ¿Fruta, yogurt, huevos, tocineta, salchichas, mermelada para las tostadas y queso crema para los panes? No sólo queso crema, porque tienes cada sabor imaginable de queso crema, como si el queso crema clásico no fuese suficiente.

¿Qué hay del congelador? Todavía seguimos en el desayuno. Waffles congelados, panqueques congelados, deditos de tostadas francesas y burritos para desayunar. ¿Puedes creer todas las opciones con las que fuimos engañados para comprar? Después estamos comprando más cosas en la tienda cuando todavía tenemos comida en nuestra despensa, refrigerador y congelador.

Y ni siquiera hemos hablado acerca del almuerzo y la cena. Sin mencionar aperitivos.

Dependiendo del tamaño de tu familia o del tamaño de tus bolsillos, probablemente tienes cientos de dólares en comida en tu casa en estos momentos. Las opciones nos están matando. Las opciones están tomando el dinero de nuestros bolsillos y colocándolo en los bolsillos del comerciante. A esas corporaciones no les podría importar menos tu futuro. No les podría importar menos tu bienestar, tus hijos y la generación de abundancia que estás supuesto a heredar.

Lujos vs. Necesidades

Los del 98 por ciento utilizan las tarjetas de créditos para comprar cosas, mientras que los del dos por ciento usan crédito para construir riqueza. Por ejemplo, el 2 por ciento utiliza crédito para comprar casas como inversiones de bienes raíces. Están ganando dinero de la propiedad mientras el Banco mantiene el préstamo.

Si eres financieramente independiente, puedes tener la gran casa o cinco Lamborghinis si lo deseas. Vive la vida que quieres vivir, pero si estás en deuda, no tienes el derecho de estar comprando en el centro comercial cada semana. Cuando le debes dinero a alguien, renuncias a tu derecho de comprar más ropa, zapatos, bolsos, electrodomésticos y herramientas.

Hubo un tiempo en los Estados Unidos en el cual era una vergüenza estar en deuda. Si debías dinero, tomabas un segundo trabajo y trabajabas hasta el cansancio. Reducías todo en tu presupuesto solo para poder pagarle a esa persona. Hoy en día, no hay pena pública por estar endeudado. Las personas utilizan sus tarjetas de crédito como si nada. Y gastan dinero en más cosas aunque le deban dinero a un montón de personas.

Hasta que hayas pagado tu deuda, reduce tu presupuesto y elimina los lujos. Una vez que seas financieramente independiente, puedes vivir como quieras en esa bella casa. De hecho, no compres una – compra dos– Compra una casa en la playa y una en las montañas. Ve a esas vacaciones gloriosas y exóticas con tus amigos y familia que tanto has esperado. Sal y vive como quieras vivir.

Pero la conclusión es, que hemos renunciado a nuestra libertad al darnos pequeños y estúpidos lujos cada semana. Por ejemplo, muchos renuncian a su libertad financiera por comprarse todos los días un café en las calles sin siquiera darse cuenta. Piensa en ello, en los Estados Unidos solíamos pagar veinticinco centavos de dólar por una taza de café; ahora pagamos cinco dólares sin pensarlo. Ya no es simplemente un café, es un postre. Luego nos quejamos acerca de vivir de un salario a otro y cómo no podemos comprar ciertas cosas.

Todo eso mientras estamos endeudados y gastando dinero en lujos y debiéndole dinero a otros.

Puedes tener grandes sueños como hablamos en el capítulo dos. Pero si tu ingreso es más pequeño que tus sueños, asegúrate de pagar tu deuda y de agrandar tu ingreso.

Si estás endeudado, necesitas vivir acorde con tus necesidades; tienes que reducir tus lujos, y utilizar una porción de la Gordura que encuentres – está siempre en los lujos – para cancelar la deuda. Después querrás dirigir una porción de esa Gordura a diversión, vacaciones, ropa nueva, o los lujos que pienses que quieras poseer ahora.

Este proceso es simple. Siéntate y haz una lista de lo mínimo que necesitas para sobrevivir. Yo fui una mujer indigente, así que sé exactamente lo que no necesitas para vivir. No necesitas múltiples maneras de transporte. No necesitas múltiples teléfonos. De hecho, un teléfono es un lujo. No necesitas quinientos dólares en comida para una persona. Ni siquiera necesitas quinientos dólares en comida para tres personas en una casa – esos son lujos. Si estas gastando más de veinticinco dólares a la semana en comida para una sola persona estás gastando de más en tu presupuesto de comida.

¿Quién se está Volviendo Rico?

Las corporaciones se están volviendo ricas gracias a nuestros antojos, y sus hijos se van a mantener ricos por nuestra falta de auto control. Sus hijos asistirán a prestigiosas universidades por las cuales pagaste, mientras tus hijos estarán en las universidades públicas, repartiendo pizzas para ayudarse a pagar los libros. Mientras tanto les estamos enseñando a nuestros hijos a comprar según sus antojos. Están siendo enseñados a arrojar el dinero a la basura cuando la comida se descompone. Están siendo enseñados a hacer ricos a otros, mientras ellos luchan su vida entera simplemente para poder sobrevivir.

Esto nos lleva de regreso a la Ley de Cosechando y Sembrando. Tu dinero es la semilla que plantas.

Tu semilla está destinada a reproducirse. No está destinada a ser comida. Gastas tu dinero en celulares, televisores, comida que no comes y ropa que no vistes.

Yo sólo compro comida una vez a la semana y comemos toda la comida que tenemos esa semana. Planeo cada comida y sólo compramos la comida que necesitamos. No voy a la tienda si hay comida en mi cocina. Mi despensa no está llena de cajas y latas, sólo tenemos un pequeño congelador.

¿Por qué tienes comida en tu refrigerador que se llega a desperdiciar? Porque tienes el dinero. ¿Por qué tienes ropa en tu armario que todavía tiene puestas las etiquetas? Porque tienes el dinero.

Desperdicios en Tu Casa.

Busca todos los desperdicios en tu casa. Mira todas las marcas de champú, lociones y exfoliantes que tienes amontonados en tu baño. Tu estilo de vida libre de deudas está en tu despensa, armario y garaje. Tienes el dinero para unas vacaciones soñadas, pero es desperdiciado en pequeñas cosas.

Esto es lo que yo llamo Gordura. Es el exceso que es innecesario para nosotros a fin de poder tener grandes vidas. Esto es Gordura en tu presupuesto que ni siquiera sabes que tienes. Cuando verdaderamente eches un vistazo a lo que tienes, en lo que gastas tu dinero y hacia dónde va, te sorprenderás por la cantidad de Gordura en tu presupuesto. Te voy a enseñar cómo encontrar esa Gordura y utilizarla para alcanzar la libertad financiera.

Quiero que escribas en una hoja de papel cuántos gastos excesivos tienes en tu presupuesto.

Empieza a vivir bajo una nueva tendencia libre de consumos sin sentidos. Ya tienes el efectivo – simplemente lo estás colocando en el lugar equivocado.

Si eres como nosotros éramos, probablemente tengas comida convirtiéndose en proyectos de ciencia en tu refrigerador u obteniendo quemaduras por el frio en tu congelador.

Simplemente tiramos esa comida en el basurero – lo cual es dinero a la basura.

Quiero que pruebes esto ahora mismo. Agarra tu billetera y saca todo tu efectivo. Luego tira ese efectivo al basurero. Hazlo. Esta es una técnica visual muy importante, anda y hazlo, esperaré por ti. No seas como las demás personas que no siguen direcciones. Tira tu dinero a la basura ahora.

¿Te diste cuenta que sentiste un instinto de proteger tu dinero? No se siente bien el tirar el dinero que tanto nos costó a la basura, ¿o sí? Es completamente ridículo, estúpido y tonto, ¿verdad? Bueno, estamos tirando dinero a la basura cada vez que botamos comida o dejamos comida en el plato de un restaurante.

Ordena menos comida cuando salgas a comer, y si todavía sigues hambriento pide algo más. Te sorprenderá cuánto peso perderás cuando ordenes menos comida. ¡Puedes ahorrar dinero y perder peso al mismo tiempo!

4. REDUCE LA GORDURA

Haz una lista de lo mínimo que necesitas para sobrevivir – mantener tu casa, transporte y comida. Descubre hacia dónde está yendo tu dinero. Y me refiero a cada centavo. Luego encuentra la Gordura - el dinero excesivo que gastas en cosas tontas.

Nosotros lo hicimos y redujimos nuestro presupuesto de comida a la mitad y seguimos comiendo como la realeza cada noche. He sido capaz de alimentar a nuestra familia y amigos – de siete a nueve personas – con tan sólo $ 75 a $ 125 a la semana. Además tenemos grandes cenas dos o tres veces al mes para treinta o sesenta personas.

Y no comemos cualquier cosa para cenar. Te estoy hablando de pollo parmesano con pasta, ejotes salteados en ajo, hermosas ensaladas, filete de pollo frito, puré de papas, salsa de maíz con mantequilla, y espárragos salteados. ¿Estás entendiendo? Comemos comida increíble cada noche con un bajo presupuesto. Logramos esto al controlar nuestros gastos y comiendo todo lo que compramos.

Si estás gastando más de cien dólares a la semana en comida y tienes menos de seis personas en la casa, tu presupuesto para la comida está fuera de control. Así que suma la cantidad, más los gastos de la casa y transporte y luego resta eso de tu ingreso mensual, el resto es pura Gordura.

Una vez que descubras hacia dónde va tu dinero, verás cómo tu dinero está haciendo ricas a otras personas y no a ti. ¿Cuánto estás gastando en las tiendas cada mes? ¿En los supermercados o en las tiendas de abarrotes? ¿En los restaurantes o en los lugares de comida rápida? ¿En las cafeterías, tiendas por departamentos o en iTunes?

Pregúntate a ti mismo: "¿quiero continuar haciéndole una fortuna a las tiendas? ¿Todavía vale la pena seguir en quiebra, endeudado y ser un esclavo financiero? o ¿quiero construir mi propia cuenta bancaria y acumular riqueza?". ¿Estás satisfecho sabiendo que los hijos de estos comerciantes irán a las universidades de Harvard, Stanford o Cambridge y tus hijos no? ¿Sus hijos están disfrutando vacaciones familiares en lugares exóticos mientras que los tuyos están acampando otra vez? ¿Sus hijos, debido a que estás construyendo la riqueza de estos comerciantes, serán financieramente independientes por generaciones y tus hijos van a sufrir financieramente? ¿Te parece bien todo esto? No lo está para mí y no lo debería estar para ti.

Como dije, hemos descubierto después de trabajar con miles de clientes por todo el mundo que el promedio mensual de Gordura es de quinientos dólares por mes. ¡*Sí, quinientos dólares!* El tuyo podría ser mayor o menor, pero encontrarás la Gordura. Tu meta es cortar la Gordura.

Vas a transformar esa Gordura en puro músculo, en ahorros y dinero para forjar tu futuro.

Resaltadores

Si realmente estás decidido a atacar esto como yo lo estaba, entonces conéctate a la red e imprime tu último estado de cuenta. Ahora agarra un resaltador y empieza a resaltar hacia dónde va el dinero.

He aquí cómo hacerlo, utiliza cinco resaltadores – amarillo, rosado, azul, morado, naranja- Elige un color para cada categoría y empieza a resaltar.

- Amarillo – Comida
- Rosado – Pagos de Deudas
- Azul – Necesidades – Renta, Servicios, Agua.
- Morado – Gasolina para tu vehículo u otros costos de transporte.
- Naranja – El resto de tu Gordura.

Si sacaste dinero del cajero automático, eso va bajo "Gordura" porque probablemente no sabes en qué gastaste esos dólares. Es muy posible que los hayas gastado en comida o en diversión.

Una vez que hagas esto, tu estado de cuenta estará lleno de diferentes colores. Suma los gastos de cada categoría para que puedas ver los totales.

Luego revisa cada categoría. Descubre qué es una necesidad y qué es un lujo. Miremos la comida, por ejemplo: Ese postre de cinco dólares – ¿es una necesidad o un lujo? El salir a comer – ya sea comida rápida o a un restaurante – ¿es una necesidad o un lujo? Esa lechuga orgánica por la cual pagaste tres veces más de lo que hubieses pagado en una tienda de abarrotes normal – ¿es una necesidad o un lujo? O ese batido de fresas que compraste en el restaurante de comida rápida porque se veía bien en un afiche, aunque no tenías hambre – ¿necesidad o lujo?

Suma lo que verdaderamente son las necesidades. Si te apegas a tus necesidades, te apuesto a que puedes reducir tus gastos de comida a la mitad. De quinientos dólares a doscientos cincuenta dólares al mes o de seiscientos dólares a trescientos dólares al mes. ¿Qué pasa con el combustible? ¿Realmente necesitas hacer ese viaje al Centro Comercial y luego regresarte a tu casa, luego ir al supermercado y de nuevo a tu casa y después al salón?

Al cortar la Gordura, una mujer con la que trabajé redujo sus gastos de gasolina de trescientos a ciento cincuenta dólares al mes.

Invitar a almorzar a alguien o comprar regalos para alguien – ¿necesidad o lujo? -Deja de gastar dinero en los demás y enfócate en tus propios gastos. Estás endeudado. No te puedes dar el lujo de gastar esa cantidad de dinero en ese tipo de cosas, las cuales son todas Gordura, hay otras maneras de demostrarles a las personas que las aprecias.

Con tu tarjeta de crédito, los pagos mínimos son las necesidades. Cualquier cosa extra es Gordura.

Encuentra tus necesidades de cada categoría y descifra un presupuesto realista, cualquier cosa arriba de eso es Gordura. Suma la Gordura. Eso es lo que usarás para pagar tus deudas.

Una vez que tengas un presupuesto realista para cada categoría, coloca las cantidades de efectivo en sobres. Eso es todo lo que tienes para gastar, cuando termines de gastarlo, no tendrás nada más ese mes.

5. PAGA TUS TARJETAS DE CRÉDITO, PRÉSTAMOS DE AUTOS E HIPOTECAS

Paga Tus Tarjetas De Crédito

Así es como se convierte esa Gordura en músculos.

Toma un pedazo de papel, un lapicero y el estado de cuenta de tu tarjeta de crédito. Empieza a escribir los números. En el cuadro puedes ver el ejemplo. Comienza con tu balance más pequeño de las tarjetas de crédito. Luego el siguiente más pequeño, como enseño en el cuadro.

Anota tus tarjetas de crédito. Anótalas según las cantidades que se les debe a las compañías de cada tarjeta de crédito, de la más pequeña a la más grande.

En el ejemplo, anoté cinco tarjetas de crédito, desde el balance más pequeño de quinientos dólares hasta el balance más grande de cinco mil dólares.

En la siguiente línea están los pagos mínimos mensuales. Anótalos. Mira los estados de cuenta de tus tarjetas de crédito y anota esos números.

En el cuadro de ejemplo que hice, verás los pagos mínimos. Para el balance de $500, son $10. Para el de $1.000, son $20. Para el de $1.200, son $25. Para el de $3.000, son $75. Y para la de $5.000, son $150.

Sistema de Guerra a la Deuda

Cantidad de Gordura: $500

Deuda	Pagos Mensuales	No. de Meses Para Pagar
$500	$10	?
$1.000	$20	?
$1.200	$25	?
$3.000	$75	?
$5.000	$150	?

Luego utiliza la Gordura para empezar a pagar la deuda, una tarjeta de crédito a la vez. Empieza con la tarjeta que tenga el balance menor, para que obtengas la emoción y el poder que viene de cancelar la deuda de la tarjeta rápidamente. Esto realmente se vuelve divertido. Cuando sales de la primera tarjeta de crédito te sientes como si le acabaras de dar una paliza a tu enemigo. ¡Oh, es muy estimulante!

Primero, agrega la Gordura en tu presupuesto a los pagos mínimos de tu primera tarjeta de crédito y paga eso cada mes. Todavía pagarás los pagos mínimos mensuales de las otras tarjetas mientras le agregas la Gordura al primer pago.

Ve a la siguiente página para ver cómo esto funciona.

Sistema de Guerra a la Deuda
Cantidad de Gordura: $500

Deuda	Pagos Mensuales	N. de Meses Para Pagar
$500	$510 ($500 gordura + $10 min)	1
$1.000	$530($510 + $20 min)	2
$1.200	$555($530 + $25 min)	2
$3.000	$630($555 + $75 min)	5
$5.000	$780($630 + $150 min)	7

Totales:

$10.500		17 meses

En el ejemplo anterior, estoy sumando los $500 en Gordura a los $10 de pagos mínimos mensuales para la primera tarjeta de crédito. Se hace un total de $510 al mes. ¿Cuánto tiempo te toma pagar esa deuda de $500? Un mes.

Suma el mínimo mensual a tu Gordura para que los pagos tengan un efecto de bola de nieve. ¿Alguna vez has pagado una tarjeta de crédito? Probablemente no sepas adónde fue el dinero para el pago del mínimo mensual. Se fue en comprar más cosas. En lugar de hacer eso, toma el dinero y paga tu segunda tarjeta. Cuando hayas hecho eso, empezarás a pagar tu tercera tarjeta de crédito.

En el ejemplo, la segunda tarjeta muestra $510 en Gordura que fue previamente usada en la primera tarjeta de crédito, la cual ya se pagó, más $20 del mínimo para el pago de la segunda tarjeta. Eso hace un pago total de $530.

¿Cuántos meses toma el pagar esa segunda tarjeta de crédito? Ya que son $1.000 de deuda dividida por $530, la respuesta es dos meses. ¡Dos meses y esa deuda desaparece! Así que en tres meses, has aniquilado dos tarjetas de tu lista. Ahora tu confianza se empieza a fortalecer. Ahora empiezas a sentir el fuego dentro de ti para vencer al enemigo que te ha causado ataduras y pesadez todos estos años.

En este momento estás sintiendo que puedes hacer esto y que serás libre de deudas y financieramente independiente.

Al siguiente mes tomas los $530 y le sumas los $25 del pago mínimo, lo que te dará $555 para la deuda de $1.200. ¿Cuántos meses te toma el pagarlo? Dos meses. Pronto tendrías otra deuda aniquilada.

Luego tomas esos $555, más los $75 del pago mínimo de la siguiente, dándote $630 del pago mínimo para la deuda de $3.000. ¿Cuántos meses te tomaría? Cinco.

Para el tiempo que hayas aniquilado esa deuda, tienes $630 en Gordura para pagar esa última tarjeta de crédito. Ya conoces el sistema. Suma $630 al pago mínimo mensual de $150 para la última y tienes $780 para pagar la deuda de $5.000. ¿Cuántos meses te tomará? Siete.

Suma los totales. ¿Cuánta deuda tenías al principio? $10.700. ¿Cuántos meses te llevó pagarla? Diecisiete.

Toda esa deuda desapareció en diecisiete meses. Estás libre de las deudas de tarjetas de crédito en diecisiete meses, versus tener más deudas.

Una vez que hayas cancelado las tarjetas de crédito, te sentirás mejor contigo mismo. Es por eso que empecé con la más pequeña. Se siente como, "¡vaya! ¡Lo hice! ¡Ahora voy por la segunda! ¡Ahora voy por la tercera!" Pronto tendrás esta motivación trabajando para ti.

Tenemos miles de estudiantes que han utilizado el sistema de Guerra a la Deuda para pagar millones de dólares en deudas. Pero tienes que estar dispuesto a obedecer y debes estar dispuesto a liberarte de las ataduras de tus cosas.

Paga tu Auto

Nunca deberías tener que pagar cuotas por un auto. Te expliqué en el último capítulo cómo los banqueros y los fabricantes de autos se unieron para crear las cuotas que te permitieron pagar por un vehículo, para que terminaras pagando más por un auto, que realmente se está devaluando.

Algunas personas en América ven los pagos de un vehículo como una forma de vida.

Los banqueros y los fabricantes de autos nos han convencido que caer en deuda por un vehículo es algo inteligente, cuando realmente es algo estúpido.

Los pagos para un vehículo son deudas, aunque nuestra cultura ha sido entrenada para creer que no lo son. Así que si tienes alguna deuda con un vehículo, aniquílala. De otra manera te vuelves un esclavo de los pagos de tu auto.

Una vez que hayas pagado tus tarjetas de crédito, paga tu auto. En el ejemplo anterior, el último pago en la última tarjeta de crédito fue de $780. Después de que hayas pagado la última tarjeta, en lugar de gastar los pagos mensuales en algo más, utilízalo para pagar tu auto.

O si los pagos son altos, vende el auto y cómprate uno usado. Simplemente deja de darle tu dinero al banco. Es tu dinero, no el de ellos. Deja de pagar altos intereses en un pasivo llamado auto. Si tienes que hacerlo, haz una venta de garaje o lo que puedas hacer para obtener un poco más de dinero y paga en efectivo por un auto usado. Toma las "cosas" que están coleccionando polvo y conviértelas en un auto. Sé dueño de tu auto, sin deudas y ataduras.

Si tienes un segundo vehículo que no estés usando o incluso un tercer vehículo, véndelo. Utiliza el dinero para pagar deudas o ahorrar para inversiones.

Paga tu Hipoteca

Todas las deudas están basadas en la codicia. Tu hipoteca es también una clase de deuda. Como dije en el último capítulo, tu hipoteca está haciendo ricos a los banqueros, mientras tú estás esclavizado por las deudas y pagando intereses.

Después de que hayas pagado tu auto, trabaja en pagar tu hipoteca para que puedas estar libre de deudas. Si utilizas el sistema de Guerra a la Deuda, puede que logres pagar tu hipoteca en cinco o siete años.

Esto es simplemente una opción. En capítulos venideros, también te enseñaré a usar esa Gordura para comprar otros activos.

Dependiendo de lo que elijas, puede que tu casa sea la única inversión que harás en toda tu vida. Si no quieres debérsela a nadie, puedes pagar tu hipoteca utilizando este sistema.

Dentro de unos pocos años serás dueño de tu casa, sin deudas ni ataduras. Stacy O´Quinn, un ex militar y padre de dos hijos, estaba ganando $25.000 al año cuando lo conocí. Utilizando nuestro sistema de Guerra a la Deuda, ha pagado $292.000 en deudas en los últimos cinco años y acaba de pagar en efectivo por una casa. Está completamente libre de deudas a sus treinta años.

6. CREA UN PRESUPUESTO PARA DIVERSION

Mientras estés en el proceso de pagar tu deuda, crea un presupuesto para diversión – literalmente, un presupuesto para salir o para hacer algo o comprar algo divertido- Esta es una cuenta para recompensarte por hacer un gran trabajo siendo responsable financieramente. Todavía seguirás pagando tu deuda y usarás tu Gordura para pagar más que el mínimo, ya que un presupuesto para diversión está separado del pago de las deudas.

Por supuesto, el recompensarte de esta manera reducirá los pagos para pagar tus deudas e incrementará el tiempo que te tomará pagarlas, pero te mantendrá motivado para seguir en el camino correcto con el sistema.

Este presupuesto de diversión pueden ser veinticinco o cien dólares al mes que te das a ti mismo, para gastarlo en lo que sea que tu corazón desee. Esto puede ser irte a tomar un café o ir a una tienda. Podrías tomar cien dólares y gastarlos todos en un solo par de zapatos o podrías comprar ocho pares de zapatos de menor precio.

O podrías tomar ese dinero, depositarlo en un sobre, ahorrarlo por ocho meses y hacer un viaje. Puedes gastar ese dinero como quieras – ¡sin ataduras!

Cuando era irresponsable financieramente, gastaba $25.000 al mes en cualquier cosa que quería. Eso usualmente significa ropa, joyas o salir a comer. Luego que me volví más sabia, lo reduje a cien dólares al mes.

Cuando dejas de alimentar los antojos y comienzas a alimentar al músculo del auto control y sabiduría, los antojos dejan de hablarte.

7. DA

Un principio que ha estado desde el comienzo de los tiempos dice que si das, recibirás. ¿Recuerdas la Ley de Cosechando y Sembrando? Cosechas lo que siembras. Un hombre tacaño será empobrecido, pero un dadivoso – alguien que es generoso – siempre ha de satisfacer sus necesidades.

Recomiendo fuertemente dar por lo menos un dólar de cada diez que ganas. Deberías hacer esto, incluso cuando estés pagando deudas.

Desde que Hans y yo empezamos a dar de manera consistente cada mes, nuestras necesidades siempre han sido satisfechas. Con nuestros negocios, damos el 10 por ciento de las ventas brutas – a los pobres, huérfanos, viudas o para liberar a los niños de la trata sexual - Eso es como el 30 por ciento de nuestro beneficio neto. Al hacer eso, hemos descubierto que incluso más se regresa a nosotros.

No me digas que no puedes dar. Todos pueden dar algo. Da un dólar por cada diez dólares que ganes y tus necesidades siempre serán satisfechas. Los ricos utilizan este principio, así como los otros que he compartido contigo. Ellos son exitosos porque los principios funcionan. Es como un código secreto que todos nosotros entendemos. Las personas tacañas se empobrecen; pero las personas generosas, no.

Miles de nuestros clientes han aniquilado sus deudas usando este sistema. Han pagado millones de dólares en deudas en un corto periodo de tiempo. Han pagado sus deudas mientras también pagan en efectivo para asistir a mis talleres o llevan a sus familias de vacaciones. Han pagado deudas mientras también dan 10 por ciento a aquellos que realmente lo necesitan. No puedes reemplazar el increíble sentimiento de declararle la guerra a la deuda y saber que estás ganando.

Formas de Ahorrar

Aquí hay más formas para cortar la Gordura y crear ahorros para tus semillas de dinero.

Evita las Ofertas

¡Evita las ofertas! Sé que va en contra de todo lo que te han enseñado. Pero piensa en quién te enseñó a detenerte frente a las ofertas: los medios, mercados, supermercados, tiendas por departamentos. Las ofertas te hacen sentir como si estás obteniendo una gran compra a menor precio, pero son una estafa. ¿Tan siquiera necesitas lo que está en oferta? ¿Es una necesidad o un lujo? ¿Un antojo o una verdadera necesidad?

Las ofertas usualmente nos hacen decir: "Vaya, lo necesito y ahorraré dinero si lo compro". ¡No ahorras dinero al gastarlo, estás loco! ¿Alguna vez has dicho: "ahorré cincuenta dólares al gastar cien dólares"? Si no hubieses caído en esa farsa de mercadeo, hubieses ahorrado todo ese dinero y tendrías menos cosas.

Sin mencionar lo que gastas en la gasolina para ir a comprarlo y el tiempo que desperdiciaste, que pudo haber sido invertido en otra cosa más productiva. Y los comerciantes por lo general aumentan el precio y luego te dicen que está con un 50 por ciento de descuento, pero ese precio a la mitad es realmente el precio original. La verdad es que las "ofertas" son algo para hacerte pensar que estás obteniendo más por pagar menos.

Terminas gastando más de lo que deberías en las ofertas, porque piensas que estás obteniendo una gran rebaja. Esta es una manera de hacerte llegar a la tienda. Los comerciantes saben que la mayoría de personas que llegan en los días de ofertas comprarán mucho más de lo que está en oferta. Las ofertas son lo que llaman un "líder perdido". Ellos están dispuestos a perder un poco de la ganancia en cada producto porque saben que comprarás más de lo que tenías destinado.

No compres esas latas de frijoles sólo porque están a diez por diez dólares. Así es como terminamos con mucha comida en nuestras despensas. **YA 11**

No necesitas diez latas. Estás pensando y gastando como el 98 por ciento. No compres más de lo que necesitas y utiliza todo lo que compras.

Evita los Catálogos

Deshazte de los catálogos de las tiendas por departamento y salte de las listas de correos electrónicos de las tiendas de ropa interior, de las tiendas electrónicas, nutricionales y el resto de trampas en las que compras. La única razón por la que tienen tu dirección de correo electrónico es para venderte algo. Es muy raro que estés en una lista de correos electrónicos que vaya a beneficiarte.

Si estás en una lista de correos electrónicos de algo que está mandando publicidad constantemente, ¡salte de ella! No quieres saber cuándo será la siguiente oferta porque se te está vendiendo lo que no necesitas. Un catálogo no es más que simplemente una carta de ventas y una oportunidad de venderte algo. Quema todos tus catálogos y luego llama a las compañías que te los envían y cancélalos. También cancela todas tus subscripciones de revistas. Esas revistas te están influyendo con publicidad – así es como hacen dinero.

Espera Treinta Días.

He aquí una regla de oro: cuando se refiere a "cosas" y hay algo que sientes que tienes que tener, espera treinta días. Treinta días, a partir de hoy, que viste ese par de zapatos, ese bolso, esa camisa, cosas electrónicas, etc. Si eso que está gritando tu nombre, todavía lo está gritando en treinta días, entonces cómpralo con tu dinero de diversión. Pero te garantizo que dentro de treinta días te olvidarás que incluso lo viste.

Paga en Efectivo.

Paga en efectivo por todo. Corta en dos tus tarjetas de crédito. Puedes vivir con tu tarjeta débito, te lo prometo. Deja de poner tu confianza en esa tarjeta, es plástico. El plástico no te va a ayudar a ti o a tus hijos a volverse libres, estables o seguros financieramente, siente esa experiencia de libertad.

Cuando elimines tus tarjetas de crédito, paga en efectivo por lo que necesites y usa tu tarjeta débito para cosas que necesites pagar en línea, como tus cuentas o reservaciones aéreas. Si no tienes el efectivo, no lo compres.

Durante una sesión de preguntas y respuestas en uno de mis seminarios de entrenamiento avanzado "Creando una Dinastía", una joven hizo una pregunta sobre su deuda. Cuando volteé a verla, me di cuenta que ella todavía no había tomado la decisión de estar libre de deudas.

Le dije: "¡Saca tu billetera ahora!"

Sus ojos se voltearon.

Sabiendo que ella no podía hacer lo que le estaba pidiendo que hiciera: le dije: "vamos, saca tu billetera ahora mismo".

Muy cautelosamente sacó su billetera.

Le dije: "Ahora, quiero que saques todas tus tarjetas de crédito".

Me miró y comenzó a llorar. Llamé a mi asistente y amiga por muchos años, Jenn. Y dije: "¡Jenn, tráeme las tijeras ahora!".

La joven se tapó la cara con las manos por que se dio cuenta de lo que le iba a pedir que hiciera.

Le dije: "Cariño, eres joven, no necesitas sufrir de la manera que muchos de nosotros hemos sufrido. Puedes tomar la decisión ahora mismo de cruzarte del bando del 98 por ciento al 2 por ciento y ser libre de las ataduras del plástico. Es tiempo que las cortes en dos".

Así que tomó las tijeras y lo hizo.

De repente cientos de mis clientes en el taller espontáneamente caminaron hacia mí. Tomaron sus billeteras, sacaron sus tarjetas de crédito y empezaron a cortar.

¡Llamé a mi equipo pidiéndoles más tijeras! Como por treinta y cinco a cuarenta y cinco minutos, nuestros clientes cortaron sus tarjetas de créditos una detrás de la otra. Cientos de cientos de tarjetas de créditos fueron cortadas ese día. De hecho, un hombre de veinticinco años cortó un total de veintidós tarjetas.

Si ellos pudieron hacerlo, tú también puedes. La verdad es que confiamos demasiado en el plástico.

Cuando fui una mujer indigente, mis tarjetas de créditos estaban completamente al límite así que comencé a pagar todo en efectivo y continué haciéndolo después de que mi situación mejoró. Incluso después que me volví millonaria pagaba todo en efectivo, porque mi crédito no era muy bueno. No podía conseguir una tarjeta de crédito, lo que resultó ser lo mejor que me pudo haber pasado. Así que podía viajar por el mundo, quedarme en los hoteles más caros y pagar en efectivo. No tenía ni una sola tarjeta de crédito. Una vez que salió la tarjeta débito, me conseguí una de esas. Ya que funciona como una tarjeta de crédito pero el dinero sale de tu cuenta de ahorro, te puede llevar a donde necesites ir sin incurrir en deudas. A lo largo del camino permití que alguien me convenciera de tener una tarjeta de crédito y esa fue la peor cosa que he hecho.

Hay algo que tienes que entender acerca de la deuda y las tarjetas de créditos: Si son utilizadas para "cosas", son malas. Si son usadas para crear más riquezas, pueden ser estratégicas. La mayoría del 98 por ciento utiliza la deuda para "Cosas", mientras que el 2 por ciento utiliza la deuda para crear más riqueza. Hablaré más de eso en el siguiente capítulo.

Si estás viviendo con integridad, tu vida está basada en lo que está en tu cuenta del banco, no en lo que prometes – o esperas – pagar en el futuro. Así que de verdad no hay razones del todo para tener una tarjeta de crédito, pero si hay todo tipo de objeciones. Por ejemplo, mi amiga una vez dijo: "Me cobrarán una multa si cierro esta cuenta".

No me importa si te cobran una multa. Te están cobrando 16.82 por ciento ahora mismo, ¡quieres garantizar un retorno en tu dinero! Paga tus tarjetas de crédito.

Algunas personas dicen: "Va a arruinar mi crédito".

No necesitas crédito, te lo prometo. Hay personas que se han declarado en banca rota, les han embargado sus casa y luego compran otra un año después. ¿Quiénes son las personas diciéndote que necesitas un buen crédito? Los bancos.

¿Cómo te dicen que puedes obtener un buen crédito? Cobrándote. Teniendo una deuda es como ellos te dicen que puedes obtener un buen crédito – cobrándote y haciendo consistente tus pagos- Ellos son los que estafaron al proceso entero del historial crediticio.

Tienes que salirte de esta forma de pensar del 98 Por ciento. Los bancos te han engañado para hacerte creer que necesitas un buen crédito. Yo fui una mujer indigente quien tuvo un mal crédito y $35.000.00 en deudas. Exactamente doce meses después pagué todas mis tarjetas de crédito, fui capaz de comprar una casa. ¿Por qué? Porque tenía efectivo. Tenía $32.000.00 en efectivo para usar de prima para un nuevo condominio que me costaba $259.000.00. ¡Así que me dieron un préstamo de $227.000.00!

Los banqueros te han convencido de creer que tienes que tener buen crédito para comprar una casa. Sin embargo, te estoy diciendo ahora mismo que miles de personas han comprado casas después de que se han declarado en banca rota o les han embargado las casas.

Simple y sencillo: no necesitas tarjetas de crédito.

También escucho: "Pero tengo esta, por si acaso". Sí claro, por si acaso – ¿para que puedas caer en deuda?- Te prometo que si llegas a estar en una situación en la cual necesitas dinero, encontrarás dinero. Ponemos nuestra esperanza en el plástico, pero el plástico no cuidará de ti – está cuidando de los bastardos codiciosos del último piso en el edificio de un banco. Está cuidando de los más ricos del mundo – las personas que son dueñas de esos bancos y que dirigen esas estafas. Deja de hacer ricas a sus familias. Es hora de levantarse en contra de las deudas y de hacer rica a tu familia.

Vende Tus Cosas

Haz una venta de garaje. Ve a vender todas tus porquerías, no las necesitas – simplemente te ocupan tiempo para cuidarlas, desempolvarlas y mantenerlas limpias- No significan nada.

Usa ese dinero como Gordura para pagar deudas o usa ese efectivo para invertirlo. Ahora hazme otra lista. Recuerda, si estás decidido vas a seguir mis instrucciones.

Así que haz una lista de porquerías o "cosas" en tu casa o en tu unidad de almacenamiento que no utilizas o en las que has perdido interés.

El primer fin de semana de venta de garaje que tuvimos, hicimos $2.600 en un diminuto pueblo. También hice un recorrido privado de mi ropa con algunas amistades y gané otros $2.000 de eso. Así que $4.600 de "cosas" fueron vendidos. ¿Extraño algo de eso? No solo no lo extraño, sólo puedo acordarme de un par de artículos de lo que vendí. No recuerdo la mayoría de lo que fue vendido, ni tampoco lo harás tú.

Come lo Que Está en tu Despensa.

No vayas al supermercado hasta que la comida en tu casa se haya terminado. Para la mayoría de las personas eso es por lo menos treinta días. Come toda la comida de tu casa. Algunos clientes nos contaron que no tuvieron que ir al supermercado en seis meses.

Mi cliente Carrie era una mujer soltera quien luego de escuchar este principio, decidió dejar de ir al supermercado hasta que toda la comida de su despensa se terminara. El resultado fue que no fue al supermercado por seis meses y perdió cincuenta libras. Las patatas fritas rancias no saben muy bien – así que descubrió que no comería tantas- ¡Cuando dejas de alimentar tus antojos, comes lo que está enfrente de ti y comes lo que necesitas en lugar de comer como un cerdito!

Hemos sido entrenados para pensar que nuestros refrigeradores deben estar repletos y que nuestras despensas deben estar llenas de comida. Has sido engañado por la publicidad. Deja de ser la víctima y empieza a ser el sabio vencedor. Deja de ser un humano consumista y conviértete en un productor de ingresos múltiples.

Si no vas al supermercado por los siguientes treinta días y sólo comes lo que está en tu despensa, ese es dinero en tu despensa. Toma el dinero que hubieses gastado en comida y ataca a tu deuda con él.

Si Esto No Funciona.

La deuda es malvada. Cuando tienes una deuda, te vuelves esclavo del dinero.

Si no estás dispuesto a vender algo que no deberías haber comprado en primer lugar o a deshacerte de algo que no usas, necesitas preguntarte a ti mismo: "¿Por qué estoy tan apegado a estas cosas? ¿Valen la pena estas cosas para mantenerme en la esclavitud financiera? ¿Por qué estoy tan atado a ese carro que me está costando dinero cada mes? ¿Vale la pena esta atadura?".

Convéncete: "las cosas no valen la esclavitud".

Así es como rompes las cadenas de la deuda. Es así como quebrantas la esclavitud. Así es como sesenta personas en nuestros talleres pagaron $5.2 millones en deudas en diecinueve meses.

Si vas pagando tus deudas poco a poco cada mes, tendrás un sentimiento de libertad. Puede que te tome dos años pagar toda tu deuda, pero serás una persona libre. Imagínate si no empiezas a pagarla ahora mismo. ¿Cuántas más deudas tendrás en los próximos dos años?

Cuando has cancelado tu deuda, el sentimiento es estimulante. Eso te hace sentir poderoso. Eso es seguridad.

Construye tu Negocio

Puedes utilizar este sistema para aniquilar las deudas en tu negocio.

Jeff Usner, dueño de una compañía, utilizó el sistema de Guerra a la Deuda para pagar en catorce meses $280.000.00 en deudas. Él personalmente estaba libre de deudas, pero había acumulado $280.000.00 en deudas en su negocio.

Aunque tu negocio no tenga deudas, busca por la Gordura en él. ¿Hacia dónde se estará yendo ese dinero? ¿Cómo puedes usar ese dinero para agrandar tu negocio? ¿En dónde puedes invertir ese dinero? Utiliza los mismos principios para construir tus reservas de capital e invertir en un nuevo negocio.

Si eres dueño de un negocio, invita a otros dueños de negocios en tu comunidad a reuniones de Guerra a la Deuda.

Es una gran manera de FORMarlos – habla sobre sus familias, ocupaciones, recreaciones y mensajes – y usa tus habilidades de Influencia Magnética.

Conocerás todo un nuevo segmento de la comunidad. Si ayudas a otras personas a obtener lo que quieres, tú obtendrás lo que tú quieras, mientras los ayudes a eliminar las deudas, ellos querrán hacer negocios contigo o referirte a otras personas.

Clases de Guerra a la Deuda

Mi asistente Jenn, comenzó a dar clases de Guerra a la Deuda en su casa. Ella ayudó a cuatro mujeres a pagar deudas por $6.600 en dos meses. Es algo realmente poderoso. También está ayudando a otros amigos a salir de sus deudas, lo que tiene muchos beneficios.

Puedes invitar a personas de tu comunidad a aprender juntos el sistema de Guerra a la Deuda. Expandirás tu influencia, ayudarás a tu comunidad y ella te elevará a un estatus de líder. Te mantendrás responsable y trabajarás con las personas que conoces hacia una meta en común.

Cuando ayudas a los demás a salir de la deuda, plantas las semillas de bienestar en su vida. Construyes relaciones con otros mientras avanzan juntos por el camino de la libertad financiera.

Tenemos un programa de afiliación para el sistema de Guerra a la Deuda en nuestro sitio Web. O simplemente puedes usar los DVD's, CD's y libros de trabajo, y empezar a invitar a personas para recibir clases de Guerra a la Deuda.

Ahorra Para la Riqueza.

Cuando te vuelves libre de deudas, utilizas los mismos principios para ahorrar dinero. En el ejemplo que te enseñé, esos son $780 al mes que podrían estar dirigidos a construir tu riqueza.

Tenemos una clienta llamada Carrie (La que comió de su despensa por seis meses y perdió cincuenta libras) quien estaba libre de deudas, pero ahorró $30.000.00 en un año buscando entre sus finanzas y encontrando la Gordura en su presupuesto.

Ella ahorró ese dinero en lugar de enriquecer a las tiendas. Ahora ella es la que tiene el dinero.

En el siguiente capítulo, te enseñaré cómo usar la Gordura para comprar activos productores de ingresos. Ya sabes cómo eres esclavo del dinero. Ahora es tiempo de convertir al dinero en *tu* esclavo.

LO QUE DICEN NUESTROS CLIENTES.

¿Funcionará esto para ti? He aquí algunas de las cosas que dicen nuestros clientes:

Había perdido mi casa, lo cual era la herencia para mis hijos. Asistí a Primeros Pasos Hacia el Éxito, donde aprendí el sistema de Guerra a la Deuda y pagué $12.000.00 en deudas en cuatro meses. Utilizando Guerra a la Deuda, gané un bono substancial en mi negocio de bienes raíces.   **-Sharon Adams**

Dani cambió mi vida. Yo tenía una deuda de $25.000 dólares, pero fui capaz de pagar mi deuda en tan sólo cinco meses.

-Aggie Stasko

Soy una madre soltera con seis hijos. Me di cuenta que tenía $2.000 en Gordura. Pagué más de $268.000 en deudas en veintitrés meses. No sólo eso, sino que perdí cincuenta y dos libras.

-Lesia Caggiano

¡Pagué 10.000 en deudas en el último mes y medio!

-Margaret Klassen

¡Estoy muy agradecida con Dani por enseñarme que podía reducir $500 de Gordura de mi presupuesto, ya que me permitió ahorrar $50.000.00 en 35 meses! ¡Recuperé dinero que hubiese sido gastado en lugares estúpidos!

-Carrie Walters

Aunque estaba desempleada, fui capaz de duplicar mi ingreso gracias a lo que Dani me enseñó. También pagué 9.000 euros en 11 meses.

-Naomi Johnson

Estaba teniendo problemas con mi negocio, fracasando en mi matrimonio y estaba frustrada con mis habilidades de crianza. También me estaba ahogando en las deudas. Después de asistir a Primeros Pasos Hacia el Éxito y a Dinastía, pagué $25.000 en deudas; mi matrimonio fue completamente restaurado y he visto mejoras increíbles con mis hijos. ¡Me siento absolutamente llena de felicidad!

-Andrea Tessier

Estaba agotada, endeudada y frustrada con las personas a mí alrededor. Después de ir a Primero Pasos, aniquilé más de $36.000 en deudas en dieciséis meses; mi negocio incrementó un 40 por ciento en algo llamado recesión; y tengo relaciones más fuertes con las personas que amo.

-Tini Thomas

Pagué $40.000 en deudas en 2 años y medio, estoy viviendo con un 70 por ciento de mi ingreso y voy por buen camino para pagar incluso más deudas.

-Debbie Brown

¡Utilizando lo que Dani enseña, aniquilé más de $3 millones en deudas!

-Erik Thureson

Después de asistir al taller de Dani, hemos pagado $84.000 en deudas en 38 meses, y en los últimos seis meses, hemos ganado más de $64.325 en un negocio a medio tiempo.

-Cadie Kalmes

Desde que me encontré con Dani Johnson, mi negocio ha prosperado en los últimos cuatro meses, pagué más de $10.000 en deudas. También doy clases en la universidad, y he tomado parte de la información que he aprendido de Dani y la he usado con mis estudiantes universitarios.

Aprendí cómo hablar con las diferentes personalidades, cómo responder preguntas y cómo motivarlos para que sean exitosos. No es sólo para empresarios – ¡es para tu vida entera!

-Pam Root

Después de haber tomado el curso de Dani, encontré $2.500 de Gordura en nuestro presupuesto y hemos pagado $158.000 en deudas en 28 meses.

-Renae Hikkila

¡Me tomó sólo dos meses el pagar $1.000 en deudas después de que aprendí acerca de Guerra a la Deuda de Dani!

-Sheri Richarson

Tenía $1.000 de Gordura y me deshice de $12.800.00 en deudas en un año, siguiendo los métodos que aprendí en el curso de Dani.

-Maria Newton

Eliminé $500 de Gordura y en tan sólo 18 meses pagué $12.000 en deudas – ¡gracias a Dani!

-Richard Alexander

Estaba gastando $847 al mes en Gordura antes de conocer a Dani. Después de conocer a Dani fui capaz de pagar $27.590 en 31 meses.

-Shaundi Goins

No sabía cómo iba a pagar $252.000 en deudas. Pero luego tomé el curso de Dani, eliminé $700 en Gordura y mi deuda se esfumó en 20 meses. ¡Estoy libre de deudas!!

-Karin Shaw

Una vez que tomé el curso de Dani, vi que podía eliminar $600 de Gordura de mi presupuesto. ¡Debido a esto, fui capaz de pagar $20.000 en deudas en 24 meses!

-Stuart Lynn

Tenía $1.000 en Gordura mensual. Mi deuda de $21.000 fue cancelada en siete meses después de utilizar lo que Dani me enseñó.

-Martha Anderson

Después de eliminar $500 de Gordura me deshice de $15.000 en deudas en dos años y todo es gracias a Dani.

-Roni Vergets

Estaba gastando $400 en Gordura y ahogándome con $30.000 en deudas, pero los pagué en un año utilizando las técnicas de Dani.

-Lynn Kessler-Fallo

Mi vida está mucho mejor ahora que he pagado $11.600 en deudas en dos años. ¡Gracias Dani!

-Consule Majes

¡Después de aprender tanto en el curso de Dani, me deshice de $500 mensuales de Gordura y pagué $22.000 en deudas en dos años!

-Kelly Johnson

Con el curso de Dani, me di cuenta que podía reducir $350 de Gordura de mi presupuesto. Al hacer eso, pagué $14.500 en deudas en tan sólo siete meses.

-Shiela Pichen

Eliminé $600 en Gordura y pagué $6.300 en deudas en tan sólo 3 meses y medio, después de haber tomado el curso de Dani.

-Mary Howard

Antes de tomar el curso de Dani, gastaba $400 cada mes en Gordura. En sólo nueve meses fui capaz de pagar $15.615 en deudas.

Kendra Hrebeniuk

Acabo de reducir $230 en Gordura de mi vida y pude pagar $1.000 en deudas en cuatro meses.

-Diana Flammer

¡Dani me enseñó cómo eliminar $900 de Gordura y me dio las herramientas para pagar $13.000 en deudas en seis meses!

-Steve Wahlquist

Mis más sinceros agradecimientos a Dani por hacerme ver que tenía $370 en Gordura. Gracias al conocimiento que compartió, pagué $18.034 en deudas en 23 meses.

-Natalie White

¡Debía $235.000 en deudas antes de tomar el curso de Dani! Pero usé el conocimiento que obtuve de Dani para deshacerme de $1.500 mensuales de Gordura, y pagué toda mi deuda en 36 meses.

-Amber White

Soy una madre soltera de México, estoy muy feliz de haber tomado el curso de Dani. ¡Con las habilidades que aprendí de ella reduje $50 de Gordura y pagué $2.500 en deudas!

-Sol Padilla

Dani nos enseñó cómo eliminar el extra de $750 que estábamos gastando al mes en Gordura. ¡Gracias a ella pagamos $232.000 en sólo 22 meses!

-Shawn y Victoria Horner

¡Dani es excelente! Ella me enseñó cómo ahorrar $150 al mes de lo que previamente era Gordura. Pagué $2.500 en deudas en cinco cortos meses.

-Chris Hayes

¡Estoy encantada de encontrarme libre de deudas después de haber tomado el curso de Dani! Me tomó diez meses pagar $16.000 en deudas.

-Elyssa Willliams

Como madre soltera con dos hijas en la universidad, no sabía cómo lograría algún día salir de las deudas. Gracias a Dani, eliminé $250 de Gordura y pagué $19.000 en 14 meses.

-Lisa Sierocki

Tenía $750 en Gordura. En dos meses pagué $12.500 en deudas.

-Kristine Sabey

Antes de asistir a Primeros Pasos Hacia el Éxito, acababa de perder mi trabajo como resultado de un recorte de presupuesto del gobierno. Me conecté a Guerra a la Deuda con Dani Johnson, y en sólo cuatro meses, mi esposo y yo hemos pagado $15.000 en deudas. Nada de esto hubiese sido posible sin las habilidades enseñadas por Dani Johnson.

-Cathy Babka

HAZ DEL DINERO TU ESCLAVO

CAPÍTULO

10

Esclavos del Dinero

En el 2000, fui diagnosticada con una condición del corazón y no podía seguir trabajando. En ese momento Hans y yo nos dimos cuenta que todos nuestros huevos estaban en la misma canasta. Sólo sabíamos cómo hacer una cosa y nos preguntábamos qué deberíamos hacer después. Nos dimos cuenta que aunque habíamos hecho mucho dinero, habíamos sido esclavos de él todos esos años.

Cuando eres joven no piensas en tu futuro; piensas en el ahora y en lo que quieres. Hans todavía estaba en sus veintes, y yo tenía treinta y encarando un retiro forzado. No estábamos planeándolo ni preparándonos para ello. Nunca sabes cuándo podrías perder un ingreso o podría ocurrir algo que amenace la vida de un miembro de tu familia. Tienes que ser sabio con tu vida diaria y cómo eliges vivirla.

En este capítulo, voy hablar sobre un concepto que nos fue enseñado por primera vez a Hans y a mí muchos años atrás por Damien, el hombre que nos enseñó sobre bienes raíces. Él nos introdujo al concepto de convertir al dinero en tu esclavo. Hemos desarrollado esa filosofía por más de una década, ahora tenemos al dinero trabajando por nosotros. Es mucho más estimulante hacer que tu dinero trabaje para ti, que trabajar por tu dinero.

Dije anteriormente que tienes que aprender tres cosas sobre el dinero. Uno, tienes que producirlo. Este libro hasta el momento te ha estado enseñando cómo hacer más dinero. Luego en Guerra a la Deuda, hablamos de cómo mantenerlo.

Ahora vamos a hablar acerca de cómo hacer del dinero tu esclavo a través de inversiones.

La Mejor Inversión

La Ley de Cosechando y Sembrando es acerca de hacer una inversión – colocar el dinero en fondos para que puedas beneficiarte de él- Es acerca de invertir en cosas que te pagarán dividendos, incluso cuando no estés trabajando. Cuando estás sembrando inversiones, siembras dinero y cosechas más dinero. Cuando estás endeudado, estás sembrando deudas y luego cosechando más deudas.

Los pocos que en realidad hacen inversiones, por lo general lo hacen en bienes raíces y en acciones, porque es ahí donde los medios les dijeron que tenían que invertir. Piensa en todos los comerciales para empresas financieras y bienes raíces, sin mencionar los programas que resaltan el estilo de vida de los ricos y famosos. Entre toda esta publicidad que escuchamos, actuamos según el mensaje, que para ser ricos tenemos que comprar acciones e invertir en bienes raíces.

Te enseñaré otros lugares en donde puedes invertir, especialmente la inversión en la cual puedes obtener un 100 por ciento de retorno de tu dinero.

Puedes gastar sabiamente o puedes gastar de manera tonta. El gasto sabio es invertir en algo que te dará un retorno. Un bolso Gucci o doce pares de zapatos no te darán un retorno. Invertir en esta área en particular que estoy a punto de enseñarte, te dará retornos por siempre. La primera inversión que hice fue en un negocio, la cual fue un grave error porque todavía no había hecho la inversión más importante. Una vez que descubrí la única inversión que me ha pagado dividendos cada año y que se ha multiplicado más que cualquier otra, se convirtió en la inversión más importante que he hecho. He continuado ganando más de un 1000 por ciento en retorno de esta inversión. Es una inversión que ha continuado pagándome dividendos y lo hará por el resto de mi vida.

Esa inversión fue invertir en mí misma. Invertir en ti mismo es la mejor inversión que puedes hacer, ya que sus retornos son ilimitados. Nadie puede arrebatarte tus habilidades. Te pagará dividendos de por vida.

Fallé miserablemente en los negocios hasta que invertí en mis habilidades. Gracias a la sugerencia de ese primer joven que conocí, invertí veinticinco mil dólares en mí cuando tenía veinte años. Tuve que usar mis tarjetas de créditos y por poco no lo hago.

Cuando inviertes en ti mismo para ir a un seminario de entrenamiento, obtienes algo más que solo disfrutar del orador y sentirte seguro de ti mismo. Obtienes resultados. Tienes completo control sobre el valor del dinero que invertiste para aprender. Si inviertes cuatrocientos dólares en un seminario de entrenamiento, controlas cuánto valor obtienes de esa inversión. Si aplicas lo que aprendiste en ese seminario, habrás hecho dinero con lo que has aprendido y ese es el retorno de la inversión.

Toma el ejemplo de un militar que fue a mis seminarios. Estaba ganando veinticinco mil dólares al año y no tenía idea de cómo comenzar un negocio. Él empezó un negocio después de "Primeros Pasos Hacia el Éxito" y ganó trece mil dólares en los primeros treinta días. Luego ganó más de cien mil dólares al año por cinco años, incluso cuando la economía está horrible, el tiempo en el cual estoy escribiendo este libro, él todavía está ganando un ingreso de seis cifras aunque su competencia tuvo que salirse del negocio.

No todos los seminarios de entrenamiento son iguales. No todos los talleres, conferencias o seminarios son buenas inversiones. Mary Howard, una profesora de preescolar de Dallas, Texas, tenía más de diez mil dólares en deudas. Estaba frustrada y deprimida, atascada en un ciclo de relaciones disfuncionales y sentía que su vida no iba a ningún lado. Después de asistir a "Primero Pasos Hacia el Éxito" y "Creando una Dinastía", pagó seis mil dólares de su deuda en tres meses y aprendió cómo manejar su dinero sabiamente.

Mary vio una increíble restauración en sus relaciones y encontró una dirección clara para su vida.

Ella Publicó esto en Facebook:

Esto es lo que he notado acerca de los oradores motivacionales: pagas mucho dinero para sentarte a sus pies y ser alimentada de emoción todo el fin de semana, y te vas a tu casa estimulada y lista para apoderarte del mundo. Pocos días o una semana después, la emoción se termina, y te sientas enfrente del televisor preguntándote: "¿qué sigue?". Esto es lo que he notado acerca de Dani Johnson: Pagas una fracción de lo que pagarías para escuchar a otra persona hablar. Dani no es una oradora motivacional. Ella es una entrenadora de negocios internacional. Sí, ¡serás motivado!, pero saldrás con habilidades que llegarán mucho más lejos que sólo motivación.

Como resultado de utilizar los principios enseñados en el libro y el programa de estudios en casa, he visto mi única aula caótica de clases ser transformada a un ambiente pacífico, donde mis estudiantes trabajan con excelencia y juegan juntos en armonía. ¡He visto niños irrespetuosos aprender honor y obediencia, tanto así que verdaderamente he tenido padres que vienen y me suplican (a mí, una nueva profesora de veintidós años que no tiene hijos) por consejos de crianza – y en ese momento con mucho gusto los refiero a DaniJohnson.com!

Cuídate de la propaganda. Desafortunadamente, a las personas se les paga para hacer promesas que no pueden mantener. Dicen cosas que no pueden sustentar. ¿Tienes idea de cuántas personas famosas acceden a permitir que sus nombres sean usados como publicidad para libros aunque nunca hayan leído el libro? Lo más triste es que caemos en esas trampas todos los días. Asumimos que si un nombre famoso dice que es bueno, entonces tiene que ser bueno.

Busca testimonios sobre resultados auténticos. Este libro está lleno de testimonios de personas reales que han superado problemas reales, utilizando la información que recibieron de los seminarios.

Han hecho más dinero aniquilando sus deudas y están viviendo la vida que desean. Ese es el tipo de propaganda que quiero ver, de personas comunes, no de una celebridad o un político. No seas engañado por el mercadeo y por el falso estímulo. Busca resultados.

Incrementando Tu Valor.

Cuando implementas lo que has aprendido, has incrementado tu valor al incrementar tus habilidades. Por lo tanto, atraerás un mejor salario e incrementarás tu rendimiento, siempre que seas responsable financieramente.

Te enseñé cómo salir de las deudas para que te vuelvas financieramente responsable. Al mismo tiempo, vas a incrementar tus habilidades

de mercadeo, tus habilidades interpersonales, tus habilidades de crecimiento financiero, tus habilidades de liderazgo, tus habilidades para los
negocios y tus habilidades motivacionales. Si haces todas esas cosas, te
prepararás para tener más clientes y más ingresos. Es una ley financiera.
Entre más inviertas en las habilidades correctas, más dinero harás.

Si eres un emprendedor, puedes reinvertir constantemente en tu negocio. Eso podría ser en publicidad, en personas o en tus habilidades, para
que puedas manejar mejor los negocios que tu publicidad atrae.

Siempre tienes que reinvertir en tu cosecha. De otra manera, no
tendrás cosecha en la siguiente temporada. Es el principio de sembrando
y cosechando.

El Poder del Dinero

El poder del dinero crece a media que vas aprendiendo a invertir y a
generar más riqueza.

Recuerda, esto es acerca de ser leal con el territorio financiero que ya
tienes. Si estás ganando dos mil dólares al mes y estás gastando dos mil
dólares al mes, no recibirás más dinero. Si obtienes más, simplemente
gastarás más y te convertirás en un esclavo de tu dinero.

Tienes que hacer del dinero tu esclavo en lugar de ser un esclavo para tu
dinero. Hacer del dinero tu esclavo es diferente a ganar un ingreso. Si estás
ganando un ingreso para cubrir tus gastos, créate el hábito de tomar una
porción y convertirlo en tu esclavo. El ejemplo más sencillo en el que puedo
pensar es, una lavadora. Esa máquina es tu esclava. Has que esa máquina
trabaje en lavar tu ropa, mientras tú eres productivo con otras cosas.

Has que una porción de tu dinero trabaje para ti mientras estás fuera
produciendo más dinero tú mismo. Tu lavadora está haciendo el trabajo
de otra persona para ti, para que puedas hacer otras cosas. No pones tu
ropa en la lavadora y te sientas enfrente de ella para asegurarte de que está
haciendo su trabajo. Metes la ropa en la lavadora y luego la dejas mientras te vas a hacer otras cosas productivas.

Hacer de tu dinero tu esclavo es un concepto similar. Para comenzar,
no es tu mayor productor de ingreso – tú lo eres. Pero con el tiempo
producirá más dinero para ti, posiblemente reemplazándote, como tu
mayor generador de ingreso.

El dinero tiene poder e influencia. ¿Deberías invertir tu dinero extra en otro par de zapatos negros? ¡Puede que estén en oferta! ¡Sólo cuestan $9.99! pero no los necesitas. Si compras zapatos que no necesitas estás demostrando que no eres leal con tu dinero. Esto es gastar dinero en lugar de utilizarlo para obtener poder. Toma esos mismos $9.99 y mejor aprende a invertirlos. Hazlos que produzcan dinero para ti, en lugar de sentarse en tu armario esperando para ser utilizados en tus pies.

Activos Productores de Ingresos.

Las personas con mentalidad de pobreza gastan su dinero en cosas. Las personas de clase media gastan su dinero en lo que piensan que son activos, pero realmente sólo son cosas. Los ricos invierten su dinero en activos productores de ingresos.

Un auto o la casa en la que vives no son activos productores de ingresos. La ropa y los zapatos que compras no son activos productores de ingresos. La comida que compras no es un activo productor de ingresos.

El 98 por ciento pregunta: "¿Cómo me vuelvo rico mañana? ¿Cómo hago mucho dinero?". El término de "mentalidad de microondas" es perfecto para esto, ya que demuestra que ellos quieren gratificación instantánea de su dinero.

Mientras tanto, el 2 por ciento sabio acumula riqueza y utiliza el tiempo a su ventaja. El 98 por ciento quiere ser rico ahora mismo y comprará cualquier cosa que desee. El 2 por ciento adinerado utiliza su dinero para obtener activos productores de ingresos, pero el 98 por ciento gasta su dinero en cosas que el 2 por ciento de la población descubrió que podrían venderle.

¡Los del 2 por ciento son muy pacientes! Los del 98 por ciento no lo son – ellos piensan en términos de volverse ricos rápidamente.

Los del 2 por ciento están enfocados en acumular riquezas, construir riquezas a largo plazo y crear riqueza generacional. Nuestro país fue fundado con personas que acumulaban tierras, lo cual era la riqueza que heredaban a la siguiente generación. Ellos mejoraban la tierra y le sumaban mayor valor. ¿Qué dejarás a la siguiente generación?

Invertir vs. Apostar

Si quieres convertirte en un inversionista, tienes que salirte del juego fantasioso de las apuestas. Las personas usan la mentalidad de pobreza para perseguir las fantasías y apostar cuando invierten. No serán ricos hasta que se liberen de esa forma de pensar y vivir.

Una vez que te hayas liberado de esa mentalidad y hayas seguido mis principios para liberarte de las deudas, puedes empezar a invertir a un nivel diferente, ya que tu mentalidad habrá cambiado y no estarás solo apostando a la suerte, lo cual sería tener una mentalidad de jugador y especulador en el juego de las inversiones.

No vayas en la dirección de lo que las masas estén haciendo.

Tú tienes que aprender cómo salir de la mentalidad de pobreza, aléjate de los negocios que te hacen pensar "que te harás rico rápidamente" y deja de preguntar "¿Cómo puedo lograr más por menos, de la manera más rápida posible?". Todos los demás hacen esa pregunta. ¿Recuerdas el capítulo 1, en el cual hice mención del hecho de que si te vas a volver exitoso debes seguir una simple regla de oro, la cual es descubrir lo que están haciendo todos los demás y hacer exactamente lo opuesto? Este concepto se aplica para todo en la vida, incluyendo las inversiones.

¿Quién crees que desarrolló las estafas? El dos por ciento de la población, porque saben que el 98 por ciento caerá en ellas.

Cancelar tus deudas es lo primero que deberías hacer. Como dije antes, cuando pagas tus tarjetas de crédito obtienes 16.82 por ciento de retorno, lo cual es la tarifa del interés promedio de las tarjetas de crédito para febrero del 2011, acorde con IndexCreditCards.com. Mientras estés pagando las deudas aprende cómo encontrar la Gordura - ese dinero extra- y empieza a invertir en otros activos. Supera tus habilidades para que puedas ganar más dinero e invertir en el futuro.

Investigando Mercados

Invierte en lo que sabes. Invertir es acerca de tomar riesgos; es acerca de calcular y saber manejar tus números. Es acerca de aprender nuevas habilidades.

Si quieres llamarte inversionista, tomará tiempo aprender los mercados y saber lo que funciona y lo que no. El principio básico es: si las masas se dirigen hacia un camino, ve hacia la dirección opuesta. Si todos los demás están corriendo hacia ella, ¡escapa! Para el tiempo en que las masas se dirigen en cierta dirección, llegas demasiado tarde.

Idealmente, quieres dirigirte hacia esa dirección mucho antes que las masas lo hagan. De otra manera estarás metido con las masas en un momento de tendencia, pero tendrás que estar completamente consciente de tu salida estratégica, algo que el 98 por ciento nunca piensa.

Históricamente, durante la inflación los productos básicos y los activos tangibles como la tierra y metales preciosos: el oro y la plata, son los tipos más estables de inversión. Esto es lo que estamos presenciando ahora mismo. Pero no siempre será de esa manera. Eventualmente las tendencias volverán a cambiar. ¿Cómo podrás saberlo antes que lo hagan?

Esto no se acerca en nada a la forma de pensar del 98 por ciento de la población con mentalidad de hacerse ricos rápidamente. Ellos únicamente siguen las tendencias hasta que ya se volvieron tendencias principales. A menudo están siguiendo las tendencias que están a punto de alcanzar la cima. Esto es lo que se conoce en el mundo de las inversiones como "dinero tonto". Mientras que el "dinero inteligente" ya se ha salido de la tendencia y ha obtenido una ganancia, el "dinero tonto" sigue dando vueltas en círculo diciendo cosas como: "¡No se puede perder dinero en bienes raíces!" ¿Te acuerdas de esa?

Aprende de los Expertos

Una manera de aprender acerca de cualquier tipo de inversiones es encontrar a alguien a quien puedas seguir con la pericia y la experiencia. Sigue a alguien que sea bueno con una habilidad que quieras aprender. Quieres aprender de alguien que haga su propia investigación y que haga compras que normalmente no harías. Así es como puedes aprender y agrandarás tu base de conocimiento. Siempre que el inversionista tenga un buen registro a largo plazo, él o ella será una buena persona de quien puedes aprender. Cuídate de los novatos impulsivos.

Cuando estás buscando un experto, encuentra a alguien que sea un administrador de fondos o un planificador financiero. O mejor todavía, encuentra a alguien que también administre su propio dinero y haya visto resultados significativos para que te dé un consejo. Hazle preguntas directas tales como:

- ¿Cuánto ganaron tus clientes el año pasado?
- ¿Cuál fue tu mayor fracaso y cuál fue tu mayor éxito?
- ¿Cuál es tu mayor debilidad?
- ¿Tu mayor fortaleza?
- ¿Qué dirían sobre ti los clientes que no están completamente satisfechos con tu trabajo?
- ¿Qué dirían sobre ti aquellos que están satisfechos con tu trabajo?
- ¿Cuánto ganaste en retorno el año pasado con tus clientes?
- ¿Cómo les fue a tus clientes durante la baja del mercado?
- ¿Puedo hablar con algunos de esos clientes?

Pide testimonios de los clientes del experto y no trabajes con él o ella si te los niegan.

Dile al experto que estás buscando por una relación a largo plazo. No sólo quieres ganar o perder, quieres a alguien que te diga la verdad. No debes creer que vas a hacer millones de dólares de la noche a la mañana. Tampoco debes confiarte del estado de la economía. La economía no tiene nada que ver con hacer dinero en inversiones. Siempre hay una tendencia de la cual capitalizarse.

El mayor reto es identificar la tendencia correcta y una apropiada "asignación de clases de activos". Esto básicamente significa estar en la clase correcta de activos – Acciones vs. Bienes raíces vs. Metales preciosos vs. Monedas vs. Productos Básicos vs. Mercados extranjeros o nacionales, etc. – en el tiempo adecuado, pero deberías esperar hasta saber la verdad.

Cuando has elegido a alguien con quién trabajar, rastrea el trabajo de esa persona, y hazla responsable. Si el experto no trabaja tan bien como esperabas, pregúntale por qué y pregúntale cuál es su plan para un mejor éxito en el futuro: "¿Cómo podemos asegurarnos de que esto no vuelva a pasar?". Puedes confiar en las personas, pero también tienes que hacerlas responsables.

Revisiones y Balances

Una manera de mantener a las personas responsables es utilizando un sistema de revisiones y balances. Perdí mi primer millón de dólares debido a que gasté casi la mayoría y confié el resto a las personas equivocadas. No las hacía responsables. No le daba seguimiento a lo que ellas hacían, y tampoco hacía que otras personas les dieran seguimiento.

Soy una fiel creyente del sistema de revisiones y balances para protegerte de los riesgos de tu inversión, lo cual significa llamar a expertos que puedan presentarte puntos de vista financieros agresivos y conservadores.

En nuestro sistema de contabilidad actual, la persona que maneja nuestras cuentas de bancos produce un reporte cada mes. Otra persona examina todas las cuentas y revisa todo su trabajo. Tenemos un contador conservador y un abogado estratégico para los impuestos, todos ellos se complementan los unos a los otros. Debes tener diferentes personas con perspectivas diferentes que representen todas las áreas para que puedan darte consejos y que examinen tus libros de contabilidad.

Mi esposo es un inversionista que toma riesgos, pero tenemos un administrador para el dinero muy conservador. Al ponerlos a ellos juntos, coinciden en un punto intermedio respecto a las inversiones y terminamos ganando.

Acciones

Hablemos de cómo hacer del dinero tu esclavo a través del mercado de acciones. Las personas que hacen dinero en el mercado de acciones no son simplemente afortunadas. Es su habilidad lo que les trae éxito. Han estudiado, se han aplicado y han adquirido sabiduría, conocimiento y entendimiento exhaustivo. Han invertido su tiempo en hacer números y haciendo horas de investigación. Esas son cosas que el 98 por ciento de la población no hará porque está ocupada viendo sus programas de televisión o películas favoritas y pasando horas en Facebook.

Cuando mi esposo empezó a invertir en acciones, puso su dinero en lugares en donde todos los demás estaban invirtiendo y terminó perdiendo cien mil dólares en un día.

Aprendió que no debe hacer lo que sea que estén haciendo los mal llamados maestros. Él perdió el dinero el mismo día que mi cardiólogo me había dicho que no podía seguir trabajando, así que perdimos un ingreso y nuestros ahorros, todo en un mismo día.

Si has tenido la misma suerte que nosotros, no te salgas por completo de las inversiones. Puede que necesites un descanso, pero no dejes de intentarlo. Reevalúa y aprende. Si pierdes mucho, es por algo que no sabías. Si vas a ganar dinero en las acciones, tienes que ser un estudiante del oficio. Estoy muy agradecida que Hans tomara su descanso y que en ese tiempo hiciese más investigaciones y que continuara observando el mercado. Si se hubiese rendido por completo, tendríamos mucho menos de lo que tenemos ahora y todavía seríamos esclavos del dinero.

Ahora generamos grandes sumas de dinero sólo en intereses. Nuestro dinero ahora está trabajando para nosotros en lugar de estar nosotros trabajando para él. Es una mentalidad de lotería el esperar hacerte rico al sólo poner un poco de esfuerzo para querer ganar mucho.

El crear riqueza es como construir un rascacielos. No se construye de un día a otro. Se construye con mucho esfuerzo y planificación. Requiere de un arquitecto, un ingeniero y de albañiles.

No puedes simplemente leer unos cuantos libros y tomar un gran riesgo en la bolsa de valores. Si quieres hacer del dinero tu esclavo, tienes que pagar el precio de aprender cómo volverte bueno en ello. No seas uno del 98 por ciento que busca una gratificación instantánea.

Wall Street ha estado vendiendo la idea de comprar IRAs (cuentas de retiro), pero mira lo que sucedió. ¿Piensas que ellos están velando por tus intereses? No, ellos están pensando acerca de sus bonos de un millón de dólares que ganarán al venderte esas acciones. Te sugiero que mires de manera crítica y te eduques acerca de esta creencia de comprar y mantener, ya que eso puede que no sea lo mejor para ti en esta etapa de tu vida o del mercado, ya que ambos están cambiando constantemente.

Los inversionistas profesionales se enfocan mucho más en la valoración de (comprar barato y en los activos que están por debajo de su valor). También se enfocan en la asignación de categorías de activos (estar en la categoría de activos correctos en el tiempo propicio).

La estrategia de comprar y mantener es lo que los profesionales venden a los principiantes ya que les produce dinero y a la mayoría de las personas simplemente les gusta que les digan qué hacer. Si quieres tener éxito invirtiendo, debes estar dispuesto a aprender y aplicar lo que la mayoría de las personas no están dispuestas a hacer. Cuando Hans perdió dinero en la bolsa de valores, fue un inmenso llamado de atención para nosotros. Él estaba invirtiendo en acciones de alta tecnología que perdió en el dotcom bust (situación que sucedió entre el 2000 y el 2002, en la que muchas compañías de punto.com fueron a la quiebra). Ahora él estudia el mercado y trabaja con expertos que tienen puntos de vista conservadores para balancear su apetito de altos riesgos y su personalidad precoz.

Bienes Raíces

Mi primera casa fue un condominio de dos mil pies cuadrados, cerca de un campo de golf que costaba $259.000 en lo más alto del mercado. Tenía veintidós años de edad, la compré doce meses después de haber sido indigente. Tuve que vivir en ella por cinco años solo para poder venderla al precio por el cual la había comprado. Lo mejor hubiese sido rentarla.

La siguiente casa que compramos era una de cuatro mil pies cuadrados con cinco cuartos y dos oficinas. Vendimos esa casa después de vivir en ella por dieciocho meses y ganamos cien mil dólares.

Después compramos una casa de cien mil pies cuadrados ubicada en diez acres de terreno. Tenía una piscina, una cancha de tenis y el mantenimiento era muy costoso. Necesitaba de un jardinero y un ama de llaves, los cuales me costaban seiscientos dólares al mes cada uno. Teníamos una casa en la cual podíamos acomodar hasta treinta personas. Vendimos esa casa después de vivir en ella por nueve meses y ganamos cien mil dólares.

Después de perder esa gran porción de dinero en acciones y, potencialmente, mi enorme ingreso, todo en un día, nos volvimos un poco educables y llamamos a nuestro mentor Damien, quien era el profesor de artes marciales de Hans en Hawaii. Él también era uno de los hombres más ricos en la gran isla de Hawaii, y su consejo nos preparó para el éxito. Él era dueño de una gran cantidad de propiedades en Kona y nos enseñó a comprar casas de menor precio ya que esas son las que las personas rentan.

Él señaló que en cualquier mercado son más numerosas las personas que pueden pagar casas más económicas. Son menos las personas que pueden pagar casas más caras en un buen mercado y menos en un mercado inestable. Lo que Damien nos ha enseñado tendrá un impacto en nosotros durante generaciones.

Luego compramos una casa de treinta años con dos mil cuatrocientos pies cuadrados. Pasamos de casas de $700.000 a casas de $250.000. Rentamos esa casa hoy en día. Ahora alguien más está pagando la hipoteca de esa casa. Tenemos equidad positiva en esa casa incluso en un mal mercado ya que seguimos el consejo de Damien; también encontramos una cabaña de setenta y cinco años que había sido abandonada ya por muchos años. Las paredes eran de láminas de yeso y no habían sido pintadas. Sabía que tenía la habilidad de hacer que ese lugar se viera increíble. Esa casa la rentamos hoy en día ya que el mercado decayó. La renta cubre la hipoteca sobre la casa.

Esa casa está construida en un lote de 4.88 acres, y dividimos el lote unos años atrás. La casa ahora está en 1.88 acres y tenemos separadas tres parcelas de un acre cada una para venderlas. Cada parcela estaba valorada entre $100.000 y 125.000 antes que el mercado se derrumbara. Al dividir los lotes y vender las parcelas, estamos creando riqueza familiar para las generaciones venideras.

Si no le ganásemos nada a la casa, no importaría porque haremos una buena ganancia de la tierra. Ese es un verdadero apalancamiento versus comprar algo que no puedes pagar y caer en deuda con una tarifa de interés que tiene que subir para que los bancos puedan obtener su parte del trato.

En bienes raíces debes comprar la casa más fea en los mejores vecindarios o por lo menos no compres la casa que tiene la mejor apariencia o que sea la más cara en el vecindario. Debes comprar la casa que tiene problemas cosméticos que puedas arreglar y sumarle una dulce equidad. De esa manera incrementas su valor. Averigua lo que están haciendo el 98 por ciento y haz lo opuesto.

No es acerca de, "Haz esto, haz mucho dinero rápido". Las personas que tienen la mentalidad de "¡Vaya, puedes ganar una fortuna en bienes raíces ahora mismo!" o de "Apalancamiento mediante deudas", están equivocadas.

El mayor problema fue apalancar las deudas para crear riqueza. Las personas cayeron en más deudas para comprar bienes raíces que no podían pagar y rezaban por que subieran de valor. Fue una completa irresponsabilidad financiera y ahora una carga de deudas severas.

El problema que hubo con los bienes raíces estuvo basado en la idea de que tú podías obtener algo más por un pago mensual bajo. Es como financiar un auto. Los vendedores te atrapan con "puedes tener este auto de cuarenta mil dólares por tan sólo cuatrocientos dólares al mes". El apalancamiento tiene su tiempo y su lugar, pero no lo es cuando tiene una mentalidad especuladora o de pobreza. Tienes que invertir tiempo y aprender habilidades con las que puedas contar para poder crear riquezas. Sí, puedes hacer dinero, pero también puedes hacer dinero vendiendo estiércol de caballo. Estoy hablando acerca de crear riqueza y hacer del dinero tu esclavo.

En bienes raíces, el 98 por ciento compra la casa más linda en los mejores vecindarios. No puedes determinar lo mejor del mercado y lo bajo del mercado. Por ejemplo, la casa más linda en el mejor vecindario que está en la cima del mercado hoy en día, puede que sea difícil de vender en el mercado de mañana. No compres una propiedad que ya es lo que todos los demás quieren. En lugar de eso, con un poco de dinero puedes mejorarla cosméticamente y convertirla en algo que todos los demás querrán una vez que la pongas en venta.

Repárala, píntala, cambia las manecillas de los gabinetes y deshazte de las alfombras manchadas. Tenemos una casa que rentamos que nos está produciendo quinientos dólares en efectivo al mes. Los inquilinos se encargan de la hipoteca de la casa y nosotros obtenemos una ganancia.

Cuando éramos más jóvenes compramos una casa para satisfacer nuestros egos. Era una gran casa para que todos pudieran ver qué tan exitosos éramos y fue la inversión más estresante y ridícula que hemos hecho. ¿Por qué querrías que todo tu dinero se fuese hacia una casa cada mes?

No compres según tu ego, sino acorde con lo que es sabio. Compra por debajo de tus posibilidades no por encima de ellas. Compra una casa más vieja y pequeña de dos o tres cuartos y réntala por casi el doble de lo que sería tu hipoteca.

El mejor lugar para comprar es aquel que no ha sido afectado por el descenso del mercado, el cual es el de las casas pequeñas. Regresa a lo básico. Muchas casas pequeñas no han sido afectadas, costando de cincuenta a cien mil dólares, dependiendo de donde estés en el país. Los bienes raíces no son algo que te hace rico enseguida, son algo que a medida que pasa el tiempo ganas algo y pierdes algo, pero si sabes lo que estás haciendo, terminas ganando a largo plazo.

Siguiendo estos principios, puedes hacer dinero en bienes raíces de pequeñas a grandes propiedades. Hemos ganado cien mil dólares con casas por las cuales hemos pagado de seiscientos a novecientos mil dólares. Ganamos millones en una casa que nos costó $3.8 millones. Tenemos rentadas propiedades que son inversiones productoras de ingresos.

Aún en un mercado bajo, estas propiedades todavía generan un flujo positivo e incluso nos beneficiamos de la apreciación del valor de terrenos baldíos. Desde hace cinco años el pago de alquiler de los inquilinos ha estado cubriendo el pago de las hipotecas, así que no hemos tenido que gastar nada de nuestros bolsillos – mientras que hemos ganado apreciación y flujo de dinero.

Oro y Plata

En el 2006 Hans se me acercó y me dijo: "hola bebé, he estado estudiando el mercado y creo que quiero invertir en oro".

Mi respuesta inicial fue: "¿Qué?"

Seis años antes habíamos perdido todos nuestros ahorros cuando tuvo la idea de hacer una inversión. Tragué hondo y usé todo mi auto control para no tener pensamientos diabólicos con respecto a hacer inversiones.

El desastre que tuvimos en el 2000 – cuando perdimos todos nuestros ahorros en un día – todavía me perseguía.

Después de respirar hondo, le dije: "¿En serio? Cuéntame más acerca de eso".

– Él me dijo: "He estado observando lo que está pasando con el oro y la plata", "estoy pensando en tomar algún dinero que he venido ahorrando por aparte e invertirlo en esta pequeña cuenta que quiero hacer crecer".

– Le pregunté: "Está bien, ¿de cuánto dinero estás hablando?". Me dijo: "Oh, sólo un poco".

– Le pregunté: "Entonces, ¿cuánto? ¿Cinco mil?".

−Me dijo: "No, no".

−Le pregunté: "Está bien, ¿dos mil?".

−Me contestó: "Oh no, no, no, no, más que eso".

−Le dije: "Entonces no son dos mil. No son cinco mil. ¿De cuánto estás hablando?".

−Me dijo: "Que sean cien mil dólares".

Casi me desmayo. Quedé perpleja. Antes que todo, estábamos hablando de tomar cien mil dólares − la cantidad exacta que habíamos perdido anteriormente − y los pondríamos en un tipo de inversión. Segundo, ¿invertir en oro? No sabía nada acerca del oro.

Lo único que sabía es que podíamos perder mucho dinero en cualquier tipo de inversión. Éramos buenos en hacer inversiones en negocios y en bienes raíces. Sin embargo, no tenía confianza en comprar materia prima, acciones o cualquier cosa similar.

Una vez que me tranquilicé un poco, me tomó un par de días hacerme a la idea. Finalmente, nos pusimos de acuerdo y dijimos: "¡Hagámoslo!".

Así que Hans lo hizo. ¡Me alegra mucho que lo haya hecho! Hans fue capaz de predecir que el precio del oro aumentaría, porque se enfocó en esa dirección. Empezó a investigarla y comenzó a conectarse al mercado. Lo compró a $560 por onza en el 2006 y ha crecido más de un cien por ciento desde entonces.

Eso nos ubicó en un viaje completamente diferente y expandió nuestro territorio financiero incluso a mejores lugares. Este primer paso para comprar oro ha llevado a muchas otras inversiones. Hans ha multiplicado el retorno de esta inversión inicial en oro. Desde ese entonces ha comprado grandes cantidades de oro, así como plata, y ha continuado multiplicando nuestra inversión mientras busca oportunidades de tomar una posición inteligente acorde con que el mercado continúa subiendo y se mantiene al tanto de cómo diversificar la inversión, según sea necesario.

El hacer dinero con oro y plata se remonta a la filosofía que tengo para los negocios: encuentra a alguien que tenga lo que quieres y aprende de esa persona. ¡Paga cualquiera que sea el costo y aprende! Aprenderás ya sea por imitarlos o harás que ellos hagan el trabajo por ti. Deja que los expertos sean los expertos, y obtendrás la suficiente información que necesitas de ellos.

Como en cualquier otra inversión, tienes que utilizar la misma filosofía de aprender cómo tomar una sabia decisión. No necesitas saberlo todo cuando empiezas, necesitas entrar al juego y encontrar a personas en las cuales puedas confiar y aprender de ellas.

No permitas que tu falta de conocimiento te detenga. Lo aprenderás a medida que vayas avanzando. Comienza en pequeño y empieza a conocer el mercado. Yo no leo toneladas de información sobre el oro y la plata, pero alguien en quien confío sí lo hace, y él me educa- mi esposo Hans. Hans se mantiene informado de lo que está sucediendo en el mercado para estar al tanto del conocimiento de los expertos. Él no es un tipo que sólo dice: "Oh, confío en ti, haz lo que creas que sea necesario". Él es responsable de supervisar a los supervisores. Esto ayuda a obtener lo mejor en todos.

Trabaja con un experto que tenga un buen record y que tenga una larga relación con sus clientes. Necesitas a alguien que sea de confianza y que se tome el tiempo de educarte acerca de cuándo debes comprar oro y plata en el momento adecuado. Tenemos agentes de confianza a los cuales compramos oro y plata.

Ellos son los únicos que recomendamos. Para saber sus nombres, ve nuestra lista de recursos en DaniJohnson.com/wealthbook. Ellos te enseñarán y te ubicarán en la dirección correcta.

Tienes que asegurarte que tu agente sea de confianza, que tenga un largo historial de estar en los negocios, y que no sólo está saltando al tren debido a que es una tendencia que está de moda. Asegúrate que él o ella cobren la menor comisión posible. Cuando compres o vendas oro puedes confiar en el agente ya que ellos quieren mantener una relación contigo.

Cuando compres oro o plata, haz que la entrega sea de forma física, a menos que estés negociando con grandes cantidades. No lo pongas en una caja de seguridad en el banco, porque las cajas de seguridad simplemente no son seguras. Ponlo en tu propia caja de seguridad. Algunas personas incluso consideran cavar un hoyo en el suelo para almacenar su oro y plata. Guardarlo en una caja de seguridad dentro de una pequeña unidad de almacenamiento es otra idea.

En un ambiente de inflación, el oro subirá de valor o competirá contra el dólar o se utilizará en lugar de él. Cuando el dólar esté colapsando y vendas ese oro cobras la cantidad y transfieres tus ganancias a otra clase de activos que esté subvalorado y listo para aumentar de valor. El mercado cambia todo el tiempo. Querrás tener una buena estrategia que pueda ajustarse al mercado y desarrollar una lista de contactos confiables quienes puedan mantenerte conectado a lo que está sucediendo.

Nuestro seminario de entrenamiento avanzado "Creating a Dynasty" (Creando una Dinastía) profundiza en todos estos temas. Implementa el conjunto de habilidades que enseñamos en "First Steps to Success" (Primeros Pasos Hacia el Éxito) y los pone en práctica. Es algo así como ir de preescolar a un nivel universitario. Tenemos una sección de tres horas sobre riqueza que explica cómo puedes tomar una pequeña porción de dinero y hacerla crecer a millones de dólares. ¡Es algo difícil de creer pero créelo porque es la verdad!

Negocios por Internet

Un negocio pasivo puede producirte dinero incluso si no estás en él todos los días. Pero un negocio activo requiere de tu talento y habilidades para poder seguir avanzando. Hans y yo tenemos ambos negocios tanto pasivos como activos.

En el 2003 empezamos nuestro negocio por internet, DaniJohnson. com. Anterior a eso estuve retirada por cuatro años. Durante mi retiro, me alejé de estar jugando activamente un papel en nuestra compañía, pero sin mí enfrente, no teníamos negocio. Si continuaba de esta manera, perderíamos un enorme ingreso anual, dejándonos sólo con nuestro ingreso pasivo.

Ambos tuvimos la revelación que habíamos gastados todos esos años solo en aprender una habilidad y administrar juntos el negocio. Antes que Hans y yo trabajáramos juntos él había sido un buzo comercial, pero no regresaría a eso.

Él descubrió que tenía un interés sobre el Internet, aunque no tuviese habilidades para la computadora. Así que se movió a toda velocidad para aprender acerca del Internet. Inicialmente él leyó libros e investigó por sí sólo el Internet, pero eventualmente invirtió cien mil dólares en su educación sobre ella. Él construyó nuestra página Web, DaniJohnson.com y creó toda estructura detrás de ella. El sitio ha tenido tanto éxito que los tales llamados gurús del mundo del Internet trataron de reclutarlo. Muchos de esos gurús del 2002 al 2008 ya no existen, y nosotros seguimos aquí.

Al trabajar juntos decidimos construir un negocio que fuese un matrimonio entre la alta tecnología y un alto contacto humano. La parte de alta tecnología en el negocio era la parte del Internet y la programación de software, mientras que la parte de alto contacto humano del negocio era el aspecto personal y dirigido a las relaciones. Utilizamos FORM y la Metodología de Núcleo Rapport para crear el alto contacto humano de la página Web.

Nuestra estrategia funcionó. El primer año generamos quinientos mil dólares. El segundo año generamos más de tres millones de dólares y duplicamos eso al siguiente año.

Ahora enseñamos a nuestros clientes cómo duplicar el éxito de nuestra página Web. Les enseñamos paso a paso cómo crear su propio negocio de internet que combine la alta tecnología y el alto contacto humano. Incluso puedes copiar nuestro modelo de página Web en ClonMyWebsite.com (Clona mi Página Web). Es un servicio que hace exactamente lo que la dirección está diciendo. También tenemos un equipo de soporte para ayudar a nuestros clientes con la parte técnica.

Cuando empezamos, vimos a muchos gurús del Internet allá afuera, pero ya sigo viendo sus nombres. Esto es debido a que ellos utilizaron la brujería de la alta tecnología pero dejaron por fuera lo que más les importa a las personas, el alto contacto humano. En el Internet existe una mentalidad de la fiebre del oro. Las personas sólo se enfocan en alcanzar la riqueza. Pero ellos sólo tienen éxito a corto plazo y no tienen negocios a largo plazo.

La mayoría de las personas en el Internet que están tratando de hacer dinero sólo utilizan la alta tecnología. Ellos nunca hacen una conexión con el ser humano que está leyendo el correo. Ellos nunca se conectan con las necesidades, fortalezas, metas o intereses de las personas. Ellos utilizan alta tecnología en lugar de aprender habilidades interpersonales de utilizar la Metodología del Núcleo Rapport.

No soy una persona amante de la tecnología. Odio los correos electrónicos y no me gustan las computadoras. Pero sí sé cómo utilizar Núcleo Rapport y FORMar a las personas en línea. Construyes un puente en línea basado en las necesidades, sueños y metas de tus clientes. En nuestro negocio, construimos relaciones con nuestros clientes ya sea por teléfono o en línea. Realmente los apreciamos mucho. Eso nos brinda resultados de alto contacto humano, lo cual es agrandar una base de clientes leales.

Del 2003 al 2008 todos nuestros clientes fueron enviados a nosotros por referencias, cientos de miles de ellos. Esto fue logrado sin trucos, sin afiliaciones ni nada de eso. Hemos alcanzado a que más de mil personas asistan mensualmente a "First Steps to Success" (Primeros Pasos Hacia el Éxito), todo esto gracias a la publicidad de boca a boca. En el 2008 lanzamos mi primer libro, *Spirit Driven Success* (Espíritu de Éxito).

Como mencioné en el Capítulo 6, fui invitada a una entrevista de televisión en vivo que conllevó a muchas otras entrevistas de radio y televisión.

Esto expandió nuestro alcance a más de 210 naciones. En los primeros cuatro meses que *Spirit Driven Success* (Espíritu de Éxito) fue publicado, vendimos sesenta mil copias por todo el mundo. Ahora nuestra base de datos es una combinación de referencia que hemos recibido y personas que me vieron en televisión. Hemos sido capaces de mantener una base fuerte y saludable de clientes debido a nuestro amor por las personas y nuestra dedicación hacia su éxito. Si solo nos concentráramos en la parte de alta tecnología y solo trabajáramos los números, las personas lo sentirían. Habríamos terminados acabados como la mayoría de los otros gurús del Internet.

Nuestro cliente y buen amigo Jeff Usner convinó Núcleo Rapport y FORM con sus habilidades en línea para construir un negocio en Internet. Jeff hoy en día es un multimillonario solo de una de sus iniciativas, él regularmente gana muchos cientos de miles de dólares al mes. Eso es mucho dinero, y sólo es uno de los muchos negocios que él tiene.

Otra de nuestras clientas odiaba hablarles a las personas cara a cara pero le gustaba entrar a los sitios de salas de chat en línea. Ella aprendió Núcleo Rapport y FORM y utilizó las redes sociales para producir más de cien mil dólares en su primer año, trabajando diez horas a la semana. Ella está construyendo relaciones a través de Internet.

Deberías hacer una inversión en aprender cómo funciona Internet y cómo hacer dinero en línea. Las personas están vendiendo todo en Internet, desde celulares hasta acciones y aún algunos cabellos de celebridades ridículas. Tenemos establecido un sistema para enseñarte cómo empezar de la nada a construir un negocio de siete cifras basado en Internet en emarketingFormula.com, así que no hay excusa.

LO QUE DICEN NUESTROS CLIENTES

¿Funcionara esto para ti? He aquí lo que dicen algunos de nuestros clientes:

Basado en lo que aprendí de Dani y de Hans, estos son los resultados:

1. Un aumento de siete cifras por invertir en mis propios negocios cuando empecé a aprender de ellos.

2. Un aumento de seis cifras por invertir en metales preciosos.

3. Una ganancia de cinco cifras a través de bienes raíces. Si vendiésemos las casas que alquilamos veríamos un retorno de seis cifras, pero nuestro plan es quedarnos con ellas para poder rentarlas y obtener un ingreso pasivo.

Con la motivación sabiduría y consejos de Dani y de Hans, aprendimos más sobre cómo invertir y tomamos acción. Cualquiera puede hacerlo, pero hemos estado aprendiendo quiénes debemos ser para poder hacerlo. Hemos aprendido las habilidades interpersonales necesarias para poder dirigir y administrar. En otras palabras, ellos nos están enseñando quiénes necesitamos ser para poder beneficiarnos de las inversiones. También hemos pagado $80.000 en deudas, y estamos completamente libres de deudas a nuestros 30 años de edad.

-Rick Hinnant

Antes de asistir al entrenamiento avanzado de Dani Johnson llamado Dynasty (Dinastía) mi cuenta de retiro estaba perdiendo dinero rápidamente. Tomé lo aprendido en el evento e invertí en oro mi dinero para mi retiro. El primer inversionista con el que hablé me dijo que yo estaba loca al hacerlo. Invertí todo el dinero de mi retiro. Hasta el día de hoy ese dinero ha aumentado en un 75 por ciento. No soy un contador, sin embargo diría que ese fue un gran movimiento. Todo lo que he aprendido y he aplicado de Dani Johnson no solo ha cambiado mi futuro financiero sino también mi ser físico, espiritual y emocional.

-Sue Caylor

EL FACTOR DIOS

Embudo de Bendiciones

Debido al abuso con el que crecí, es un milagro que esté en donde estoy ahora. ¿Recuerdas en el capítulo seis cuando hablé sobre haber sido diagnosticada con una condición del corazón? Tuve que dejar de trabajar, pero tampoco podía siquiera subir las escaleras o cargar a mis hijos. No tenía esperanza para un futuro y aun así mi salud fue restaurada completamente. Cuando pienso en ello, mi vida resultó ser un milagro.

Incluso no debería estar viva. No debería tener la increíble vida que tengo. No debería tener los hijos hermosos que tengo. No debería tener el hogar que tengo. No debería tener todas las vacaciones con mi familia que tengo. Y mis clientes no deberían tener los increíbles resultados que obtienen.

Pero hay un Poder Divino en mi vida. No puedo negarlo. Este Poder Divino opera a través de las Leyes del Éxito comprobadas que he compartido contigo a lo largo de este libro. Este Poder Divino ofrece un embudo de bendiciones que se derrama sobre mí y enriquece mi vida.

Un embudo de bendiciones aparecen cada vez que utilizas estas leyes y empiezan a fluir en tu vida. Tus manos empiezan a trabajar, pero este Poder Divino suma una capa más de asistencia que trae resultados mucho más allá de tus expectativas.

El embudo de bendiciones es el Poder Divino trabajando en ti. Cuando tienes un embudo de bendiciones cayendo sobre ti, te darás cuenta que las cosas simplemente empiezan a tener sentido. En lo que fallaste anteriormente, de repente encuentras éxito. Cuando algo no funcionaba anteriormente ahora verás que parecieras estar en el lugar correcto en la hora adecuada.

Esto le sucede a la persona que uno menos imaginaría y bajo el conjunto de circunstancias menos apropiadas. Tal vez pensaste que eras la persona inadecuada que nació en el peor momento y que nunca pasaría para ti. Pero luego, de la nada algún tipo de intervención apareció y sobresaliste de todo y sobre todas las personas. Ese es el embudo de las bendiciones derramándose sobre ti.

Intervención Divina

Hace algunos años compramos una casa en Bora Bora y agregamos algunas mejoras para convertirla en un lugar hermoso e impresionante. Luego llegamos a un punto en el que necesitábamos venderla. Al momento que estábamos tomando la decisión de venderla el mercado estaba decayendo.

Tal vez te encuentras en una situación en la que el mercado está decayendo y todo a tu alrededor se está viniendo hacia abajo. He aquí cuando debes construir tu fe y darte cuenta que no importa que el mercado se esté derrumbando. No importa qué tan mal se miren las cosas desde afuera.

He aquí donde la intervención divina tiene la oportunidad de entrar y hacer posible lo imposible, como Dios lo hizo con nuestra propiedad que nadie estaba comprando en Bora Bora. Los hoteles se estaban yendo a la quiebra y las personas ya no estaban viajando.

Cuando la economía comenzó a decaer el negocio de viajes sufrió un gran daño, especialmente a lugares exóticos como Bora Bora, en donde cuesta de dos mil a cinco mil dólares el solo hecho de viajar ahí. Fácilmente puedes gastar mil setecientos dólares en una habitación de un hotel de Bora Bora. La intervención divina sucedió con esa propiedad a pesar del hecho que todo estaba derrumbándose a nuestro alrededor. Dios creó un camino y nos trajo un comprador: un billonario.

Este billonario había tenido la oportunidad de comprar la casa antes de nosotros, pero no había dado el paso para comprarla. Había pensado en la propiedad por tres años seguidos. Ahora él estaba dispuesto a pagar más del doble del precio.

¿Cuáles eran las probabilidades de que eso pasara? ¿Cuáles eran las probabilidades de que en un mercado decadente, un billonario increíblemente sabio hiciese ese tipo de compra en una propiedad que no compró tres años atrás? Eso fue una intervención divina.

Yendo en Contra de las Probabilidades

¿Cuáles eran las probabilidades que yo apareciese en tantos programas famosos de Televisión? Empezó con *Oprah*, lo que conllevó a *Good Morning America, The View, ABC World News y veinticinco entrevistas por satélite* todo dentro de cuatro horas. ¿Cuáles eran las probabilidades que yo estuviese en el programa de apertura de la primera temporada del programa de ABC "Secret Millionaire" (Millonario Encubierto)?

No consigues un nivel de entrevista más alto que el ser entrevistada por Oprah Winfrey – simplemente no lo obtienes. ¿Cuáles eran las probabilidades que fuésemos elegidos para estar en el *Programa de Oprah Winfrey* en su última temporada? ¿Cuáles eran las probabilidades de que yo fuese la historia principal por veinticinco minutos en su última temporada?

Una cosa es ser entrevistada por Oprah, pero es otra muy diferente ser la historia principal. No hay una mejor posición que esa. Las personas gastan miles de dólares contratando a publicistas para poder aparecer en el Programa de Oprah, pero a nosotros no nos costó ni un centavo.

Ese me llevó a ser entrevistada por George Stephanopoulos en *Good Morning America* y luego por las damas de *The View*.

¿Cuáles eran las probabilidades que ABC nos encontrase en línea – y debido a los resultados de nuestros clientes, nuestro mensaje y quiénes somos - nos eligieran para un programa de televisión? ¿Cuáles eran las probabilidades que tuviésemos ese tipo de bendiciones por ABC? ¡Especialmente después de haberlos rechazado cuatro veces!

No solo fuimos invitados para aparecer en el programa sino que también nos convertimos en el primero de la temporada inicial. Cuando ellos vieron el episodio dijeron "Dani Johnson es nuestra millonaria favorita. Eres tan auténtica, eres muy genuina y realmente ayudas a la gente. Tu corazón es increíble".

ABC invirtió miles de dólares no en uno sino en dos publicistas. ¿Cuáles eran las probabilidades que ellos tuviesen a dos publicistas tocando las puertas, haciendo llamadas a todos lados, tratando de conseguirme entrevistas para promover mi historia y el Programa de "Secret Millionaire" (Millonario Encubierto)? No costó nada para nosotros.

¿Cuáles eran las probabilidades que una mujer que fue indigente obtuviera todas estas oportunidades sobre todas las personas en este país? ¡Vamos, jamás lo hubiese pensado! ¿Era posible estar trabajando en mi pequeño nicho y tener la oportunidad que nuestro programa fuese escuchado por millones y millones de personas en este país? Las probabilidades eran muy escasas.

Obtuve mucha exposición en la televisión en el 2008, y mi historia de ser una mujer indigente que se volvió millonaria ha sido compartida por 210 países. Sin embargo, el obtener una exposición nacional tan fuerte en los Estados Unidos es el Factor Dios trabajando.

Esto en Poder Divino. Es lo imposible siendo posible. Cuando sigues estas leyes, es aquí cuando aparece el Poder Divino e interviene y abre puertas que ninguna persona puede cerrar. Él convierte cualquier mal camino en uno bueno.

Vivimos en una realidad que para la mayoría de las personas no es real. Y no nos acostamos con nadie para llegar a la meta. Nosotros no sobornamos a nadie. Nosotros no mentimos, engañamos ni robamos a nadie. Nosotros no conocíamos a las personas adecuadas en los lugares correctos en el momento oportuno. Todo esto vino a nosotros porque servimos a un Dios fiel. Seguimos Sus leyes y vivimos de acuerdo con Sus mandatos. Él es quien nos ha puesto en la cima.

El punto es que cuando eres elegido para el estreno, recibes toda la publicidad. Tu programa – tu episodio – es el que la mayoría de las personas va a observar. Todos los episodios que vienen después del estreno, menos y menos personas los mirarán. ¿Por qué nosotros, en lugar de cualquiera de los otros? Esto fue el embudo de bendiciones.

Si estás esperando que alguna puerta se abra para ti o sientes que tu conjunto de circunstancias nunca van a cambiar, estás limitándote solo con el simple hecho de pensar así. Pero si te embarcas en esta aventura conmigo y te apegas a las Leyes del Éxito que te he dado hasta el momento, entonces las circunstancias en tu vida cambiarán para mejor.

Y las circunstancias imposibles de tu trabajo, negocio, hijos o matrimonio simplemente serán removidas. Las respuestas estarán en frente de ti si sigues las leyes que te he revelado. Mi vida es prueba viviente que estas leyes existen. Y no solo mi vida es una prueba, sino también la vida de mis clientes, ya que la vida de ellos ha cambiado por completo luego de utilizar estas leyes.

¿Estas leyes te harán famoso? ¡Sí! ¿Te ayudarán a cumplir tu sueño de ayudar a huérfanos de todo el mundo? ¡Sí! ¿Te ayudarán a tener un matrimonio fenomenal en el cual estarás más enamorado y apasionado que nunca? ¡Sí! ¿Te ayudarán a preparar a tus hijos para el éxito? ¡Sí! Todas las cosas que en algún momento pensaste que no eran posibles claramente son posibles cuando sigues estas leyes y conoces el factor Dios. Caminarás por Su embudo de bendiciones y serás bendecido sin medida.

Poder Divino

El Poder Divino y Su embudo de bendiciones operan a través de las Leyes del Éxito. Estas leyes están basadas en principios que crean resultados fenomenales. Yo he visto cómo trabajan de manera poderosa en mi vida y en la vida de miles de clientes que vienen a nuestros seminarios.

Sé que es el Poder Divino, el Gran Creador, cuando empezamos una empresa y miles de personas de todas partes del mundo vienen a nuestros seminarios. Sé que estamos disfrutando del embudo de bendiciones cuando nuestras ganancias se duplican cada año. Esto pasa por dos razones. Una, nuestros cimientos son buenos. Dos − esta es la razón más grande y más confiable − y es que el Gran Creador, Dios, es fiel a Sus leyes, las Leyes del Éxito.

Nosotros basamos nuestros negocios en las Leyes del Éxito, lo que abre las compuertas del Poder Divino para ayudarnos. Eso no sucedió en nuestros negocios anteriores, cuando no seguimos estos principios espirituales.

Pero cuando empezamos DaniJohnson.com, seguimos esos principios al pie de la letra. Hemos experimentado más bendiciones en más lugares de los que pudimos haber esperado, pedido o imaginado.

Las Leyes del Éxito no funcionaron hasta que vivieron sólidamente dentro de nuestro corazón. Tuvimos que aprender a construir relaciones sin un motivo alterno. Cuando era joven, a veces utilizaba Núcleo Rapport con la intención de dar solo para poder recibir. FORMaba a un empleado solo porque esperaba que algún día pudiese obtener negocios de él. Hice ese tipo de cosas en mi primera temporada de éxito, pero no creamos una riqueza verdadera. Seguíamos haciendo dinero, pero lo seguíamos perdiendo.

Solo fue después de que entendí claramente las Leyes del Éxito que pude FORMar puramente de mi corazón, sin querer secretamente algo de regreso. Eso fue lo que inició nuestra segunda temporada de éxito, cuando realmente empezamos a ganar muchísimo dinero y a mantenerlo. Esa fue la temporada en la que creamos la verdadera riqueza.

La Voz de Dios

¿Recuerdas atrás en el Capítulo 1 cuando te conté mi historia que fui indigente? Te conté que en un punto cuando estaba pensando que quería terminar con mi vida escuché una voz que me dijo: "Recoge tu petate y camina". Esa voz salvó mi vida.

¿Recuerdas atrás en el Capítulo 8 cuando te conté mi historia que vivía en una casa de seis mil pies cuadrados? Te conté lo vacía que me sentía aun teniendo todas esas cosas. Escuché una voz que me dijo: "Vende tus cosas y sígueme". Esa voz me ayudó a encontrar la verdadera riqueza.

Sé que esa voz es Dios. Él es el Poder Divino, el Gran Creador del que te he hablado a lo largo de este libro. Mientras me he acercado más a Él durante los años, he aprendido acerca de quién es realmente. Él es un Dios amoroso que quiere vernos triunfar. Algunos pueden ver a Dios solo como fuego y azufre, pero Él está ahí para ti, y está lleno de gracia.

La buena noticia para ti es que Dios no juega el juego de favoritismos. A Él le encantaría ponerte en Su embudo de bendiciones.

He hablado sobre las Leyes del Éxito a lo largo de este libro, pero no te he dicho sino hasta ahora que las leyes vinieron de Dios. Él me ha dado respuestas cuando las he pedido, sabiduría cuando la he necesitado; me ha ayudado en mis tiempos de necesidad, y ha sido un lugar seguro en tiempos de incertidumbre. Ese pilar en mi vida es Dios Todopoderoso.

No Tienes Que Creer

Entiendo a las personas que no creen que exista un Dios, porque alguna vez estuve en esa posición. Hemos visto muchos más malos ejemplos que buenos ejemplos de verdad en nuestra sociedad.

Incluso si no crees en Dios, Sus principios funcionarán para ti. Las personas que son exitosas utilizan estos principios ya sea que lo sepan o no.

Sería grandioso si aquellos que dicen creer en Dios o se hacen llamar Cristianos, Católicos, Bautistas, Pentecostales utilizaran estos principios. Es triste que algunas de las personas más dañadas y en quiebra sean Cristianos. Ellos tienen una reputación de ser dependientes y perezosos. Ellos no se sienten "motivados" para ir a trabajar, así que simplemente no van.

Tú y yo no debemos juzgar a nadie por creer que no exista un Dios, ya que esto es debido a la falta de buenos ejemplos. La realidad es que las personas hieren a otras personas en la iglesia, incluso cuando se supone que la iglesia debería de ser un lugar seguro. Los cristianos estamos llamados a ser conocidos por nuestro amor, pero más bien somos conocidos por nuestra manera de juzgar.

Cínica con Respecto a Dios

Fui introducida a Jesús cuando tenía trece años de edad. Él se convirtió en mi todo, mi lugar seguro, mi fuerte pilar y mi Príncipe de la Paz. Al crecer en el hogar en el que yo lo hice, fui atormentada por el abuso diariamente.

La violencia extrema y el consumo diario de drogas de mis padres dieron pauta a abusos físicos, emocionales, verbales, mentales y sexuales. Así que Jesús era mi amigo.

Desafortunadamente a lo largo del camino, debido a los juzgamientos de cristianos, perdí mi fe. Me alejé de Dios cuando tenía dieciocho años debido a que había sido muy herida por las personas que iban a la iglesia y que se hacían llamar cristianos. Recuerdo haberle dicho a Dios: "si tengo que ser como tu gente, no quiero nada que ver contigo. Tu gente es muy mala y apesta".

Me volví cínica con respecto a las personas que conocí en la iglesia. Las odiaba y quería herirlas. Cuando finalmente entendí cómo era Dios, me arrodillé implorándole a Dios por su perdón. Le di mi alma a Dios, pidiéndole a Jesús que fuese mi Señor y Salvador una vez más. Ahora soy un soldado para Dios. Di un giro completo. Él es la luz que me motiva hoy en día. Pasé de odiar a las personas a amarlas, lo que fue algo impresionante.

Quería tanto hacer algo que fuese más grande que yo, y ser parte de algo que fuese más grande que mí misma. Eso me llevó por el camino de Dios. Me encontraba desilusionada por no poder ir con esa gente, pero la verdad es que había mal juzgado a Dios y Su amorosa personalidad porque lo estaba comparando con las personas que iban a la iglesia.

Nunca olvidaré el día – mi cumpleaños, 2 de Marzo de 1993- que escuché Su voz diciéndome: "No pongas tu fe en las personas, ponla en mi", mientras yo le decía lo aterrada que estaba de esas personas que se hacían llamar cristianas.

Algo tiró de mi corazón y me llevó a algo más grande que una iglesia o las personas en el edificio. Solía pensar que para triunfar espiritual- mente, las personas tenían que asistir a un seminario y volverse pastores. De alguna manera había metido en mi cabeza que el hacer dinero estaba mal, y que las mujeres no están llamadas a hablar. Fueron tantos los obstáculos que había escuchado en esos lugares, que por eso estaba tan confundida con respecto a lo que significa seguir a Dios.

De Dónde Vienen las Leyes

Desde que dejé atrás mis días de cinismo, he llegado a conocer a Dios de una manera mucho más personal.

Cuando Dios me pidió que lo siguiese, lo hice. Y he llegado a cono- cerlo en una relación muy profunda.

Ahora he leído la Biblia desde la portada hasta la última página ocho veces, y he encontrado a un Padre amoroso que provee, protege, guía, cuida y gobierna. Él promete que si nosotros creemos, recibiremos. Esto también me ha ayudado a contestar a aquellos individuos que les gusta hablar sobre alguna Escritura y construyen una doctrina entera (un argumento) de ella.

He descubierto que la mayoría de los pastores nunca han leído la Biblia de portada a portada y aun así están enseñando a personas de algo de lo que saben muy poco. En su defensa, en nuestras escuelas y seminarios de estudios de la Biblia no es un requisito que ellos lean la Biblia entera, sin embargo, sí es un requerimiento leer comentarios. Esto es una tragedia. Ellos están siendo engañados, así como lo están los que ellos lideran.

Mi fe es un factor muy importante de mi éxito, pero mi fe no está medida por la religión. Jesús le dijo al hombre ciego: "tu fe te ha sanado". Si te fijas, Él no dijo: "te he sanado".

Dios escribió todas las Leyes del Éxito para que pudiésemos beneficiarnos de ellas. Entre más me he acercado a Él, más exitosa me he vuelto. Entre más he confiado en Él y he seguido Sus leyes, más ha agrandado nuestra riqueza. Estaría en la quiebra hoy en día si no fuese por Él, porque no puedo hacer nada apartada de Él.

Solo poseo las habilidades que tengo debido a que Él escribió cómo obtenerlas. Todo lo que he hablado en este libro vino de la Biblia. Si hubiese empezado este libro enseñándote sobre las Escrituras, muchos lectores hubiesen cerrado su mente y habrían entrado en discusiones acerca de las doctrinas. Mantuviste una mente abierta porque no hablé sobre el aspecto espiritual. En su lugar, probé el contenido con los resultados de nuestros clientes y no puedes discutir en contra de resultados.

Tienes un "Factor Dios" en tu vida ya sea que lo sepas o no. Cuando realmente entendemos cómo Él opera, entendemos Su gracia, Su piedad y corrección.

Él es como un buen padre que corrige a sus hijos para que no se vayan en destrucción. Un buen padre no le daría las llaves de su auto a su hijo de cinco años de edad, porque su hijo no tendría las habilidades o la experiencia para manejar un auto. Nuestro Padre en los cielos es de la misma manera. Él no nos pondrá en una posición en la que fallaremos, ni nos dirigirá hacia la destrucción. Él quiere vernos triunfar.

Como padres, vamos a los recitales de nuestros hijos, a los partidos de tenis y a los juegos de básquetbol, porque queremos verlos triunfar. A Dios también le gusta ver que te vaya bien, y Él te dio un manual de cómo hacerlo.

Las Leyes del Éxito de Dios

Dios es quien nos dio el poder de nuestra mente, así como la Ley de la Mente. Puedes alcanzar lo que sea que creas y te imagines. Jesús dijo: "recibirás todo aquello en lo que creas". Como pienses es como actuarás y hablarás. Él dijo: "Como piense un hombre, así será su corazón, y así será él".

Dios es el gran Creador quien nos diseñó para tener éxito. El Gran Diseñador te diseñó y te dio completo reinado sobre tu mente. Él nos dio la Ley de Educabilidad y cómo pesar en una balanza tu ego en contra de tu cuenta bancaria.

Él también nos dios la Ley de la Visión y dijo que podíamos elegir pensar como los del 98 por ciento de las personas o hablar como el 2 por ciento de ellas. Él escribió: "un hombre sin visión perecerá".

Él plantó un deseo dentro de ti, así como plantó el deseo dentro de un águila de volar por los cielos. Dios nos dijo que Él cumpliría los deseos de nuestro corazón si buscábamos de Él. El deseo de tu corazón es tu visión. Tal vez tu visión es tener unas maravillosas vacaciones o ayudar a los huérfanos en países subdesarrollados. Tal vez tu visión es estar libre de deudas, la cual era mi visión cuando yo empecé.

Al principio quería probarle a todo el mundo que había dicho que yo fracasaría, que estaban equivocados. Compré muchas cosas para que pudiesen ver mi éxito. Pero luego Él tomó mi corazón y lo transformó. Ahora ya no busco más la venganza para aquellos que me hicieron daño en el pasado. Él también escribió eso, la Ley del Perdón. Si no hubiese creído en esa ley, no hubiera tenido una visión. Solo hubiese estado en un camino de guerra, tratando de herir a cualquiera que se me atravesara en el camino.

Dios escribió la Ley de Cosechando y Sembrando para enseñarnos cómo triunfar. Las personas piensan solo en lo negativo cuando escuchan esta ley de "cosechas lo que siembras"; pero Dios escribió esta ley porque Él quiere ver a Sus hijos triunfar. Él lo dijo para guiarnos hacia el éxito en lugar del fracaso, y para darnos la elección y la libertad para elegir cualquiera que sea el camino por el cual querríamos ir.

Él escribió la Ley del Valor para incrementar nuestras habilidades. La habilidad atrae al éxito. Él también escribió la advertencia de cómo nuestro ego oculta lo que está bajo llave en nuestro corazón y mata nuestro destino. Muchas personas no pueden cumplir su destino porque no tienen el entendimiento que ahora tú tienes.

La Ley del Ascenso te dice que empieces pequeño y que luego lo hagas grande y mejor, y que tengas la actitud correcta de trabajar con diligencia y excelencia. Facilita el abrir el candado de la verdadera riqueza.

La Ley del Honor te dice que ames a tu vecino como a ti mismo. Crea armonía con los diferentes tipos de personas en el mundo.

Ayudantes Adinerados de Dios

Cuando finalmente busqué a Dios, me di cuenta que ya en sí estaba practicando varios de Sus principios, y que no tenía que ser un pastor para hacer el trabajo de Dios.

Decidí leer la Biblia y buscar las respuestas por mí misma. Aprendí que Abraham era un hombre de negocios adinerado, no un pastor o un evangelista.

Isaac también era un hombre de negocios adinerado, y Moisés era un político y un juez. Él no era un pastor como vemos a pastores el día de hoy. Él se veía y se vestía como un egipcio y creo que tenía tatuajes. Él sería severamente juzgado hoy en día por muchas iglesias en el mundo que se preocupan más por sus reglas de vestir y cómo verse como un "buen cristiano", que en lo que dice la Biblia.

José, fue un esclavo, aprendió cómo convertirse en un arquitecto y en un administrador de negocios. Él manejaba trabajadores y realizaba ingeniería. Era un excelente administrador y tenía unas habilidades increíbles de contabilidad. Él no era un pastor. Él también se veía como un egipcio con tatuajes, faldas cortas, una peluca y delineador. Se veía tanto como un egipcio, que cuando sus hermanos lo vieron luego de estar separados por muchos años, no lo reconocieron. Ellos pensaron que él era el gobernante de los egipcios, y en realidad sí lo era.

Estos hombres famosos de los cuales se ha hablado por miles de años no eran las cabezas de la iglesia moderna – esas organizaciones y edificios estructurados no existían en aquel entonces - Dios utilizaba a las personas cotidianas con profesiones en el mercado laboral para desarrollar a otras personas y Él levantó un ejército que impactará la vida de las personas para mejor.

David, la manzana de los ojos de Dios, al que Dios le prometió que establecería su reinado por siempre; era un líder político, un cantante, un autor, un líder militar y un hombre de negocios. Y tampoco fue un hombre perfecto – él fue un adúltero y un asesino.

Como dije antes, había pensado siempre que el camino hacia el éxito en Dios, era a través de los seminarios o yendo a la escuela de la Biblia y convertirme en un pastor. Pensaba que si me hacía muy buena en ello, me volvería famosa y tendría siete millones de personas que vendrían a escucharme hablar. Pero luego aprendí que esa no es la verdad necesariamente.

Juan el Bautista bautizaba a las personas sin siquiera haber ido a los seminarios o habiendo sido certificado para poder bautizar a las personas. Él simplemente empezó a sumergir a las personas en el rio Jordán.

Me di cuenta que mucho de lo que vemos hoy en día en las iglesias fue completamente elaborado por el hombre, con una estructura corporativa y un camino corporativo para seguir. Había sido guiada a creer que si seguías ese camino, entonces serías exitosa en Dios.

Desde entonces he aprendido que ya seas un pastor o hagas lo que hagas, cuando verdaderamente buscas a Dios con tu corazón y tomas Su sabiduría a pecho, el Poder Divino se apodera y un embudo de bendiciones empieza a caer sobre ti. Las Bendiciones se multiplican.

No tienes que ser un cristiano para ser exitoso o adinerado. Cuando sigues estos principios, verás un Poder Divino caer sobre tu vida.

Nutre la Semilla

Lo importante es que los principios funcionan. Dios escribió todas las Leyes del Éxito y Dios está atado por Su Palabra. Él es quien las escribió todas – incluso la Ley de la Gravedad y la Ley de Cosechando y Sembrando - Si Él ha escrito todas esas leyes, también es Él quien tiene que cumplir todas esas leyes. Yo no hago que el maíz se vuelva maíz. Yo planto la semilla en la tierra, y Él se hace cargo del resto.

Mi responsabilidad es asegurarme que la semilla esté bien alimentada, nutrida y protegerla. Pero yo no hago que esa semilla se vuelva en una planta y luego produzca el maíz. Ese es el Factor Dios. Si nosotros hacemos nuestra parte de sembrar la semilla en la tierra y la nutrimos y la protegemos, entonces Él hará Su parte.

¿Recuerdas en el Capítulo 1 cuando hablé de plantar semillas en la tierra? Dije que no importaba quien lo hiciese – blanco, africano, asiático, hispano – la única verdad es que obtendrías maíz. ¿Si un hombre negro planta una semilla de maíz en la tierra, obtiene maíz negro? No. Él obtiene el mismo color de maíz que el tipo blanco obtiene.

Así que si un cristiano pone maíz en la tierra y un ateísta pone maíz en la tierra, ¿el ateísta no obtiene maíz? No, él obtiene el mismo maíz exacto. Los principios funcionan para todos.

Cuando sigues las Leyes del Éxito de Dios, empiezas a preguntarte quién es el autor de esos principios, eso fue lo que me pasó a mí. Las personas que se hacen llamar "cristianas" fueron la mayor motivación para querer averiguar al Autor Supremo de todas estas Leyes del Éxito.

Cuando estás produciendo más resultados de los que deberías estar produciendo, o algo está fluyendo fácilmente y de manera más natural, sabes que algo más debe estar sucediendo a tu favor. Y sí lo hay, y no es *algo*, es *Alguien*.

Sincronizando Habilidades

¿Qué es exactamente el Factor Dios? Es un Poder Divino que incorpora Su habilidad soberana con nuestra habilidad natural.

Es cuando Él toca, sopla, o respira en algo, y cuando Él transforma cosas a nuestro alrededor para hacerlas un poco más fáciles. Podría ser el encontrar un estacionamiento en frente a nosotros, o podría ser cuando tienes ese pensamiento en la cabeza que deberías llamar a alguien y resulta que es la llamada correcta en el momento adecuado. O tal vez es cuando encuentras ese trato perfecto de negocios o eres elegido para hacer algo para lo cual debiste haber sido la última persona en ser considerada.

Es casi como si tu línea del tiempo se sincronizara con la de Dios. Es el murmullo correcto en tu corazón en el momento propio. Es la voz correcta en tu cabeza que te da la respuesta exacta que estabas buscando.

Esa voz te habla cuando te entrenas para poder escucharla y obedecerla. Esa voz quiere bendecirte tanto que caes en tus rodillas y le agradeces por todo lo que Él ha hecho.

Es una hermosa relación que Él ha establecido para nosotros, los seres humanos. Él desea ser alabado y Él adora hacer cosas para provocarnos a hacer eso mismo. A Él le encanta cuidarnos de las cosas que nos alejan de obedecer la pequeña pero activa voz dentro de nuestro espíritu, que está tratando de guiarnos y protegernos de hacer algo estúpido.

Tocando Vidas

El Factor Dios es cuando algo sucede y que solo sería posible por intervención divina.

Tú no tienes idea de quién está a punto de cometer un suicidio. No tienes idea de quién rezó o pidió a Dios esa mañana: "Muéstrate. Si eres real y quieres que siga vivo, entonces dame una señal".

¿Cuántos miles de personas han rezado esa oración? Personalmente recé esa oración cuando fui indigente. He escuchado tantos testimonios de personas que estaban listas para acabar con su vida cuando encontraron nuestro sitio Web o escucharon un audio. Nunca sabes qué vida tocarás o salvarás.

Cuando las Leyes del Éxito están fuertemente establecidas dentro de ti, cuando tu motivación ya no está solo basada en ti o en dinero y reconocimiento – ¡santo cielo! - el Factor Dios se apodera de todo.

Retribuye

Si quieres servir a Dios, entonces debes retribuirle. Él quiere utilizar tu vida, y quiere darte influencia, si vas a influenciar a las personas para que hagan el bien. Él atraerá personas a ti si tú glorificas Su nombre.

Cada vez que le pregunto a una multitud: "¿Quieren hacer algo grandioso con su vida? Todas las manos se elevan. Y luego pregunto: "¿Pero cuántos de ustedes se sienten insignificantes? ¿Existe alguna razón por la que sientas que no fuiste elegido porque no naciste en la familia correcta?".

Nuevamente todas las manos se elevan y algunas personas tienen lágrimas en sus ojos. Así que pregunto: "¿Cuántos de ustedes querían hacer algo magnífico para Dios pero sintieron que nunca serían lo suficientemente santos, puros o correctos para hacerlo?".

O también siempre hay unos cuantos presumidos y seguros de sí mismos, sin embargo la mayoría de las personas quieren con todas sus fuerzas hacer algo grandioso con su vida y aun así han creído que eso nunca llegaría a suceder.

Si ese eres tú, quiero que sepas que alguna vez me sentí de la misma manera hasta que lo busqué y descubrí a Él por mí misma.

El Factor Dios viene con un deseo de conocerlo. Entre más llegaba a conocerlo, más lo amaba. Entre más lo amaba, más confiaba en Él. Entre más tiempo pasaba con Él, mayor era el tiempo que quería pasar a Su lado y mayores eran Sus bendiciones hacia mí.

La verdad, la manifestación y la sabiduría que Él ha revelado me han liberado por completo. Estaría muerta si no fuese por la verdad que Él me ha revelado.

Impacta a Otros

Cuando tienes dinero puedes utilizarlo para impactar a otros.

Hace algunos años, Hans y yo sentimos en nuestro corazón la necesidad de ayudar a sus abuelos. Dijimos: "Paguemos la deuda de la abuela y el abuelo Jackson". No teníamos idea de qué tan grande fuese la deuda. Sólo queríamos honrarlos al aniquilar su deuda.

El abuelo Jackson tenía ochenta años en ese entonces y estaba luchando contra el cáncer de próstata. Estaba tan agobiado por las deudas que estaba a punto de declararse en banca rota. Empezando desde sus días de estudiante, él había estado endeudado por más de sesenta años.

El abuelo trabajaba como administrador de un hospital y luego trabajó como conserje en una casa de retiro, en donde empujaba una aspiradora de cincuenta libras y lo hacía mejor que personas más jóvenes que él.

Cuando fuimos para nuestra visita anual en Portland, Oregón, les dijimos; "Dios ha puesto en nuestro corazón el pagar su deuda". Ellos estaban asombrados. Hans les dijo: "No nos agradezcan a nosotros, agradézcanle a Dios, porque Él fue quien nos dijo que hiciéramos esto". Ellos querían pagarnos el dinero de regreso, pero les dijimos que así como Jesús había perdonado sus pecados, su deuda también había sido perdonada.

Ambos taparon sus caras con sus manos y lloraron. Ellos no tenían carros nuevos – vivían en un tráiler.

Las decisiones de sus hijos mayores los habían mantenido en deuda.

No teníamos idea de cuánto debían, solo sabíamos que queríamos honrarlos. Pagamos toda su deuda. Resultó que eran veinte mil dólares. Ahora el abuelo Jackson podía luchar por su vida sin la carga de las cuentas fuera de control.

Desde entonces hemos recibido un sinnúmero de cartas y llamadas telefónicas de la abuela y el abuelo Jackson agradeciéndonos. Una carta decía: "Este fue el primer mes en el que no habían cobros en nuestra correspondencia".

Impacta a Tu Comunidad

Para Hans y para mí fue una gran alegría el poder hacer eso. Sabíamos que estábamos utilizando nuestro dinero en maneras que beneficiaban a otros. Sabíamos que esa era la verdadera razón de nuestra riqueza, para poder impactar la vida de otras personas. Por muchos años ya hemos utilizado nuestra riqueza para impactar a miles de niños que son huérfanos, niños que han sido abusados y abandonados.

La riqueza debería ser utilizada para impactar la vida de otras personas. Puedes empezar a bendecir a otros con tu dinero. Puedes contribuir a comunidades que signifiquen algo para ti. Puedes construir riqueza que pueda impactar generaciones futuras. Puedes ayudar a suavizar la carga en la vida de otras personas. Puedes plantar semillas de dinero que crecerán para convertirse en árboles de roble que dan sombra a los demás.

El donar dinero es una manera de crear impacto, sin embargo hay maneras incluso más poderosas de ayudar – maneras que no requieren de dinero. Muy a menudo escucho a personas decir que quieren volverse millonarios para poder ayudar a las personas – "Cuando me vuelva millonario, voy a…".

La verdad es que no tienes que ser exitoso para ayudar a las personas. Nuestras familias han sido firmes creyentes de ayudar a aquellos en necesidad. Personalmente he lavado los pies de indigentes y he cortado sus cabellos y sus uñas. Y luego les he servido un plato de comida caliente.

Hemos compartido a tiempo con huérfanos abusados y abandonados, les hemos llevado regalos, ropa nueva y lo más importante, un equipo de personas para amarlos. De hecho, una Navidad nuestra familia y un grupo de nuestros clientes pasamos la semana de Navidad con cuarenta y dos huérfanos. Con mucho gusto cambiamos nuestras tradiciones, fiestas y obsequios para servir al rechazado.

Los llevamos a almorzar y a cenar, jugamos y los llevamos a la playa. Cociné para ochenta personas en la noche de Navidad. El viaje fue increíble y cambió nuestra vida. Construimos relaciones largas y duraderas con estos niños preciosos y todos estamos en contacto cercano con ellos hoy en día. Ya sea por teléfono o por Facebook, nuestras vidas aún están conectadas.

Tú puedes hacer lo mismo en tu comunidad local. Toma un día de la semana o del mes y empieza a servir a otros que están en verdadera necesidad.

Tu negocio y trabajo también son maneras de impactar la vida de los demás. ¿Qué tipo de semillas estás plantando en estos lugares? ¿Qué dirán las personas acerca de ti cincuenta años después que no estés? ¿Siquiera sabrán ellos quién fuiste?

Aunque Hans y yo hagamos dinero en nuestros negocios, nuestro modelo de negocio siempre ha sido acerca de ayudar a otras personas. Estamos marcando una diferencia no solo con nuestro personal y con nuestros empleados y sus familias, sino también con nuestros clientes.

Segunda Temporada de Éxito

La riqueza fue creada al comienzo de nuestra segunda temporada, y los siguientes diez años después de ello. En nuestra primera temporada, hicimos mucho dinero y gastamos todo lo que produjimos. Realmente no entendíamos lo que era la riqueza. No fue sino hasta que empezamos a entender lo que eran las Leyes del Éxito en el 2000, que empezamos a construir riqueza. Tuvimos que ver muy hondo dentro de nuestro ser: ¿Realmente queremos hacer una diferencia en la vida de alguien más?

Trabajé muy duro e hice mucho dinero en mi primera temporada, pero ahora realmente estoy disfrutando una segunda temporada de riqueza. La riqueza no es solo acerca de hacer dinero ahora. Es acerca de tener un matrimonio grandioso, una vida familiar que podamos disfrutar, tomar vacaciones por meses seguidos y retribuir a los niños alrededor del mundo. Ahora estamos haciendo el dinero de la manera más fácil con la menor cantidad de tiempo y el menor esfuerzo debido al Factor Dios. Es ahí en donde empiezas a ver la multiplicación del Reino, y la multiplicación viene con mucha facilidad.

Cuando tu motivación no es solo hacer dinero sino también servir de corazón, verás esta multiplicación – con las personas, con el tiempo y con el dinero - Ahí es cuando verás que obtienes un trabajo increíble, que tus jefes te dan aumentos y que tu negocio despega. Es ahí cuando verás que tus inversiones se duplican y triplican, tus casas se venden de forma inesperada y tu cuenta de banco empieza a crecer.

Dando a Dios

Lo que siembras es lo que cosechas. Cuando das a los más necesitados, serás recompensado en grande.

Como dije en el Capítulo 9, uno de los secretos de la riqueza es dar uno de cada diez dólares. No seas un tacaño y mezquino del que nadie quiere estar cerca. Da el 10 por ciento de lo que recibes. Esto abre tu vida a las bendiciones – bendiciones divinas que provienen directamente de Él - que parecerían imposibles de cualquier otra manera.

En nuestro negocio, tomamos 10 por ciento de nuestros ingresos brutos, antes de deducirle los impuestos. Y desde que empezamos a hacer eso, nunca hemos pasado necesidad. Nuestras necesidades siempre han sido satisfechas, sin importar lo mala que esté la economía.

Las bendiciones siguen multiplicándose. Lo que donamos regresa a nosotros multiplicado. Se vuelve más fácil y rápido el hacer dinero.

Riqueza Generacional

Cuando tus bendiciones se multiplican puedes empezar a dar a las generaciones futuras.

El billonario quien compró nuestra casa en Bora Bora no solo se levantó un día y dijo: "tuve suerte y aquí estoy siendo billonario". Ese tipo fue preparado por su padre, quien fue preparado por su padre, quien igualmente fue preparado por su padre - no solo para mantener su riqueza - sino también para agrandarla.

Esto es para lo que nacieron y para lo que fueron preparados a hacer. Esto es para lo que fueron preparados a pensar siempre. Cuando su hijo se le acercó y preguntó: "¿Papá, qué piensas que debería ser cuando crezca?", su respuesta debió haber sido: "¿Qué tratas de decir? Estarás en el negocio "x" – el negocio en el que nuestra familia ha estado por cuatro generaciones - sin siquiera pienses en salir y tratar de hacer otro negocio. Este es el negocio en el que trabajarás. Te harás cargo de él algún día y lo harás crecer incluso más que tu padre". Esa es una mentalidad tan diferente.

Tu Legado

Te prometí al comienzo de este libro que te enseñaría cómo cruzarte del bando del 98 por ciento que están muertos o en quiebra a la edad de sesenta y cinco años, al bando del 2 por ciento que se encuentran financieramente libres.

Te he enseñado las maneras de hacer más dinero, de mantener más dinero y de hacer del dinero tu esclavo. He compartido contigo las Leyes del Éxito y ahora he compartido contigo el Autor de todas estas leyes, al Poder Divino que puede multiplicar tu riqueza.

Ahora es tiempo de que utilices tu riqueza para dar a los demás, ayudar a tu familia, a generaciones futuras, a tu comunidad, a tus negocios y a aquellos en necesidad.

Debemos regresar a nuestras raíces y elevarnos para ser grandes una vez más. Todo empieza contigo, conmigo y con los principios que he compartido en este libro. Empieza con tu familia, tus hijos, tu vida, pareja, tu negocio, y todo empieza contigo.

No puedes esperar a que alguien más lo haga por ti. Tú puedes tomar la decisión de ser rico.

LO QUE DICEN NUESTROS CLIENTES

¿Funcionara esto para ti? He aquí lo que dicen algunos de nuestros clientes:

Desde que utilicé las estrategias de Dani para cambiar mi vida, tanto ha pasado: 1) He duplicado mi ingreso. 2) Hice crecer mi negocio. 3) ¡Fui curada de una enfermedad que amenazaba mi vida, y estoy corriendo varias millas cada semana! 4) Tengo un porcentaje de cierre de ventas del 60 por ciento desde que asistí a Dinastía. 5) ¡Empecé a tocar el piano después de 11 años de no tocarlo! 6) ¡Escribí cinco canciones en el piano desde Agosto! 7) ¡Toqué mis nuevas canciones en vivo frente a una audiencia! 8) Obtuve un ascenso. 9) ¡Hice paracaidismo! 10) Pagué un total de $4.381.24 en seis meses. ¡Mi vida y la vida de mi esposo han cambiado drásticamente! ¡Sueños que habían muerto han renacido y han sido restaurados!

-Mandy Anderson

Como una reconocida entrenadora para personas que estudian para ser entrenadores que te enseñan a llevar una vida cristiana, recomiendo Espíritu de Éxito (Spirit Driven Success) a todos mis estudiantes. Me he beneficiado enormemente de este libro, ya que mis ojos fueron abiertos a la verdad de la Palabra de Dios cuando se refiere a las finanzas. Tantos cristianos luchan contra la culpa de ganar mucho dinero, y otros se limitan, ya que realmente piensan que Dios no quiere que ganen mucho dinero. ¡Lo que ellos no entienden es que Dios quiere bendecir a Sus hijos! Eso sí, lo que ganamos no puede solo ser para nosotros. Tiene que venir a nosotros y a través de nosotros ir a bendecir a otros. Me encantaría la oportunidad de estar en tu show de radio o de estar relacionada con cualquier otro de tus proyectos.

-Leelo Dianne Bush, PhD.

TUS PASOS HACIA LA RIQUEZA

CAPÍTULO

12

Tu Transformación

Tengo un profundo y apasionado deseo de ayudarte a incrementar tu ingreso y ver tu vida entera ser transformada. Quiero ver que las cadenas que te han atado a estar en la quiebra sean removidas de ti y que sean ubicadas muy lejos – las ataduras como la confusión, las distracciones, la pereza, el miedo y la incredulidad – para poder implementar estrategias en tu vida y que cambien todo.

Este libro puede ser un punto crucial en tu vida, un momento histórico en ella. Puede que un día digas que fue después de leer este libro que todo cambió, que todo cayó en su lugar, y que nada en tu vida volvió a ser lo mismo.

¿Necesitas que eso suceda ahora mismo? Entonces si estás dispuesto a escuchar, eso es lo que recibirás, ya que estoy comprometida en un 150 por ciento en ver tu vida entera ser transformada para que puedas dar un cambio y transformar la vida de aquellos a tu alrededor.

Si No Pudieras Fallar

¿Recuerdas en el Capítulo 1, cuando te pregunté que si supieras que no puedes fallar, qué es lo que harías? Tengo otra pregunta para ti: ¿Escribiste qué es lo que harías con tu vida? Ahora que ya leíste este libro, sabes que todo es posible. Cuando tomas la decisión y tomas acción con las leyes que he compartido contigo, realmente el cielo si es el límite.

¿Qué harás a partir de ahora?

Si no decides qué es lo que será, vas a vivir tu vida por defecto. Si no has tomado todavía ese pedazo de papel y escrito la respuesta a esa pregunta, por favor aparta este libro en este instante y escríbelo. No me importa si son sólo dos, tres o veinticinco cosas. Quiero que lo escribas en este preciso momento. ¿Si supieras que no puedes fallar, qué es lo que harías con tu vida?

¡Si no has actuado cada vez que te he dicho que saques un pedazo de papel y un lapicero, hazlo ahora! Ese es el principio de tomar acción.

Decide y Toma Acción

¿Recuerdas cuando te hablé acerca de cómo decidí vender ese estúpido producto para bajar de peso? ¿Recuerdas que dije que debía tomar acción? Esa fue la Ley de Decisión y la Ley de Acción. Cuando tomas acción, un embudo de bendiciones empieza a verterse sobre ti. Las oportunidades aparecen y tu vida empieza a revelarse de una manera significativa.

Si no hubiese tomado acción el día que escuché esa voz decir: "Recoge tu tapete y camina", tú no estarías leyendo este libro ya que yo todavía sería indigente o estaría muerta. El tomar la decisión y actuar significa que no estás dejando espacio para las excusas, no estás dejando espacio para el miedo, no estás dejando espacio para la pereza, y no estás dejando espacio para la duda. ¡Vas a lograr que suceda y es algo definitivo!

No encontraste este libro por accidente. Puede que tomes una decisión de cambiar tu vida con lo que has aprendido o dejarás que el libro colecte polvo en el estante.

¿Ya empezaste a tomar acción? ¿Tomaste la hoja de papel y el lapicero en el Capítulo 9 cuando te estaba mostrando cómo aniquilar tu deuda? ¿Les escribiste una carta de agradecimiento a aquellos que te sugerí en el Capítulo 5? ¿Empezaste a utilizas FORM y las Gemas? Si no lo has hecho, es hora de que tomes acción y que repases los capítulos para que puedas triunfar con tus finanzas.

He hecho que la misión de mi vida sea volverme buena en muchas cosas. Soy buena creando riqueza, no solo para mí sino para otros también. En lo que sea que te enfoques es en lo que te vuelves bueno. Espero que hayas sido capaz de superar la mentalidad que te fue dada por tus padres, la escuela, la televisión o los libros que has leído. Aparta la mentalidad de que será muy difícil, de que no estás calificado o que las cosas buenas nunca te sucederán a ti.

Toma la decisión de superar todas tus excusas. Si no apartas esa mentalidad para lograr convertirte en ese alguien que siempre has querido ser, vivirás una vida pequeña. Esto no es una exageración o un cuadro pintado que no existe. Muchos realmente han logrado hacer esto. Ellos han tomado su vida en sus propias manos y tú puedes hacer lo mismo.

Ahora es Cuando

No termines este libro permitiendo que recoja polvo en el estante. Esto no es solo entretenimiento; tiene que ser un cambio de vida. Si tú implementas lo que te he compartido, tú serás la próxima historia de éxito que compartiré.

Cuando llegues al otro extremo, vas a decir: "¡Dani, funcionó y no puedo creerlo!". Ese será tu testimonio.

Sé que has utilizado y te has conectado con alguna de la información mientras has leído. Ahora es el momento de ponerla en práctica toda. Tal vez encontraste lo que te enseñé acerca de FORM y de las Gemas y empezaste a poner a prueba esa información. Estoy tan orgullosa de que hicieras eso.

Ahora es tiempo de que pongas en práctica las cosas financieras de las que hemos hablado. Es hora de que sigas todas las instrucciones porque funcionan. Sé que sabes cómo aprender una nueva habilidad y sé que sabes cómo volverte bueno en algo. Así que llego el momento de que te vuelvas bueno en crear riqueza.

Imagina el Viaje

Imagina unirte a mí y a otras personas de todas partes del mundo quienes se han embarcado en este viaje de hacer mucho dinero y de estar libres de deudas. Imagina cómo va a sentirse no deberle nada a nadie y tener el poder de escribir un cheque que cancele la deuda de tu abuelo. Imagina tener el poder de cuidar a mil niños alrededor del mundo.

Imagina ser capaz de tomarte un verano entero libre para pasar tres meses en una playa apartada en medio del océano Pacífico. ¡Solo tú con tu familia y amistades! Podrías disfrutar del tiempo jugando, comiendo comida increíble, buceando, conociendo lugares y pasándola de lo mejor.

Imagina cómo se sentiría cuando has tomado a un grupo de personas contigo para ir a un lugar como Belice, un país pequeño en América Central y se presentan en un orfanato con cuarenta y dos niños, y les llevan amor, abrazos, obsequios, suministros, comida, educación y dinero para construirles una nueva casa.

Únete a Nuestra Comunidad

Quiero que te nos unas – a mi familia y a las familias de nuestros clientes – en esta aventura salvaje en la que ya estamos. Vas a adorar a nuestros clientes porque son una comunidad de personas que son por mucho la mejor de este planeta. Sé que nuestros clientes están llenos de integridad y están trabajando en mejorarse a sí mismos al ayudar a otras personas. Ellos están aniquilando sus deudas, llegando a la cúspide financiera, y juntándose para preparar a sus hijos para alcanzar el éxito. Imagínate poder ser parte de una comunidad como esa.

Ve a nuestra página Web y conéctate con algunas de las personas. Observa los videos que están ahí y ve los rostros de las historias. Lee algunos de los artículos y contenido gratuito. Yo hago una llamada de entrenamiento gratuito en vivo cada lunes por la noche, acerca de diferentes temas, tales como estrategias para hacer más dinero, cómo hacer tiempo cuando no lo tienes, diez lugares en donde el dinero se está escondiendo de ti, cómo garantizar tu siguiente ascenso, cómo perder peso y cómo ahorrar dinero. También tenemos un archivo de las llamadas de entrenamiento.

Puedes acompañarnos este lunes por la noche y conocer a esta comunidad de la que te he estado hablando. También puedes acompañarme en mi show de radio semanal donde tocamos todo tipo de temas, así como compartir entrevistas que te harán reír, llorar e incluso tal vez molestarte. También doy mucho entrenamiento cuando estoy al aire respondiendo tus preguntas más difíciles. Revisa la página Web para ver las horas de transmisión del show y dónde puedes sintonizarnos.

Ven a los eventos en vivo y a los talleres. No existe nada comparado al poder pasar tres días con personas, con tus mismos afines. No hay nada más poderoso que apartarte de tu vida cotidiana y sumergirte en un formato en el cual estás rodeado por el tipo de personas con la visión y con el conjunto de habilidades con el que estás trabajando duro para poder conseguir. Tomará seis meses de tu curva de aprendizaje. Aprenderás cómo disminuir tu estrés y estarás rodeado de personas que están empezando en donde tú también estás empezando.

Serás inspirado por aquellos que ya han visto la luz al final del túnel y serás motivado por aquellos que apenas están empezando el viaje. Sus piernas tambalean al querer salir del bando del 98 por ciento y tratar de caminar como alguien del 2 por ciento. Pueden unir fuerzas y decir: "Vamos, vamos a lograr hacer esto y podemos hacerlo juntos".

Cambia Tu Ambiente

Es increíble lo que sucede cuando te alejas de una comunidad que te está matando y te unes a una comunidad que está respirando vida sobre ti. Así como Adeline Bart, que cuando la conocí estaba fallando en cada área de su vida. Su matrimonio era un desastre, y su hijo de trece años de edad se encontraba deprimido al punto de querer suicidarse y con cincuenta libras de sobrepeso. Ella tenía 150 libras de sobrepeso y sufría de todo tipo de problemas de salud.

A ella la habían suspendido dos veces y sin derecho a pago en su trabajo y estaba ahogándose en deudas.

Hace poco la entrevisté en mi show de radio, ya que ella es una inspiración para miles. Su matrimonio fue restaurado por completo, y su hijo perdió esas cincuenta libras de sobrepeso y está obteniendo muy buenas calificaciones en el colegio. Ella ha recibido llamadas del director, de los maestros y de otros padres del colegio por el cambio tan drástico que han presenciado en su hijo. Ella ha perdido 135 libras y ha pagado ochenta mil dólares en deudas y ha sido promovida en su trabajo.

Le pregunté que cuál consideraba que era la clave de su éxito y qué le diría a alguien hoy en día. Ella dijo:

Yo era una persona tan negativa, y me sentía tan fracasada que quería morirme. Estaba rodeada por otras personas que pensaban de la misma manera. Cuando di ese salto de fe y asistí a ese evento de dos días, me encontré en un ambiente distinto con un nuevo grupo de personas. Sabía que no iba a triunfar si no me rodeaba de personas como esas.

Me he asegurado de venir consistentemente y de mantenerme en contacto semanal con las personas que conocí. Eso es lo que me ha ayudado a triunfar y está cambiando mi ambiente literalmente. Todavía me encuentro en el mismo trabajo, pero mi ambiente es completamente diferente debido a que he asistido a los eventos en vivo y en esos eventos he conocido a las personas más increíbles.

Y de ahí se han construido estas relaciones. Nos hemos cuidado los unos a los otros, y hemos recibido el entrenamiento que necesitamos, y todos nos hemos vuelto exitosos. Como resultado directo de esto, he cambiado el ambiente de mi trabajo y de mi hogar.

Nunca serás capaz de convencer a tu familia que tus ideas locas o tu nueva mentalidad es la manera en que ellos deberían estar pensando. Es como un cangrejo que está tratando de salir del balde y el resto de los cangrejos está tirando de él para que siga ahí. Algunas personas son celosas; algunos están preocupados por ti, ellos son sobreprotectores porque ellos no quieren que fracases; y algunos tal vez tengan un presentimiento de que puedas triunfar y que tu éxito los hará verse mal.

Cualesquiera que sean sus motivos, nada de eso realmente importa. Lo que importa es esto: La única cosa que determina el éxito son los resultados.

Así que no trates de convencer a tus amigos y a tu familia que indaguen en toda esta información y que hagan inversiones o que empiecen un negocio. Obtén resultados, ellos hablarán más alto que cualquier cosa que puedas decir. Cuando tu familia y amigos vean tus resultados, ellos te suplicarán que les enseñes cómo hacer lo mismo. Así es como obtendrás su atención.

Conviértete al 2 Por Ciento

Quiero conocerte y verte cara a cara. Ven a uno de nuestros eventos. Me encantaría estrechar tu mano y trabajar juntos con nuestro increíble grupo de personas.

En la vida existen el 98 por ciento y los del 2 por ciento. Solo el 2 por ciento hace algo. Sé parte del 2 por ciento, toma el teléfono y da un paso hacia esta aventura. Yo espero que nos llames.

Me quebranta el corazón saber que sólo dos de cien personas tomarán el teléfono, irán a la página Web, darán un paso hacia el frente y obtendrán el entrenamiento y la guía que necesitan. Incluso el hecho de que estés leyendo esto me dice que hay algo diferente acerca de ti.

¿Cómo vas a dar un paso al frente? Nosotros estamos haciendo una diferencia en nuestras comunidades, en nuestros hogares, en nuestros trabajos y en nuestros negocios por todo el mundo. Dos por ciento de la población va a unirse a este ejército para cambiar sus familias y sus países.

Si no vas a hacer algo por alguien, entonces pasa este libro a alguien más que sí lo hará.

Tres Tipos de Personas

Ahora mismo, probablemente eres uno de los tres tipos de personas:

- No estoy seguro. "Esto fue grandioso, pero no estoy seguro si pueda hacerme a la idea que esto es para mí". Si éste eres tú, gracias por leer hasta aquí. Si estás aquí entonces por lo menos puedes pasar el libro a alguien más. Si quieres contenido gratuito, ve a DaniJohnson.com. nos encantaría escuchar de ti.

- Pensando al respecto. "Quiero reevaluarlo, contemplarlo y hablarlo con mi perro y con mi madre". Si quieres pensar al respecto, te aconsejo que hagas muy bien tus diligencias y que eches un vistazo a todo el material. Puedes pasar horas en nuestro sitio Web de manera gratuita investigando todo lo que está disponible. Piénsalo nuevamente y obtén más información. Todo está garantizado en un 100 por ciento. No tienes nada que perder y mucho que ganar. Únetenos en Facebook y empieza a hacer tus preguntas más difíciles de nuestros clientes. Hay decenas de miles de ellos a los cuales les encantaría hablar contigo.

- Voy a hacer esto. "Tengo que hacerlo. He probado de todo. Estoy cansado de tener esperanzas y luego perderla. Estoy cansado de perder mi tiempo y de vivir una vida llena de excusas y preguntándome qué haré después". Tú eres la persona que estoy buscando. Nunca sabes cuándo tu vida está a punto de dar un giro. Conéctate conmigo en DaniJohnson.com.

Toma la decisión de seguir adelante aunque pienses que puedes fallar. Tú fuiste diseñado para triunfar. Sólo necesitas las habilidades para volar.

Mentores de Riqueza

Los mentores pueden salvar tu vida. Comenzando mis veintes, mientras estaba casada con Hans, me encontraba deprimida y quería el divorcio. Pero encontramos dos increíbles entrenadores que nos ayudaron a salir de ese problema. Esos entrenadores salvaron mi vida y nuestro matrimonio.

A la hora de construir riqueza, también debes querer conseguir unos mentores. Ya sea en tu carrera, en tu negocio o en tus inversiones, encuentra mentores que han logrado lo que tú quieres hacer y haz lo que ellos hacen.

Si quieres aprender más acerca de construir riqueza utilizando las Leyes del Éxito que te he enseñado en este libro, también eres bienvenido a trabajar conmigo, con nuestros entrenadores y con los mentores que proveemos en nuestros programas.

Quiero verte en nuestros programas de "First Steps to Success" (Primeros Pasos Hacia el Éxito). Después de eso, puedes asistir a nuestro entrenamiento avanzado, "Creating a Dynasty" (Creando una Dinastía). O puedes iniciar sesión en nuestro sitio Web y encontrar CDs, DVDs y cursos de estudio en casa, que también puedes escucharlos en tu auto.

Retribuyendo a las Comunidades

Tenemos clientes de todas partes del mundo. Somos un ejército global que se reúne en "First Steps to Success" y en "Creating a Dynasty" (Primeros Pasos Hacia el Éxito y Creando una Dinastía), así como cada Lunes por la noche para una llamada en vivo gratuita de entrenamiento. Este ejército de personas está utilizando su vida para salir de las deudas. Ellos están preparando a sus hijos para liberarse de las ataduras de la deuda. Ellos están haciendo más dinero y tienen mejores relaciones.

Pero ellos no solo están utilizando toda su riqueza para ellos mismo. Ellos la están utilizando para cambiar generaciones en sus familias y en sus comunidades. Están regresando a sus comunidades y están desarrollando nuevos ejércitos en sus ciudades y en sus hogares, así como en sus iglesias y en sus compañías.

Ellos están haciendo una diferencia infiltrándose en esos lugares que están confundidos, que están sufriendo y que se encuentran en la oscuridad. Nosotros traemos luz y soluciones. Traemos talento, habilidades, amor y logramos una diferencia en esos lugares y a ellos les encanta eso.

Joy Randall estaba distanciada de sus dos hijos adultos y había estado en una depresión clínica por diecisiete años. Estaba a punto de ser despedida de su trabajo. Después de asistir a nuestros programas, ella pagó $259.000 en deudas, fue promovida en su trabajo, perdió cincuenta libras y renovó su relación con sus hijos.

Joy no solo ha utilizado su éxito para ella, ahora todas las semanas ella está sirviendo a mujeres que acaban de salir de prisión y las está ayudando a volver a salir adelante para que puedan vivir una vida de la que puedan estar orgullosas. Joy está utilizando su antigua depresión que duró por diecisiete años para poder relacionarse con mujeres que estoy segura de que deben estar deprimidas después que salen de la cárcel. Ella está utilizando eso para ayudarlas y darles fe.

Nuestros clientes están tomando su talento y sus habilidades para ayudar a otros. Marty Rachford, un contratista exitoso de Chicago, está utilizando su talento para ayudar a construir un orfanato con nosotros en Belice. Él tomó tiempo libre de su muy ocupada vida para poder hacer esto y reclutó donantes y voluntarios para que ayudaran. Después de asistir a nuestros entrenamientos, él se ha sentido en la obligación de usar su vida para beneficiar la vida de otras personas. Su vida ha sido transformada.

He Aquí lo Que Nos Dijo Marty:

Cuando conocí a Dani, era dueño de una compañía constructora y me encontraba agotadísimo. Ahora estoy trabajando menos horas, con menos estrés y estoy haciendo más dinero. Incluso en una mala economía. Estoy agrandando mi negocio. Las ventas han aumentado un 30 por ciento en un mercado de bienes raíces que ha colapsado. ¡Utilicé las habilidades que aprendí en "First Steps to Success" (Primeros Pasos Hacia el Éxito) para conseguir un proyecto de un millón de pies cuadrados! En el curso avanzado, aprendí a animarme. Me he vuelto un mejor amigo y me he acercado a mis hijos.

Otras personas también han venido con nosotros a servir al orfanato en Belice, América Central. Tammy Watson, de quien te hablé en la introducción de este libro, le dio un giro a su negocio de bienes raíces luego de asistir a nuestros seminarios. Ella creció en pobreza extrema y bajo mucho abuso y ahora tiene un matrimonio y una familia maravillosa. Ella ahora es capaz de ayudar a huérfanos que fueron abandonados como ella lo fue y decir: "Una vez estuve en esa posición. Ahora déjame ayudarte a crecer y ver todo lo que es posible y cómo puedes vivir una vida de éxito si estás dispuesto a seguir estas simples leyes".

¿Recuerdas a Greg Palka, el coronel de la armada cuya compañía de servicios financieros pasó de $1.5 millones a $6 millones? No solo hizo que todos sus miembros asistieran a nuestros seminarios, sino que también tres de ellos volaron con nosotros a Belice para servir en el orfanato. Ellos empacaron cientos de regalos de Navidad bajo horribles condiciones. Así como Marty, todos los que estaban en Belice con mi familia han regresado y han reunido más dinero para estos niños maravillosos de los que todos nos hemos enamorado. Estamos construyendo un nuevo hogar para ellos que sea seguro, para que puedan salirse del hogar en donde actualmente están viviendo que se está derrumbando.

De esto se trata nuestra comunidad. No solo ayudamos a las personas a hacer dinero, a pagar sus deudas y a vivir la vida que desean, sino que también estamos dando un giro para retribuir y donar con ambas cosas, dinero y sirviendo a nuestra comunidad. Somos un ejército global.

¡Empieza Ahora Mismo!

He definido lo que es riqueza y el éxito para ti, y también has aprendido cómo vas a lograr esto. No te encuentras sólo en este viaje. Yo he pasado por lo mismo que tú has pasado, he tenido tus mismos pensamientos. Si quieres algo, encuentra a alguien que tenga lo que tú quieres y haz lo que ellos hacen. Pasé de ser indigente a ganar millones y he puesto en práctica todo lo que te estoy pidiendo que hagas. ¡Tomar la decisión de actuar, depende de ti!

Una comunidad de personas vive en una cultura de éxitos y está creando riqueza ya que eso es lo que ellos han definido para su vida. Se están volviendo financieramente independientes sin necesidad de sacrificar sus familias, su diversión o su salud. Ellos están creando riqueza al mismo tiempo que disminuyen su estrés. Si ellos pueden, tú también. ¡Por favor empieza ahora!

Empecemos juntos este viaje.

LO QUE DICEN NUESTROS CLIENTES

¿Funcionará esto para ti? Lo que dicen algunos de nuestros clientes:

Antes de conectarme a DaniJohnson.com, estaba entrando a mi cuarto año como propietaria de un negocio. Estaba demasiado estresada. Pasaba noches sin dormir. La alegría y la paz estaban ausentes de mi vida y eran un recuerdo distante. Me había vuelto una esclava miserable de mi propia creación. Desde que empezamos a ver a Dani Johnson, nuestro ingreso creció 1.200 veces. Pasé de ganar $3.550 en septiembre del 2010 a ganar $46.135.60 en enero del 2011. ¡También empezamos a duplicarnos a nosotros mismos y el incremento en nuestro ingreso es fabuloso! Pero para mí el verdadero testimonio es este: tengo alegría y tengo paz, no por el incremento de mi ingreso, sino porque aprendí a cambiar mi forma de vida. Otra cosa que ha sucedido es que el corazón duro y el comportamiento cínico que había nacido por ser una esclava de mis propias cosas han desaparecido. Ahora existe una "suavidad en mi corazón" que ha regresado a mí.

-Jana James

Antes de conectarme con Dani, me encontraba muy ocupada y en la quiebra. Estábamos viviendo sólo de un ingreso, con dos hipotecas y un bebé en camino. Estábamos viviendo de mis ahorros y rezando entre cada salario. Nos estábamos ahogando en las deudas. Luego de conectarme con Dani, pagamos $18.000 en seis meses y generamos un ingreso extra de más de $10.000 por mes.

-Nicole Nelson

Desde que trabajé con Dani en Londres, le he dado un giro completo a mi vida. Antes de Dani, me encontraba sumamente deprimida, tomando antidepresivos, endeudada con más de 10.000 euros e incapaz de trabajar debido a mi depresión. Simplemente me encontraba en un desorden físico y mental. Doné mi riñón a mi marido en el 2008 y desde entonces hemos sufrido dos abortos involuntarios y nos separamos. Desde que puse manos sobre tus videos y libros, he aniquilado mi deuda de 10.000 euros y empecé un negocio ayudando a otros que están luchando contra el miedo y que están limitando las creencias en su vida.

¡Nunca hubiese sido capaz de hacer esto sin tu entrenamiento! Mi relación con mi hija de 4 años de edad también ha sido transformada y ahora tenemos una hermosa conexión. Gracias al libro Grooming the Next Generation for Success (Preparando a la Siguiente Generación Para el Éxito), he cambiado el lenguaje que utilizo con ella, y ahora somos muy felices. ¡No puedo agradecerte lo suficiente y soy adicta a tu sitio web!

-Rachael Taylor

ACERCA DEL AUTOR

Habiendo sido destinada para el fracaso, Dani Johnson cambió el curso de su vida.

Fue criada con ayuda de beneficencia social, rodeada de violencia y de drogas, no fue una sorpresa que para la edad que Dani tenía 17 estuviese embarazada y que para la edad de 21 se convirtiera en una mujer indigente y sola.

¿Puedes creer que para la edad de 23 años Dani se volvió millonaria?

Ahora ella es una emprendedora multimillonaria, una autora exitosa, una reconocida conferencista internacional y la anfitriona de su propio show de radio. Dani Johnson sabe lo que se requiere para superar la adversidad y triunfar en la vida. Como una experta en las finanzas y en las relaciones, Dani ha forjado un camino único para aquellos que necesitan ayuda en cualquier área de su vida.

No importa qué desafíos te estén impidiendo alcanzar tus sueños, las estrategias sin precedentes de Dani te permitirán liberarte y realizar los deseos de tu corazón. Dani ha transformado la vida de miles, empoderando y equipando a los demás con el conocimiento y habilidades para transformar su vida y alcanzar lo imposible.

A través de la dinámica de Dani en los seminarios alrededor de todo el mundo, muchos de sus clientes – desde ejecutivos hasta amas de casa – se han vuelto personas libres de deudas, han recibido aumentos y ascensos, han elevado las ventas y ganancias, mejorado relaciones y han llegado a ganar ingresos de seis y siete cifras.

Dani hace consultas, sirve de mentora y entrena a todo tipo de personas y de cualquier trayectoria – sin importar su posición o estatus - en superación de carrera, logros personales, crecimiento para su negocio, desarrollo de liderazgo, mercadeo y estrategias lucrativas, relaciones, administración del tiempo, alcanzar riqueza y temas espirituales.

Como resultado de decenas de miles de individuos que reportaron resultados sólidos en la obtención de riqueza y éxito, Dani Johnson ha sido vista en medios internacionales y programas cruciales como ABC´s Secret Millionaire, The Oprah Winfrey Show, The View, y Good Morning America. Ha aparecido en más de 200 naciones, Dani constantemente se ha destacado como la experta preeminente en estrategias de éxito.

Dani es presidenta y fundadora de Call to Freedom International, una compañía revolucionaria que ayuda a individuos y a corporaciones mucho más allá de sus expectativas. Ella y su esposo Hans, también son los fundadores de la Fundación King´s Ramsom, una caridad sin fines de lucro dedicada a servir a las personas en necesidad a lo largo del mundo.

Dani y Hans creen fuertemente en la necesidad de personas exito-sas retribuyendo a sus comunidades. Ellos contribuyen a organizacio-nes caritativas que trabajan para ayudar a los huérfanos, a las viudas y al herido, proveyéndoles comida, ropa, refugio y educación para que puedan experimentar un nuevo inicio en la vida.

Dani se encuentra apasionadamente dedicada a su esposo Hans, a sus cinco hijos, y a sus cuatro nietos, y a su relación con Dios.

Para Más Información

¡Dani Johnson quiere escuchar de ti!

Para más información acerca de los entrenamientos, programas, productos y seminarios de Dani Johnson o si quieres averiguar cómo contratar a Dani para tu próximo evento, contáctanos:

Call to Freedom International

3225 S. McLeod Drive, Suite 100

Las Vegas, NV 89121

(866) 760-8255

www.DaniJohnsonEspañol.com